U0516384

"古今字"學術史叢書

李運富　主編

張揖《古今字詁》輯佚與研究

蘇天運 ——— 著

SSAP
社會科學文獻出版社
SOCIAL SCIENCES ACADEMIC PRESS (CHINA)

蘇天運，一九八〇年生，黑龍江雙城人。二〇〇三年本科畢業於齊齊哈爾大學，獲學士學位；二〇〇九年和二〇一三年研究生畢業於北京師範大學，分別獲得碩士、博士學位。現爲齊齊哈爾大學文學與歷史文化學院（新聞傳播學院）副教授。主要研究方向爲文字學、訓詁學。完成教育部專項項目一項，在研黑龍江省哲學社會科學研究一般項目一項。發表學術論文十餘篇，有六篇被 CSSCI 收録。

追求“古今字”學術史之“真”

——“‘古今字’學術史叢書”總序

李運富

漢語之源久遠難考，漢字歷史已逾五千年[①]，而漢字記録漢語形成可考的字詞關係，目前還衹能從殷商甲骨文説起。隨着時代等因素的變化，漢語字詞的對應關係也不斷發生變化，這往往成爲解讀文獻的障礙。裘錫圭先生曾指出：“文字的用法，也就是人們用哪個字來代表哪個詞的習慣，古今有不少變化。如果某種古代的用字方法已被遺忘，但在某種或某些傳世古書裏還保存着，就會給閲讀古書的人造成麻煩。”[②]出於解讀文獻的需要，漢代學者便已發明“古今字”這個訓釋術語用來溝通詞語用字的古今差异，相沿至今，從而産生大量指認和考證古今字詞關係變化的材料和論述，形成學術史上關注“字用”現象的一道亮麗風景。從清代開始，部分學者逐漸誤解“古今字”的“用字”内涵，以今律古，强人就己，按照後人的“造字”觀念理解古人，遂將古人提出的“古今字”混同於現代人提出的“分化字”。我們認

① 王暉：《漢字正式形成於距今5500—5000年之間》，《中國社會科學報》2019年7月22日，第5版。

② 裘錫圭：《考古發現的秦漢文字資料對於校讀古籍的重要性》，《中國社會科學》1980年第5期；收入《中國出土古文獻十講》，復旦大學出版社，2004，第128~129頁。

爲這種誤解不符合學術史研究的“求真”原則[①]，不利於現代學術的正常發展，也有礙於歷代“古今字”訓注材料在當代發揮它應有的價值，所以我們申請了國家社科基金重大項目——“‘古今字’資料庫建設及相關專題研究”[②]，擬在彙編歷代學者注釋或列舉過的“古今字”字組材料及相關論述的基礎上，嘗試還原“古今字”學術史的實際面貌，進而探討“古今字”的學理和價值。項目名中的“資料”主要指古今學者研究古今字的論著（“古今字”字組材料已另有項目完成，《古代注列“古今字”輯考》單獨出版），“相關專題研究”主要指斷代的“古今字”研究和專家專書的“古今字”研究。本叢書發表的是該重大項目“相關專題研究”方面的成果，包括按時代劃分的4種“‘古今字’學術史”專著和按專家專書劃分的5種“‘古今字’學術史”專著。現就“古今字”的研究問題做一引言式的概述，權作該叢書之總序。

一　現代人對“古今字”的基本認識

20世紀以來，研究或涉及“古今字”材料的論著（含教材）在800種以上，單篇論文有300多篇，内容大都屬概念争論和字例分析，至今没有對歷代注明和列舉的古今字材料進行全面彙總，也没有對歷代學者有關古今字的學術觀點進行系統梳理，致使現代人在論述“古今字”問題時，或誤解歷史，或無顧歷史，把本來屬於不同時代用字不同的异字同用現象混淆於孳乳造字形成的文字增繁現象。可以説，現代“古今字”的研究還留有許多問題和不足，主要表現在以下幾個方面。

① 李運富：《漢語學術史研究的基本原則》，《湖北師範學院學報》（哲學社會科學版）2010年第5期。

② 2013年11月正式批准立項，項目編號爲“13&ZD129”。

（一）在理論研究方面，對古今字性質認識不一

“古今字”是中國傳統語言文字學領域的重要概念。20 世紀以來，學界對其性質呈現兩種分歧明顯的理解。

一種以王力[①]、賈延柱[②]、洪成玉[③]等學者爲代表，認爲古今字是爲了區别記録功能而以原來的某個多功能字爲基礎分化出新字的現象，原來的母字叫古字，後來分化的新字叫今字，合稱古今字。由於王力先生主編的《古代漢語》教材被全國高校普遍采用，這種觀點影響極大，被學界普遍接受。賈延柱把這種觀點表述爲：“古今字是字形問題，有造字相承的關係。産生在前的稱古字，産生在後的稱今字。在造字時間上，古今字有先後之分，古今之别。古今字除了‘時’這種關係外，還有一個重要的特點，就是古字義項多，而今字衹有古字多種意義中的一個，今字或分擔古字的引申義，或取代古字的本義。”[④]他們傾向於將“古今字”看作漢字孳乳的造字問題，認爲“古今字”就是“分化字”或“分别文”，這實際是今人出於誤解而做出的重新定義，其古今字概念已非原態。

另一種以裘錫圭[⑤]、劉又辛[⑥]、楊潤陸[⑦]等學者爲代表，主張古今字是歷時文獻中記録同詞而先後使用了不同形體的一組字，先使用的叫古字，後使用的叫今字，合稱古今字。裘錫圭指出：“一個詞的不同書寫形式，通行時間往往有前後，在前者就是在後者的古字，在後者就是在前者的今字。……説某兩個字是古今字，就是説它們是同一個詞的

① 參見王力《古代漢語》（校訂重排本）第一册，中華書局，1999，第 170~173 頁。
② 參見賈延柱編著《常用古今字通假字字典》，遼寧人民出版社，1988，第 17 頁。
③ 參見洪成玉《古今字概述》，《北京師範學院學報》（社會科學版）1992 年第 3 期。
④ 賈延柱編著《常用古今字通假字字典》，遼寧人民出版社，1988，第 17 頁。
⑤ 參見裘錫圭《文字學概要》（修訂本），商務印書館，2013。
⑥ 參見劉又辛《談談假借字、异體字、古今字和本字》，《西南師範大學學報》（人文社會科學版）1984 年第 2 期。
⑦ 參見楊潤陸《論古今字》，陸宗達主編《訓詁研究》第 1 輯，北京師範大學出版社，1981；《論古今字的定稱與定義》，《古漢語研究》1999 年第 1 期。

通行時間有先後的兩種書寫形式。……近代講文字學的人，有時從説明文字孳乳情况的角度來使用‘古今字’這個名稱，把它主要用來稱呼母字跟分化字。近年來，還有人明確主張把‘古今字’這個名稱專用來指有‘造字相承關係’的字。他們所説的古今字，跟古人所説的古今字，不但範圍有大小的不同，而且基本概念也是不一致的。古人講古今字是從解釋古書字義出發的。”[①] 這種觀念和古人相仿，都認爲古今字屬於相同詞語的不同用字問題，記録同詞的古字和今字不一定存在分化關係，所以他們的“古今字”範圍較廣，應該包括分化字或者跟分化字交叉，因而不等於分化字。

（二）在古漢語教學實踐中，古今字與其他術語糾纏不清

在觀念歧异的背景下，受古今字等同於分化字觀念的連帶影響，王力將不同形體的字分爲古今字、异體字、繁簡字三類，繼而幾乎所有古代漢語教材都出現辨析古今字與异體字、繁簡字、同源字、假借字等字例的内容。這些術語提出的背景迥异，角度不同，涉及的材料難免交叉，無法區别，正如我們不能把幾個人對立區分爲同學關係、同鄉關係、親戚關係一樣。由於角度和判定標準的不同，概念與概念之間其實是不會混同的，衹是針對具體材料發生交叉，可以做出不同的歸屬。針對記録相同詞語的同組字，着眼於字形與音義關係，可以是异體字關係，也可以是本字與借字關係；而着眼於用字時代的先後，本字先用、通假字後起，或者使用有先有後的一組异體字，都可以認爲是古今字的關係。學界往往將材料的多屬等同於概念的交叉，於是强行對立進行辨析。對此，劉又辛曾指出古今字問題成因的複雜

① 裘錫圭:《文字學概要》(修訂本)，商務印書館，2013，第256~259頁。

性，呼籲不可將古今字與同源字、异體字、假借字等概念相對立[①]；王寧[②]、蔣紹愚[③]主張用別的術語表示漢字中的分化現象，從而避免跟“古今字”糾纏。但實際上，由於歷史問題没有正本清源，大家不明就裏，衹好順從慣性，忙於辨析區別而難以自拔。

（三）在學術史研究中，以今律古，對傳統古今字研究的評價多與事實不符

歷代文獻中的古今字訓詁材料數量豐富、分布極廣，目前尚無全面彙總歷時古今字材料并展開研究的成果。對個別學者的“古今字”進行舉例式研究的倒是不少，但總體上由於掌握材料不全，又先入爲主地受古今字就是分化字的現代學術觀念影響，常常出現不符合歷史事實的論斷和評價。有人認爲“古今字”的所指範圍是逐步擴大的，這其實是現代學者因對材料掌握不充分而産生的錯覺，我們系統梳理發現，直到清代徐灝，古人的古今字觀念并没有多大變化；有人認爲段玉裁有時把“古今字”的“古字”稱爲假借字或把“今字”稱爲俗字是判斷失誤，批評段玉裁對古今字認識不清、概念混亂，其實這衹是段玉裁從不同的角度表述同組材料而已，使用不同術語的目的不盡相同，古今字着眼於用字的先後，假借字、俗字等更多着眼於字形的來源或屬性；有人認爲王筠把“古今字”稱爲“分別文”“累增字”，因而促進了“古今字”的科學研究，其實在王筠的著作中這幾個術語是并存的，角度不同，無法相互取代，衹是現代人將王筠的古今字與分別文混同起來，纔強説王筠對古今字有了新的看法；還有人認爲鄭玄是最早研究“古今字”的學者，其實鄭玄的説法大都來自鄭衆，衹

① 參見劉又辛《談談假借字、异體字、古今字和本字》，《西南師範大學學報》(人文社會科學版)1984年第2期。

② 王寧、林銀生、周之朗等編著《古代漢語通論》，北京師範大學出版社，1996，第49頁。

③ 蔣紹愚:《古漢語詞彙綱要》，商務印書館，2005，第209頁。

是比鄭衆多舉了些例子而已。凡此種種，都是没有充分占有材料因而缺乏全面比較的結果，經不起歷史事實的檢驗。

可見，“古今字”的研究并不像我們想象的那麽簡單，要説清楚這些問題，必須考察歷史上“古今字”的真實面貌，還原古人的本意，所以有必要全面測查“古今字”的學術歷程和實際材料，衹有從事實出發，纔能弄清楚古人的“古今字”究竟是什麽，也纔能搞明白現代學者對“古今字”發生誤解的根源。

二 “古今字”的歷史面貌

（一）古人眼中的“古今字”

“古今字”是個學術史概念，應在歷史語境中理解它的含義和作用。最早提出這個問題的是古代訓詁家，他們在注釋中用“古今字”説明不同時代用不同字符表達同一詞項（文獻中的音義結合體單位）的用字現象。除了典型的“古今字”表述，還有許多包含古今用字關係的其他表述方式。有的將“古”“今”對舉，如“某古字，某今字”等；有的單説“古”或“今”，如“古（今）作（爲）某”“古（今）某字”“古（今）文（字）某”等。無論怎麽表述，其中都包含“古”或“今”的時間概念。最初提出“古今字”相關名稱的是漢代學者鄭衆和鄭玄。

（1）【諸侯之繅斿九就。】鄭司農云：“‘繅’當爲‘藻’。‘繅’，古字也，‘藻’，今字也，同物同音。”（漢·鄭玄注《周禮·夏官》）

（2）【凡國之大事，治其禮儀以佐宗伯。】故書“儀”爲“義”。

鄭司農云:“‘義’讀爲‘儀’。古者書‘儀’但爲‘義’，今時所謂‘義’爲‘誼’。”（漢・鄭玄注《周禮・春官》）

（3）【君天下曰天子，朝諸侯、分職授政任功曰予一人。】《覲禮》曰:“伯父實來，余一人嘉之。”余、予古今字。（漢・鄭玄注《禮記・曲禮》）

鄭衆是東漢早期人物，他雖未明確使用“古今字”這個術語，但已用“古字、今字”溝通詞語用字的時代差异，且對古今字的内涵做出基本界定。[①]如例（1）闡述記録{五彩絲繩}義的詞語古今分别使用“繅”和“藻”字，更重要的是指出古今字具有“同物同音”的性質，即“同義同音”却使用了不同的字形記録。例（2）具體分析{儀態}義詞語歷史上分别用古字“義”、今字“儀”記録，表示{意義}的詞語曾用古字“誼”、今字“義”記録。東漢晚期的鄭玄則明確開始使用“古今字”的術語溝通詞語用字的古今差异，例（3）記録{自稱代詞}的“余”和“予”字構成“古今字”關係（研究發現“予”“余”實際使用的古今關係是不斷變化的[②]）。可見他們提出或使用“古今字”概念與文字分化無關，不屬於造字的問題，完全是針對文獻解讀溝通詞語古今用字差异而言的。

我們通過對大量實際材料的調查，發現從漢代到清代的學者對“古今字”性質的認識基本上保持着一致性，都是在訓詁注釋的範疇内溝通歷時同詞异字現象。清代是中國傳統語言文字學研究的巔峰，而段玉裁的成就更是超拔前人。段玉裁對“古今字”的相關問題有着深刻的認識，是學術史上第一位對古今字進行理論闡釋的學者。其著作中有大量關於“古今字”的精闢論述，如:

① 參見李運富《早期有關“古今字”的表述用語及材料辨析》,《勵耘學刊（語言卷）》總第6輯，學苑出版社，2008。

② 參見李運富《“余予古今字”考辨》,《古漢語研究》2008年第4期。

（4）【今，是時也。】古今人用字不同，謂之古今字。（清·段玉裁《説文解字注·亼部》）

（5）【余，語之舒也。】余、予古今字。凡言古今字者，主謂同音，而古用彼今用此，异字。若《禮經》古文用余一人，《禮記》用予一人。（清·段玉裁《説文解字注·八部》）

（6）【誼，人所宜也。】凡讀經傳者，不可不知古今字。古今無定時，周爲古則漢爲今，漢爲古則晋宋爲今，隨時异用者謂之古今字。（清·段玉裁《説文解字注·言部》）

（7）【婬，厶逸也。】婬之字今多以淫代之。淫行而婬廢矣。（清·段玉裁《説文解字注·女部》）

段玉裁首次對“古今字”進行定義，如上舉例（4）認爲“古今人用字不同，謂之古今字”，例（5）提出“凡言古今字者，主謂同音，而古用彼今用此，异字”。從這些不同表述中可以看出，段玉裁眼中的“古今字”也是立足於詞語用字角度的。他對“古今字”研究的理論貢獻還表現在提出“古今無定時”，如例（6）認爲“古今字”的“古”和“今”并非絶對的時間概念，而是相對的，古今可以轉换，隨時异用；而“凡讀經傳者，不可不知古今字”則更説明“古今字”是釋讀文獻的訓詁學問題。此外，他的貢獻還表現在獨創“某行某廢”的訓詁體式，揭示詞語古今用字演變的結果，如例（7），這無疑也與造字相承無關。[①]

段玉裁在《經韻樓集》卷四中又説：“凡鄭言古今字者，非如《説文解字》謂古文、籀、篆之别，謂古今所用字不同。”其“謂古今所用字不同”固然不錯，但斷言“非如《説文解字》謂古文、籀、篆之别”則可能過於拘泥。因爲對於什麽是“用字不同”，如果對“字”的看法

① 參本叢書中劉琳《段玉裁〈説文解字注〉“古今字”研究》第二章。

古今有异，那對具體材料的判斷就難免不同。現代構形學告訴我們，漢字的不同形體有的是异構關係，有的是异寫關係。[①]所謂“用字不同”通常是指具有异構關係的不同字位或者不同字種，衹是寫法不同的异寫字一般不看作用了不同的字，因而構不成“古今字”關係。但古人没有明確的异寫、异構概念，他們衹看字形差异，字形差异不同的字，就有可能被認定爲“古今字”，所以“古文、籀、篆之别”也可以屬於“古今所用字不同”。例如：

（8）卜，灼剥龜也，象炙龜之形。一曰象龜兆之從横也。𠁽，古文卜。（漢·許慎《説文解字·卜部》）

（9）外，遠也。卜尚平旦，今夕卜，於事外矣。𡖄，古文外。（漢·許慎《説文解字·夕部》）

按許慎的標注，我們可以認爲，在｛占卜｝詞項上，“𠁽”爲古文，則“卜”爲今字，“𠁽、卜”構成“古今字”關係；在｛外面｝詞項上，“𡖄”是古文，“外”爲今字，則“𡖄、外”也構成“古今字”關係。但其實“𠁽”與“卜”的差别衹是寫法不同（對古文字的隸定或轉寫方式不同），構形上都是“象龜兆之從横也”，并非兩個不同的字位。又如：

（10）旁，溥也。从二，闕；方聲。旁，古文㫄。旁，亦古文㫄。旁，籀文。（漢·許慎《説文解字·上部》）

（11）【㫄旁𣃟𣃦雱㝑】《説文》“溥也”。《爾雅》“二達謂之岐旁”。隸作旁。古作𣃟、𣃦。籀作雱。或作㝑。（宋·丁度《集韻》卷三）

按，在許慎看來，秦漢時期使用的小篆字形“旁”，在“古文”時

---

① 王寧：《漢字構形學講座》，上海教育出版社，2002。

代的文獻裏寫作“〓〓”，在籀文材料裏寫作“〓”，都屬於前代不同的用字。其中有的結構不同，有的衹是寫法不同，由於形體上有差异，都可以看作不同的字。那麽，所謂“古文”“籀文”可能不是純字體概念，而主要指字形的來源和出處，所以後世如《集韻》之類往往將《説文》的古文形體轉寫爲當代通行的字形。如把古文“〓”與“〓”分别轉寫成楷體字形“〓”與“〓”，這并不表明“〓”與“〓”這種字形在文獻中實際用過。之所以把轉寫後失去了“古文”書寫風格的字形仍然稱爲“古作某”，可能因爲古人所説的“古文”原來就不是着眼於字體風格的。當然，對這些由古代的某種古文字形轉寫而來的後出字形，由於文獻裏不一定實際使用過，如果要作爲用字現象來分析，最好回到古文字形的時代按古文原形的功能分析，轉寫字形衹能看作古文原形的代號而已。

我們説許慎的“古文”未必是一個純字體概念，更大程度上是指古代文獻裏的用字，大概相當於“古代文字”，具體所指時代和文獻隨相對概念而异，但都是指字形的來源而不是指書寫風格。關於這個問題我已指導桂柳玥寫過一篇碩士學位論文，題爲《〈説文〉“古文”所指及相關“古文”研究》。通過全面考察《説文·叙》中10處“古文”所指和《説文》正文中出現的幾百個“古文”的含義，我們認爲，《説文解字》中的“古文”應泛指秦代小篆和秦隸産生之前除大篆之外的古代文獻用字，它强調的是文字材料在來源和時代上的差异以及字形結構的不同，未必有統一的書寫風格。其中“古文以爲某”的説解體例，正是用來説明古文書籍的用字現象的，即某個字形在古代文獻裏用來記録另一個詞，也就是當成另一個字用。正如段玉裁在“中”下注曰：

凡云古文以爲某字者，此明六書之假借。以，用也。本非某字，古文用之爲某字也。如古文以洒爲灑埽字，以疋爲詩大雅字，以丂爲巧字，以臤爲賢字，……皆因古時字少，依聲托事。至於古文以屮爲艸字，……以臭爲澤字，此則非屬依聲，或因形近相借。無容後人效尤者也。[①]

也正如陸宗達先生所説：

許慎所謂"古文"，就是漢代所發掘出的古文經典中的字體。但實際上《説文》所説的"古文"，不僅僅限於古文經典，春秋時代秦篆以外群書故籍所使用的文字，都叫"古文"。……此外，許慎還引據很多秦以前的其他古籍，如《逸周書》、《山海經》、《春秋國語》、《老子》、《孟子》、《楚辭》、《司馬法》等等，都可以根據上面所説的道理來推斷爲"古文"。據《説文解字・敘》，許慎還收集了當時出土的鼎彝銘文的字體，也稱爲古文。[②]

陸先生所説的"字體"應該理解爲字形，許慎注列的"古文""籀文"等與"小篆"不同，主要不是書寫風格類别的對立，而是字形結構和使用功能的差异，是文獻來源的時代不同。這樣理解許慎的"古文"，纔可以跟司馬遷《史記》所説的"古文"[③]、鄭玄等注釋家注列的"古文"[④]以及後世字書如《廣韻》中所謂的"古文"統一起來。它們都是指古代文獻中的用字現象，衹是具體來源不同而已。所以我們把這類指稱古代文獻中用過的"古文"當作"古今字"的"古字"，也都納入注列"古今字"的材料提取範圍。

總之，古人的"古今字"是個訓詁學概念，屬於文獻用字問題，

① （漢）許慎撰、（清）段玉裁注《説文解字注》，上海古籍出版社，2011，第 21 頁。

② 陸宗達：《説文解字通論》，中華書局，2015，第 23 頁。

③ 王國維：《〈史記〉所謂古文説》，載《觀堂集林》，中華書局，1961，第 307~312 頁。

④ 參見李玉平《試析鄭玄〈周禮注〉中的"古文"與"故書"》，《古籍整理研究學刊》2005 年第 5 期。

跟造字和文字分化無關。凡是不同時代的文獻記録同一詞項而使用了不同的字，不管是結構不同的字位字種，還是同一字位字種的不同字形，都可以叫“古今字”。其要點有三：一是“同物同音”，即文獻中功能相同，記録的是相同詞語；二是“文字不同”，前後使用不同的字形記録；三是使用時代有先後。概括起來説，古今字是指不同時代記録同一詞項所用的不同字，而不同的字是指兩個或兩個以上的一組字，所以古今字是字組概念而不是個體概念。

（二）“古今字”與“分化字”“分别文”的關係

既然“古今字”在傳統語言文字學的發展歷程中一直屬於訓詁學領域的問題，是文獻用字問題，那麼現代學者將其等同於“分化字”和“分别文”，或者認爲“古今字”包含“分化字”“分别文”，將其看成文字孳乳的造字問題，無疑都是不符合學術史原貌的。這裏既有對古人學説的無意識誤解，也有故意追求某種學理而强人就己的非學術史研究方法，所以需要從學理和方法上辨明原委，纔能真正消除誤解。

1. 分化字、分别文不是“古今字”

今人把“古今字”等同於“分化字”，或者認爲“古今字”包含“分化字”，顯然不合古人的實際，更重要的是在學理上也無法講通。所謂“分化字”，一般是指原來具有多項功能的字被分化爲各自承擔原來部分功能的幾個字的文字現象。例如“采”字原來曾記録{采摘}{彩色}{理睬}等多個詞項，“采”字記詞職能過於繁重，於是以“采”作爲聲符分别新增義符，另造新字，分擔各項職能。如增“手”旁造“採”記録{採摘}、增“彡”旁新造“彩”專記{彩色}、增“目”旁新造“睬”記録{理睬}等，將“采”稱爲“母字”，將“採、彩、睬”看作由母字孳乳出的分化字。值得注意的是，“分化”通常指由舊事物滋生出新事物的過程，所以“分化”是就“字”而言，增多的衹是記録詞語的字形，記詞職能仍是原有的，并未出現新的增項，不宜使用職能“分化”的表述。分化字産生以後，衹是將原有記詞職能進行了重新分工調整，將原來一個字的職能分擔給幾個字。職能分工不衹有字形分化孳乳新字一途，還可以有其他方法，如改换義符、异體分工、借字分擔等，所以字形分化不等於職能分工，更不等於古今字。

那麽分化字是否能够等於“古今字”的概念呢？答案是否定的，我們可以舉出如下理由。首先，“分化字”單指一方，要跟“母字”相對纔成爲指一組字的概念；而“古今字”是包含古字和今字的組概念，“分化字”和“古今字”這兩個概念根本不對稱。其次，“母字”與“分化字”在功能上是總分關係或包含與被包含關係，并不對等，母字一個字承擔多項職能，而分化字衹是承擔原來母字的一項功能，它的功能要比母字少，分化字與母字的功能不對等，所以分化字和母字記録的不是同一個詞；而“古今字”的“古字”和“今字”是同一關係，音義相同。最後，文字分化是漢字字種的孳乳發展現象，屬於“造字”問題；古今字是不同時代詞語用字的不同，屬於“用字”問題。可見“古今字”和“分化字”是不同的現象，性質存在明顯差异。

今人之所以會把“古今字”看成“分化字”，應該與誤解清代王筠的“分别文”有關。他們以爲王筠的“分别文”就是“古今字”，而“分别文”也可以叫“分化字”，所以“古今字”就是“分化字”。其實這三個概念各不相同，不能混淆，王筠的分别文不等於古今字，分别文也不等於分化字，分化字自然也就不等於古今字。

我們先看王筠提出“分别文”的學術背景和研究意圖。[①]“分别文、累增字”是王筠在研究《説文》异部重文時提出的，他在《説文釋例》卷八對“分别文、累增字”做過界定：

① 參見李運富、蔣志遠《論王筠“分别文、累增字”的學術背景與研究意圖》，《勵耘學刊（語言卷）》總第16輯，學苑出版社，2013。

分別文、累增字（此亦异部重文，以其由一字遞增也，别輯之）：字有不須偏旁而義已足者，則其偏旁爲後人遞加也。其加偏旁而義遂异者，是爲分別文。……其加偏旁而義仍不异者，是謂累增字。[①]

可見王筠提出“分別文、累增字”的學術背景與“古今字”無關，主要是爲研究“重文”現象。《説文》“重文”是指功能基本相同的用字，以异體字居多，但不限於异體字。“分別文”如下文例（1）“然”字包含“然$_1$”（燃燒）、“然$_2$”（應答之詞）、“然$_3$”（代詞）等多個同形詞項，增“口”旁造“嘫”將“然$_2$”從形體上跟意義不同的“然$_1$”“然$_3$”分別開，所以稱爲“分別文”；而“嘫”“然”記録詞項“然$_2$”屬同功能字，所以屬“重文”現象。“累增字”如下文例（2）“复”字本義指“返回”，後遞增義符“彳”作“復”，二者屬同音同義的异體字關係，也屬於重文。

（1）“嘫”下云“語聲也”，蓋即然否之然。《火部》：“然，燒也”，借爲應詞，又加口爲别耳。《脈經》凡應答之詞，皆以然字代曰字，嘫下衹云然聲。（清・王筠《説文釋例》卷八）

（2）《夊部》复下云：“行故道也”，《彳部》復下云：“往來也”，夫往而復來，則所行者必故道也。《玉篇》曰：“复，今作復。”案：从夊，義已足矣。又加彳，微複也。復下衹云复聲。（清・王筠《説文釋例》卷八）

王筠説“分別文”“累增字”“此亦异部重文”，衹是由於這兩種重文都是“遞增”偏旁造出新字而形成的，所以“别輯”出來另立一

① （清）王筠：《説文釋例》，中華書局，1987，第 173 頁。

卷。新字的記詞功能若與母字的某些義項不同就是“分别文”，没有不同則是“累增字”。這一發明的實質，是把在《説文》中處於平面静態的一部分“异部重文”從造字的角度進行動態分析，以揭示部分“异部重文”産生的原因，并非字際關係新的分類。這些“重文”以增旁造字的方式産生，遂使“分别文”“累增字”可以延伸爲專門探討造字孳乳問題的漢字學理論，它跟形體構造和字種增益密切相關，而跟漢字的使用屬於不同的學術層面，所以跟“古今字”没有必然聯繫。

我們説“古今字”不等於“分别文”“累增字”，還可以從下面幾點來説明：第一，“古今字”指稱的字例可以没有“增偏旁”的形體關係。第二，“分别文”“累增字”祇能指稱造字時間在後的字，而“古今字”的“古”“今”無定時，所以用字的古今關係跟造字的時間順序有時并不一致。第三，“古今字”的古字和今字“同物同音”，判斷的標準是在文獻中音義相同，即記録同一詞項。累增字是“加偏旁而義仍不异者”，而“分别文”是“加偏旁而義遂异者”，就是説稱爲“分别文”是因爲它跟原字的意義不再相同（有的音也不同）而記録了另一個詞項。第四，王筠著作中“古今字”與“分别文、累增字”是兩套共存异用的術語。使用“古今字”術語時，着眼於文獻用字不同而功能相同，常常跟注釋性用語配合，目的是用熟悉的今字解釋不太熟悉的古字；而使用“分别文”“累增字”則着眼於文字孳乳關係，目的是説明某個字是以某個字爲基礎産生的，故常有“後作”“後起”之類的用語配合。①

所以我們認爲“分别文”與“古今字”性質不同，判斷標準不同，不能相互取代。其實，“分别文”不僅不是“古今字”，也不等同於“分化字”，因爲分化母字職能的手段多種多樣，不限於“增偏旁”，增

① 參見李運富、蔣志遠《從“分别文”“累增字”與“古今字”的關係看後人對這些術語的誤解》，《蘇州大學學報》（哲學社會科學版）2013 年第 3 期。

旁分化衹是漢字分化的手段之一，漢字還可以通過改換偏旁、异體分工、借字分化、另造新字等方式來達到分化原字職能的目的。這幾組概念之間的區别如下表所示。

字組概念	概念性質	記詞職能
古字—今字	文獻用字	功能同一
被分别字—分别文	孳乳造字	功能相异
母字—分化字	增形分工	功能合分

“古今字”“分别文”“分化字”不僅提出的學術背景與研究意圖各不相同，而且“古今字”是“古字”和“今字”的合稱，屬於字組概念；而“分别文”“分化字”却都是單指一方，要分别與“被分别字”“母字”并舉纔能構成組概念。它們的性質也存在根本不同，古今字是訓詁家就文獻用字的歷時差异而言的，主要爲破解文獻釋讀的障礙，用一個熟悉的今字去解釋陌生的古字；分别文是王筠就孳乳造字提出的概念，强調的是增旁造字的方法；母字和分化字則是當代學者從漢字職能的分工角度提出的，它强調字形的分化和增多，由一個字變成幾個字，目的在於分擔母字的功能。此外，它們的記詞職能也各不相同，古今字要求同音同義，記詞職能必須相同；分别文的功能必須與被分别字相异；而分化字所記詞項是母字原來多項職能中的一項。

“古今字”既然可以在不同時代替换使用，則音義相同，是針對某一詞項而言的，即古字與今字的對應範圍是記録同一個詞項的字。離開這個詞項，在不同的音義之間，則無所謂古字和今字。因此所謂“職能分化”，所謂“今字衹承擔古字的某一個職務”，所謂“分擔古字的本義，或引申義，或假借義”等説法都是錯誤的，因爲這樣説的時候，這個“古字”跟“今字”記録的已經不再是“同詞”關係了。

2.“古今字”的“古字”和“今字”可從别的角度另加説明

記録同一詞項的“古今字”之間存在多種複雜關係，有的古今字是异體字關係，有的是本字與借字的關係，有的是借字與本字的關係，有的是借字與借字的關係，有的是源本字與分化本字的關係，等等。這些字際關係可以從不同角度説明某組古今字的成因，却不是跟“古今字”處於同一系統的并列概念，因而拿“古今字”跟“分化字”“分别文”“异體字”“通假字”等相提并論并進行辨析是没有意義的，不過可以用不同概念對“古今字”的“古字”和“今字”從别的角度加以説明。或説明來源，或説明屬性；有的衹説明“古字”或“今字”，有的兩者都説明，從而形成另一種對應關係。如用“分别文”説明“古今字”中“今字”的來源，表面上“分别文”跟“古字”或“古文”相對，實際上是省略了“今字”的名號而直接説明這個今字是怎麽來的。這樣的“分别文”“累增字”衹對“今字”起説明作用，不能作爲組概念取代“古今字”或作爲“古今字”包含的類。例如：

(3)《節南山》“維石巖巖”，《傳》：“積石貌。”《釋文》：“巖本或作嚴。”案：嚴者古字，巖則後作之分别文。(清·王筠《毛詩重言》中篇)

王筠説“嚴者古字，巖則後作之分别文”，意謂在山崖義上“嚴$_1$”是古字，“巖”是今字。今字“巖”是爲了區别“嚴$_2$”的{嚴厲}義而産生的一個“分别文”，也就是由“嚴$_2$”詞項的分别文“巖”充當了“嚴$_1$”這個“古字”的“今字”。可見這裏的“古今字”是針對{山崖}詞項而言的，“分别文”是針對{嚴厲}詞項而言的，它們不在同一個術語體系中。

還可以用“俗字”“專字”“借字”甚至後來纔有的“分化字”等説明“今字”的屬性，有時也説明某個“古字”是“假借字”“通借字”“借字”等。這種對“古字”或“今字”屬性説明的用語并非混同“古今字”，也不跟“古今字”關係矛盾，因爲彼此角度不同。例如：

(4)《玉篇》:“爓，火焰也。”焰即爓之俗字，此以俗字釋古字法也。(清·王筠《説文釋例》卷七)

(5)【作，起也，从人，乍聲。】鐘鼎文以“乍”爲“作”，然則“乍”是上古通借字，“作”是中古分别字。(清·王筠《説文解字句讀》卷八上)

例(4)記録詞語{火焰}，“爓”和“焰”構成古今字關係，今字的來源是俗字，此處用俗字解釋古字，俗字説明的是今字的性質，并非與古字構成組概念。例(5)記録{興起}義先使用古字“乍”，後用今字“作”，二者構成古今字關係；而又説“乍”是通借字，“作”是“分别字”，目的在於從另外的層面説明古字和今字的性質，并不影響“乍—作”是一組古今字的判斷。

這種既從用字時代上擺出“古今字”關係，又儘量從其他角度説明其中“古字”和“今字”的來源或屬性的做法，漢唐訓詁家已發其端，段玉裁、王筠等清代學者做得更多，超過前人。這些用來説明“古字”和“今字”屬性的術語跟“古今字”不在同一個系統，没有并列比較或辨析的邏輯基礎。

但現代許多學者常常批評段玉裁、王筠等人把“古今字”説成“通假字”“俗字”等，認爲他們判斷失誤因而造成矛盾，這是今人把“古今字”跟“通假字”“异體字”等對立起來辨析的結果，實際不懂古人是從其他角度對古今字用字來源或屬性的説明。正如“夫妻”關係可以再解釋各自的身份或籍貫一樣，古人對“古今字”關係的進一步説明并非將有關概念并列對立。

利用“古今字”材料來研究文字孳乳分化現象應該是可以的，但必須明確這衹是材料的共用，不能據此認爲古人的“古今字”概念就是指文字孳乳分化的造字問題，更不能以今律古、强人就己，用今人重新界定的概念去妄議古人。在研究文字分化現象時，最好不要使用“古今字”這個具有訓詁意義的概念，以免引起誤解歧義，導致相關概念的混亂。

三 “古今字”學術史材料的處理

學術史上的“古今字”不等於文獻中實際存在的古今字，而是指歷代學者注釋過、論述過或列舉過的“古今字”，需要區别時可稱爲“注列‘古今字’”，或者用加引號的“古今字”。“古今字”學術史研究必須建立在“注列‘古今字’”材料基礎上，古人没有注列過的古今字不在本叢書的考察範圍之内。

“注列‘古今字’”材料需要從歷代的隨文釋義類注疏、纂集類訓詁專書、考釋類訓詁札記、研究論文和相關教材中提取。我們采用的基本方法是用“古”和“今”作爲關鍵字進行檢索，但遇到的困難有：第一，大量的古籍没有電子版，需要人工通讀，逐一查檢；第二，檢索得到的有關材料大都是没有標點的，而且很多屬於現代人的轉録，存在文字訛誤，所以需要對獲得的材料核實原版原文，并在讀懂弄通的基礎上進行標點；第三，校勘無誤的真實材料也不一定都是有效的，其中許多甚至絶大部分含有“古”或“今”的語料并非討論古今用字不同問題，需要人工排除；第四，對於經過甄别提取出來的近萬條材料，也需要考察彼此之間的關係，經過系聯、去重、歸類、排序等，纔能形成便於查檢利用的資料集。其中的任何一項工作都十分棘手，不僅需要查找、比對、校勘的耐心，更需要文字學、訓詁學、文獻學等方面的學力和識斷。

（一）檢索材料的核實、校勘和標點

“注列‘古今字’”的材料大都來自“中國基本古籍庫”“瀚堂典藏”和“四庫全書”等電子數據庫，部分來自古籍紙本或電子圖版的手工查找，都有具體版本依據。通用古籍數據庫中的電子文本存在許多錯訛和標點不當（有的没有標點）問題，需要核對原版和校正標點。項目組成員手工搜集到材料後自己的移録或轉録也容易造成錯訛，更是需要後來的反復校勘。核查原書原圖、校對文字和準確標點的工作非常繁重，但十分必要。如果録入時發生文字訛誤或標點不當，就可能造成對注列原文理解的困難。例如：

（1）【㞢佳楊及栁】古文柳。（明·馮惟訥《古詩紀·古逸第八》）

按，瀚堂典藏數據庫將【　】中的“及栁”録作“及柳”，據原書圖版發現爲誤録，需勘正，所以“柳—柳”不是古今字，“栁—柳”纔是古今字。

（2）【罪釁】忻近反。杜注《左傳》云：“舋，瑕隙也，罪也。”賈注《國語》：“兆也。”《説文》作釁，从爨（七亂反）省。爨字象祭器。酉，古酒字也。分，聲也。今俗作𧷤，略也。《經》作舋，謬也。（唐·慧琳《一切經音義》卷十二）

按，瀚堂典藏數據庫將“今俗作𧷤”録爲“今俗作爨”，與原書圖版不符，需勘正，則構成古今字的是“釁—𧷤”，而不是“釁—爨”。

(3)【敕勅勑】《説文》:誡也。臿地曰敕。从(支)[攴]束聲。古从力。或作勑。本音賚,世以爲敕字,行之久矣。(宋·丁度等《集韻》卷十)

按,以上文字在項目組提供的初稿中録文爲:“[宋]丁度等《集韻》卷十:〖敕勅勑〗《説文·言部》:誡也。兩地曰敕。从支束聲。古从力。”這段録文經核查原書,發現存在嚴重問題:一是《集韻》原文引《説文》没有“某部”,應忠實原文體例無需增補“某部”。而且録者的增補也補錯了,要補的話應該是“攴部”而不是“言部”。二是原文“臿地曰敕”被誤録成“兩地曰敕”,完全不辭。三是原文的“从支”當爲“从攴”之誤,録文應予校正。四是字頭有“勑”字,而録文没有相應内容。其實原文還有“或作勑。本音賚,世以爲敕字,行之久矣”,録文不當删省。

如果不是電子文本或手工轉録産生的錯訛,而是圖書版本原有的錯訛,更可能導致“古今字”字組判斷的失真,在理據充分的情況下應該校勘,必要時可加校勘説明,以避免出現錯誤的古今字關係。例如:

(4)【痃】古文。陟尼反。今作胘。皮厚也。(遼·行均《龍龕手鑑》入聲卷四·疒部)

按,《説文·肉部》:“胘,牛百葉也。从肉,弦省聲。”與“痃”的音義不符。考《龍龕手鑑》入聲卷四肉部:“【胝胵胑胝】四俗。【胝胘】二正。丁尼反。皮厚也。六。”可見《龍龕手鑑》“痃”字下“今作胘”的“胘”應爲“胘”字誤刻,當勘正爲“(胘)[胘]”。胘同胝,猶痃同疷。這樣,構成古今字關係的是“胘—痃”而不是“胘—痃”。

（5）【舊垗】下音奥。《説文》云“古文奥字也”。《文字典説》云“土窀也”。又趙、姚二音。《説文》：“窯也，燒瓦竈也。”傳作㺯，非也。（唐・慧琳《一切經音義》卷九十三）

按，慧琳《音義》引《説文》“古文奥字也”當爲“墺”字之誤。《説文・土部》：“墺，四方土可居也。从土，奥聲。[illegible]，古文墺。”音奥之垗當爲[illegible]字隸定，當看作“墺”的古文，與音趙之垗（訓土窀也）、音姚之垗（窯字异構）爲同形關係。“舊垗”之“垗”既“音奥”，則應爲“墺”的古字（楷寫），取“四方土可居”義。後面却引《文字典説》訓“土窀也”，則當音趙。慧琳這條材料音義錯亂，按“墺—垗”作爲一組古今字的話，原文當勘正爲：“下音奥。《説文》云‘古文（奥）[墺]字也’。又趙、姚二音。《文字典説》云：‘土窀也。’《説文》：‘窯，燒瓦竈也。’”

（二）“古今字”材料的鑒别

注列“古今字”散見於歷代的古籍注釋和語文工具書中，除了典型的“某某古今字”表述，還有許多包含古今用字關係的其他表述方式，如“某古字，某今字”“古（今）作（爲）某”“古（今）某字”“古（今）文（字）某”等，其中都包含時間名詞“古”或“今”，所以搜集材料時可以用“古”“今”作爲檢索詞，但不是所有含“古”“今”的材料都是反映用字現象的“古今字”，所以需要耙梳并逐一鑒别，排除大量的非用字性質的“古”“今”材料，纔能提取出真正的“古今字”字組來加以研究。

1. 與“古今字”表述類似的文獻正文，不是注列“古今字”

古書中的正文通常用大字粗文刻印，與注釋語有明顯區别，即使不看形式，就語意内容而言也是容易辨析的。例如：

（1）由余片言，秦人是憚。日磾效忠，飛聲有漢。桓桓撫軍，古賢作冠。來牧幽都，濟厥塗炭。（晋·盧諶《贈劉琨詩》）

其中的“古賢作冠”不是注釋語，不是“古代的賢字寫作冠字”的意思，因而不是“古今字”材料。此類非注釋語中的“古”“今”材料首先被剔除出去。

2. 指稱不同時代的版本异文，目的不在説明用字關係的，不算注列“古今字”

古人常用“古本”“今本”指稱版本异文，比較容易分辨。如果用“古文”“今文”來指稱，就要特别注意了。“版本概念的‘古文’‘今文’既不同於字形概念的‘古文’‘今文’，也不同於字符使用關係的‘古今字’，它們彼此之間衹有异同的關係，没有源流關係。”[①] 指稱版本异文的“古文”“今文”往往與有校勘意味的“作”或者“爲”組合運用，具體有“古（今）文（或）作某”“古（今）文（或）爲某”“古（今）文皆（作）爲某”等形式；也有直接用“今作某”或“古作某”的，不含“文”和“字”。例如：

（2）【設黍於腊北，其西稷。設湆於醬北。御布對席，贊啓會，卻于敦南，對敦於北。】啓，發也。今文啓作開。古文卻爲綌。（漢·鄭玄注、唐·賈公彦疏《儀禮注疏》卷五）

（3）【若殺，則特豚，載合升，離肺實於鼎，設扃鼏。】今文扃爲鉉，古文鼏爲密。（漢·鄭玄注、唐·賈公彦疏《儀禮注疏》卷三）

（4）【夫坤，妥然示人簡矣。】妥，今作隤。（明·姚士粦輯《陸氏易解》）

① 李運富:《早期有關“古今字”的表述用語及材料辨析》,《勵耘學刊（語言卷）》總第6輯，學苑出版社，2008。

例（2）（3）的鄭注，意思是《儀禮》中的“贊啓會”“卻于敦南”“設扃鼏”在他見到的某個“今文”或者“古文”版本中分别寫作“贊開會”“綌于敦南”“設鉉鼏”“設扃密”。例（4）“妥，今作隤”，是説這句話《周易》古本作“妥”而今本作“隤”。這種版本校勘性質的“古”“今”意在説明同一位置的字詞古今版本不同，不一定是同一詞語不同時代的用字不同，即使恰好也屬於用字不同，而其實并不是注家特意要注明的，就是説注家的目的在於説明版本差异而不在於用字差异。當版本异文跟用字差异重合時，收録爲“古今字組”也是可以的，如上文“卻”與“綌”、“鼏”與“密”；但不是用字差异的异文就應該排除，不能算“古今字”，如上文“啓”與“開”、“扃”與“鉉”。

3. 指稱詞語變化或同義詞的“古今語”，不是注列“古今字”

稱呼不同時代同一事物可能使用不同詞語，這種具有時代差异的同義詞語被稱爲“古今語”。如漢揚雄《方言》曰：“秦晉之間凡物壯大謂之嘏，或曰夏。秦晉之間凡人之大謂之奘，或謂之壯。燕之北鄙齊楚之郊或曰京，或曰將。皆古今語也。”下面的注釋材料也屬於“古今語”而不是“古今字”。

（5）【凡祭祀，飾其牛牲，設其楅衡，置其絼，共其水藁。】鄭司農云：“楅衡，所以楅持牛也。絼，著牛鼻繩，所以牽牛者。今時謂之雉，與古者名同。”（漢・鄭玄注、唐・賈公彦疏《周禮注疏》卷十二）

（6）【絳緹絓紬絲絮綿】絳，赤色也。古謂之纁。（唐・顔師古《急就篇》注）

（7）【服文采。】青赤爲文，色絲爲采。傅奕云：采是古文繡字。（明・焦竑《老子翼》卷五）

按，例（5）（6）有“謂之”作標記，很容易判斷是指古今稱謂不同，非古今用字不同。例（7）“采”的本義爲“采取”，也借用指“彩色絲織品”，後來寫作“綵”。清朱駿聲《説文通訓定聲》：“采，字亦作綵。”“繡”，《説文》訓“五采備也”，則本義指“經繪畫而使五彩具備”，也指“有彩色花紋的絲織品”，後來寫作“綉”。唐傅奕説“采是古文繡字”，實際意思應指在古代“采（綵）”是跟現代的“繡”同義的詞。它們讀音不同，當然不是“古今字”。

4. 指稱字符職能變化的“古”“今”材料，不是注列“古今字”

一個字初創時職能是單一的，而在以後長期的使用中職能會發生變化。古人訓注中遇到這種職能變化而需要説明時，也往往使用“古”或“今”來表述。例如：

（8）【雩】案《字林》“越俱反”。今借爲亐，音于句反。（唐·陸德明《經典釋文》卷二十九）

（9）【飯】扶晚反。《禮記》：“飯黍黄梁積梠。”……又曰：“文王一飯，亦一飯。”野王案，《説文》“飯，食也”，謂食飯也……今亦以爲餅字。（梁·顧野王《原本〈玉篇〉殘卷》卷九）

例（8）原文出自《爾雅·釋天》“螮蝀謂之雩。螮蝀，虹也”，郭璞注：“俗名謂‘美人虹’，江東呼‘雩’。”可知《爾雅》之“雩”記録的詞義是{彩虹}。而《經典釋文》指出“今借爲亐”，即“雩”這個字形在“今”時被借用來記録和“亐”字相當的意義。因此這則訓條反映了“雩”在後代開始承擔假借義{亐}，其記録職能增加了。例（9）顧野王指出“文王一飯，亦一飯”中的“飯”字與《説文》訓釋一致，都表動作義{吃飯}，而“今亦以爲餅字”，則説明“飯”在“今”時還記録本由“餅”字記録的名詞義{飯食}。可見這兩則訓釋雖然都包含“今”，但它們反映的是“雩”“飯”在“今”時的職能變化，而不是針對某個詞義的歷時用字變化，因而不屬於“古今字”問題。

5. 指稱字形或構件的構造功能的“古”“今”材料，不算注列“古今字”

古人分析漢字結構時，往往指出某個形體或構件的功能相當於某個“古文”或“今文”的意義，這樣的“古文”“今文”不是指同詞的古今用字差异，不屬於“古今字”關係。如：

（10）【大】天大，地大，人亦大焉。象人形，古文人也。凡大之屬皆从大。臣鍇按，《老子》“天大，地大，王亦大也”，古文亦以此爲人字也。（南唐·徐鍇《説文解字繫傳》卷二十）

（11）【不可擭】烏虢反。《考聲》云“以手擭取也”。从手，蒦聲。《經》文單作蒦亦通。从萑，音完。从又，古文手字。（唐·慧琳《一切經音義》卷七十五）

例（10）説“大”是“古文人”，“古文亦以此爲人字”，意思是“大”在古文字的構形中表示“人”，即“大”字造意爲伸展肢體之人形。清王筠《説文釋例》：“此謂天地之大，無由象之以作字，故象人之形以作大字，非謂大字即是人也。”例（11）“从又，古文手字”是説“又”在構字時表示“手”的意義，不是説｛手｝這個詞古代用“又”而後代用“手”。可見這裏的“古文”是指古文字構造中的形體功能，不是指古文獻中實際使用的字。

6. 指稱字形局部變化的“古”“今”材料，不是注列“古今字”

某個字的形體古代寫作什麽樣，後來變成什麽樣，注列者也可能用“古作某”“今作某”來説明，這樣的材料意在説明形體書寫的某些變化，不是指同詞所用字種的不同。如：

（12）【亘】求宣也。又姓。从二从回，回音回，今作日。與亙字不同，亙从二从舟，舟今作月。凡宣垣字从亘。（明・樂韶鳳等《洪武正韻》卷四）

（13）【壽】是酉切。《説文》作[illegible]，“久也。从老省，𠷎聲”。𠷎音疇。隸作壽。上从毛从人，今作龶。俗上从士，誤。（元・李文仲《字鑑》卷三）

例（12）“今作日”是説古文字“亘”的中間部分原來寫作“回”，而後來訛變寫作了“日”。“舟今作月”是説“亙”字中原來的“舟”形現在訛變成了“月”形。例（13）“上从毛从人”是指小篆字形的上部，而“今作龶”是指隸變以後的寫法。這些“古”“今”跟上條的“古文”相似，也是就文字形體而言，不是就文獻用字而言。

7. 祇有單方面的“古”或“今”，不構成對舉字組的材料，不算注列“古今字”

這時“古”或“今”祇指某個時代的字，不是指不同時代的某組字。如下例（14）的“古字韋、圍、違三字義通”，即泛指古時候的用字，不是跟某個“今字”相對而言的；例（15）“男、南古字通用”也不是“古”“今”對舉，而是泛指古代這兩個字通用。這些字組都不構成“古今字”。

（14）【十韋，十圍也。】《漢書・成帝紀》：“大風拔甘泉中大木十韋以上。”師古曰：“韋與圍同。”又《墨子・貴義篇》“圍心”即“違心”。蓋古字韋、圍、違三字義通。（清・吴玉搢《别雅》卷一）

（15）【南，艸木至南方，有枝任也。】按，古南、男二字相假借。（清・段玉裁《説文解字注・𣎵部》）

【二百里男邦，《史記》云任國〔漢諱邦改爲國〕。】棟案：《白虎通》引《書》云“侯甸任衛作國伯”，今《酒誥》作男，古男與

南通，皆訓爲任……王肅《家語》亦載子產語，云：男、南古字通用。（清・惠棟《九經古義・尚書古義上》）

8. 不屬於認識問題，而是文字訛變、校勘不精所引起的文字關係錯亂，致使古人誤注誤列的，不算注列“古今字”

例如：

（16）【癹】舊注：“古文班字。”按：班，通作頒、般。《集韻》或作辨、斑。或作辬，《説文》本作辬。《易・賁卦》陸氏釋文：賁，古斑字。今改作癹，非。（明・張自烈《正字通》卷七）

按，“癹”本爲“發”字古文，方月切。“月、丹”形近，明刻本《篇海》誤作“方丹切”，《詳校篇海》承《篇海》之誤而補作“音班”，《正字通》又承《詳校篇海》“音班”而定爲“古文班字”，屬誤判。①

（17）【厥】徒到切。古文盜。[宋・陳彭年等《大廣益會玉篇》（澤存堂本）卷二十二）]

按，《説文・次部》：“㳄，歠也。从次厂聲。讀若移。”或作欥（《玉篇・次部》：“盜，徒到切。逃也。《説文》：‘私利物也。’欥，弋之切，歠也。”），訛作厥（《五音集韻》卷十一）、厥（上元本與《康熙字典》引《玉篇》）、厥（澤存堂本）。“欥”訛作“厥”，廣益者誤與上字（盜）認同，遂收録於厂部之末。上元本、和刻本與元刻本但言古文，并無“盜”字。頗疑“盜”字乃明清人所加。②

① 參見楊寶忠《疑難字三考》，中華書局，2018，第370頁。

② 參見楊寶忠《疑難字三考》，中華書局，2018，第11~12頁。

（三）“古今字”字組的分合

“古今字”是不同時代記録同一詞項（在字典中也可能表現爲同一詞位）的不同用字或不同字形。“詞項”指負載一個義項的詞形，屬於音義結合體。故區分不同的“古今字”字組應以表達的音義爲標準，即根據“古字”“今字”所記録的讀音和意義來確定字組的分合。

1. 同音同義的“古字”和“今字”合成一組“古今字”

隨文釋義材料中的“古今字”往往是單音單義的，比較容易處理。但大型字典辭書中提及的“古今字”可能具有多音多義。讀音相同且意義相關的詞項可以歸納爲一個詞位，屬於一個詞位的不同詞項的“古今字”可以合并爲一組處理，即一組“古今字”的音義可以包括幾個相關的義項，多個相關義項通常是可以分別具有古今對應關係的。如：

（1）【生】所京切。産也，進也，起也，出也。【㞢】古文。（宋·陳彭年等《大廣益會玉篇》卷二十九）

按，㞢、生乃小篆楷化而异者。儘管有“産也，進也，起也，出也”多個義項，但這些義項具有内在關聯，屬於同一個詞位的不同義項，就詞位而言是音義相同的，所以“㞢—生”算是一組古今字。

讀音相同當以古音爲準，以大型工具書如《漢語大字典》等爲據。如果某組字在工具書裏并無相同的注音，而古人確實看作“古今字”，那也可以從實際用法出發，“音隨義定”，使它們讀音相同從而確定爲古今字組。例如“𢦏—才”，字書中未見有相同的注音，但在表｛才始｝義上被古人多次標注爲“古今字”，那説明它們應該有相同相近的讀音，“𢦏”本來也是从“才”得聲的，故可根據“才”的“才始”義讀“cái”的事實，把“𢦏”也認定爲有 cái 的讀音，這樣“𢦏—才”作爲一組“古今字”纔能成立。

同音同義的一組“古今字”也可以包含多個异寫字形。就是説，在音義相同的條件下，如果某個“今”字對應多個“古”字，或者某個“古”字對應多個“今”字，或者“古字”“今字”各有多個字形，那麼多個“古字”和多個“今字”可以合并爲一組，各取一個字形爲代表標志字組，其餘字形可跟在代表字的後面，以保存字形。例如：

（2）【僻辟薜侵】邪也。或省。亦作薜。古作侵。（宋・丁度等《集韻》卷十）

【辟僻】《爾雅》“邪辟也”。【侵侵】并上同，古文。（金・韓道昭《五音集韻》卷十五）

【僻】《説文》辟也。从人，辟聲。邪也。……《集韻》古作侵。（元・熊忠《古今韻會舉要》卷二十八）

按，這組古今字的“今字”是“僻”，或省寫爲“辟”，還可以借用“薜”，這三個都是邪僻義的今字，而“侵、侵、侵”則都屬於“僻”的“古字”，所以可以組合爲“侵 侵 侵 —僻 辟 薜”或“侵（侵侵）—僻（辟薜）”的字組模式。

（3）【克】古作[illegible][illegible]，即“可”字之變文。克與可同義，但轉其聲耳。（清・黄生《字詁》）

按，黄生認爲[illegible][illegible]都是“可”的變文，則“可”與“克”構成古今字關係。這裏雖然出現了兩個古文字形，但没有結構變化，屬於异寫，可當一個字看待，故可以在“可”後面同時列出“[illegible][illegible]”兩個字形，從而形成“可[illegible][illegible]—克”或“可（[illegible][illegible]）—克”的古今字字組形式。

這種一對多、多對一或多對多的古今字組，在列舉具體材料時，如果材料來源不同，字形也不同，也可以在多對的字組下再分別列出單對的字組。

2. 意義無關和讀音不同的“古今字”應分别爲不同的字組

如果一組“古今字”形體相同，但在不同語境中表示不同的音義，這種情况在字典辭書中通常是合在一起的，但注列時是針對不同音義的，爲了反映注列者的真實認識，應該把這種“古今字”分别作爲不同的字組來對待，形式上可用“古$_1$—今$_1$”和“古$_2$—今$_2$”來表示不同的字組。例如：

（4）【勝㚒】識蒸切。《説文》：“任也。”古作㚒。又并詩證切，克也。（宋·司馬光《類篇》卷十三）

按，“勝”字楚系簡帛文字作[illegible]（郭.老乙.15）、[illegible]（郭.成.9），从力，乘（古文乘）聲，當即㚒字所本。《類篇》注列爲古今字而有平去兩讀，意義也不同，這就可以分爲兩組：

㚒$_1$—勝$_1$：（shēng）能够承受，禁得起。

㚒$_2$—勝$_2$：（shèng）戰勝。

即使音義相同，但同一字或爲古字，或爲今字，并且對應的字不同時，也應該分列不同的字組。如：

（5）【椷盛】上霞巖反。《考聲》云：木匧也。……或作椷，亦作楠，古字也。（唐·慧琳《一切經音義》卷十）

【寶椷】音咸。《廣雅》：篋謂之椷。形如小匱子，从木，咸聲。經文作函，古字。（唐·慧琳《一切經音義》卷二十九）

其中的“椷”相對於“椷”是古字，相對於“函”是今字，於是分爲兩組：椷—椷、函—椷。

經過前面的校勘、鑒别和分合處理，我們共搜集到“注列‘古今字’”近萬組，編輯成《古代注列“古今字”輯考》，作爲“古今字”學術史研究的基本材料。

四 “古今字”學術史的研究

在全面搜集、整理、彙纂了歷代“古今字”材料後，“古今字”學術史的研究纔能有所依憑，纔能分析出真相。

（一）學術史研究的基本原則——求真

我們曾提出學術研究的基本原則是“學史求真，學理求通”。[①]這需要首先具有“學理”“學史”相區別的觀念。就古今不同的用字現象而言，如果從用字事實出發，考察甲字和乙字是否在不同時代記録了同一個詞，記録同一個詞的甲字和乙字是怎麽來的，彼此具有哪些屬性關係，這些關係在歷史上有没有發展變化，對漢字系統和漢語系統有没有影響，等等，這些都屬於學理的研究。如果從學者認知出發，考察有哪些學者關注了歷時的同詞异字現象，他們是怎麽標注這些現象的，指出過哪些字例，有過哪些論述，形成了哪些成果，這些成果解決了什麽問題，對學術産生了什麽影響，在現代有無價值，等等，這些屬於學史的研究。

“‘古今字’學術史叢書”研究的“古今字”當然是“學史”性的，是前人通過標注、論述、列舉等方式認知的“古今字”，我們把它們簡稱爲“注列‘古今字’”。這種“古今字”有的符合事實和學理，有

① 李運富:《漢語學術史研究的基本原則》,《湖北師範學院學報》(哲學社會科學版)2010年第4期。

的衹是一家之言，甚至是不符合事實和學理的錯誤認知，因而“注列‘古今字’”不等於文獻中實際存在的古今字，也不等於今人理解的古今字。爲了區别，我們給學史性的“注列‘古今字’”加引號，表示這是帶有古人主觀認識的，衹能評價，不能篡改；文獻中客觀存在的古今字和今人理解的古今字不加引號，可以根據學理和自己的認識指認。區分學史的“古今字”和學理的古今字，纔能針對學史的“古今字”做實事求是的研究，纔能真正理解前人的“古今字”觀念和學術發展的過程。

站在學術史的立場，研究“注列‘古今字’”，必須堅持“求真”原則，包括求真有、求真意和求真評。①

所謂“求真有”，就是前人確實認定過某某是“古今字”，也就是我們搜集的“注列‘古今字’”材料必須真實可靠。上面關於“注列‘古今字’”材料的處理就是確保“真有”的措施。此不贅述。

所謂“求真意”，就是準確理解古人有關材料的原意，避免以今律古，强人就己。要做到這一點不太容易。首先，不宜拘泥於某些表述的字面意思，而要儘量結合材料實例來理解。例如許慎把“古文”跟“籀文”“大篆”“小篆”等概念并提，後人大都理解爲着重書寫風格的“字體”。但我們看許慎使用這些概念時，所舉的字例都是在形體和結構上有差异的，基本不是同一字形的不同書寫風格問題，而且《説文》裏所説的“體”（“改易殊體”）也基本是就形體而言，後來的“或體”“俗體”“獨體”“合體”“繁體”“簡體”等就是繼承形體含義的，所以從實際材料和使用目的看，與其把“古文”等理解爲後世的“字體”概念，不如看作古人指稱字形來源的材料概念更爲真實。其次，不宜囿於局部片面，而要全面綜合考察某個人的學術思想。例如有人認爲清代學者王筠提出的“分别文”“累增字”是要把前人説的“古今

① 參見李運富《漢語學術史研究的基本原則》,《湖北師範學院學報》（哲學社會科學版）2010 年第 4 期。

字”限定在有“造字增偏旁”的孳乳字範圍。其實在王筠的著作中，這幾個術語是跟“古今字”并行的。“古今字”指稱用字現象，“分別文”指稱造字現象，彼此内涵不同，用“分別文”取代“古今字”并非王筠本意，而是後人强加給王筠的。最後，準確理解古人原意有時還得結合學術大背景。例如前文提到的《説文》“古文”，一方面可以就許慎論許慎，另一方面也可以聯繫同時代的司馬遷、鄭玄等學者的“古文”，甚至漢代的“今古文經學”來理解許慎的“古文”。任何學術問題都有産生的時代背景，任何學術思想也都會受到時代學術大背景的影響，注意到這一點，纔能避免泛時誤解和隨意解釋。理解“古今字”也有學術背景問題。“古今字”最初由漢代學者提出，一直是訓詁家的注釋用語，指出不同時代記録同一詞項而分別使用了不同的字符，意在用易知的字（通常是“今字”）解讀難懂的字（通常是“古字”）。因此，“古今字”的性質屬用字問題，而非造字問題。就用字而言，既包括用不同的字種記録同一個詞項或詞音[①]，也包括用同一字種的不同字形來記録同一個詞項或詞音。但20世紀以來，大多數學者把“古今字”看作造字現象，認爲“有造字相承的關係”，在造字時間上有先後之分，還有就是古字義項多，而今字衹有古字多種意義中的一個。這種認識忽略了“古今字”的訓詁目的和解讀經書的學術背景，自然難以符合古人的初衷。

所謂“求真評”，就是對古人學術思想和學術成果的評價要符合實際，不拔高，不貶低，客觀公允。對“古今字”學史的評價，也要從學術事實出發，在特定的歷史背景和學術環境中，在準確理解古人原意的基礎上，客觀指出其學術史意義和現代價值。如段玉裁有時會把“古今字”的古字稱爲“假借字”或把今字稱爲“俗字”等，有人從概念對立出發，批評段氏混淆失誤，認爲段玉裁既説某某是“古今

① 關於詞項、詞音、詞位等概念請參見李運富《論漢字職用的考察與描寫》，《上海師範大學學報》（哲學社會科學版）2017年第1期。

字”，又説某是“假借字”，某是“俗字”，自相矛盾。其實段玉裁是從不同角度來分析同組材料而已，説它們是“古今字”乃着眼於用字時代的先後，説某字是“假借字”或“俗字”則是進一步説明這個字的來源或屬性；這些概念所處層面不同，解釋目的不同，根本就不矛盾。又如現代學者在評述“古今字”學術史時，常常拔高王筠的“分別文”“累增字”。如洪成玉説：“王筠没有囿於漢人關於古今字的見解，也没有因襲段玉裁的説法。他在分析了古字和今字的關係以後，提出了分别文的説法。……王筠所説的分别字，就是古今字，此外，他還從造字角度提出了累增字這一術語，累增字其實也是古今字。”[①] 李淑萍也因爲“分別文”“累增字”而評價“王筠在古今字研究上的貢獻應當肩負着‘概念轉向’的地位”[②]。其實“分別文”“累增字”是王筠發現的兩種形成原因比較特殊的“异部重文”，和“古今字”在學術來源上就不相同。所以在王筠的著作中，“古今字”跟“分別文、累增字”是兩套共存而有明顯區別的術語，不是可以相互取代的同一性術語。客觀地説，王筠的“古今字”觀念和漢人及段玉裁的是一致的，并未因“分別文”“累增字”術語的發明而改變。

（二）“古今字”學術史的分期研究

前人的“古今字”觀念當然也是會發展變化的，特别是就總體而言，所以纔有“古今字”學術史。要想還原歷史面貌，正確認識“古今字”學術的歷史作用和現實價值，不能滿足於對零散材料的辨析和概念印象上的争辯，必須全面利用“注列‘古今字’”資料庫材料，系統歸納各家的古今字觀念及其傳承脈絡，遵照古人原意

① 參見洪成玉《古今字概述》,《北京師範學院學報》(社會科學版)1992 年第 3 期。

② 參見李淑萍《清儒古今字觀念之傳承與嬗變——以段玉裁、王筠、徐灝爲探討對象》,《文與哲》2007 年第 11 期。

考察該問題的産生和發展過程，如此纔能正本清源地描寫古今字學術史，修正學界長期以來因舉例方式而産生的對古今字術語以及前人古今字觀念的有關偏見。因此，縱向的“古今字”學術通史是必須建立的。

通史是連貫的，但往往需要分期分階段來描述，而某一時期或某一階段是共時的、横向的，所以通史可以表現爲若干斷代史。根據不同時代的“古今字”研究特色，我們把“古今字”學術通史劃分爲四個階段：唐以前“古今字”研究、宋元明“古今字”研究、清代“古今字”研究、近現代“古今字”研究。大致説來，唐代以前的“古今字”，主要目的在於解讀文獻，一般由某個“今字”溝通某個“古字”，以便解讀使用該“古字”的文獻。宋代以後，隨着大型字書的編撰，彙聚“古今字”字形的材料增多，往往出現一個“今字”對應多個“古字”或者相反的情況。這種多組“古今字”的系聯，目的顯然不是針對某種具體文獻的，而是帶有搜集材料供人查找的工具書性質，既可以爲更廣泛的文獻解讀服務，也可以爲描寫文字現象、總結用字規律的研究工作服務。到了清代，“古今字”研究進入理論探討階段，段玉裁、徐灝等都有一些論述，特别是段玉裁，對“古今字”的概念、性質、範疇等多有界定，同時擴展至用字現象和用字規律的研究，涉及大量古今字“某行某廢”的分析。徐灝曾試圖給“古今字”分類，認爲“古今字”包括“載籍古今本”和“造字相承增偏旁”兩類，實際上是把段玉裁所論述的“古今字”和王筠所提出的“分别文”“累增字”簡單相加，屬於誤解王筠原意而導致的不合學史也不合邏輯的一種理論框架。進入現代，“古今字”研究走向歧途。既有誤解古人原意的，也有替换古人概念的，主要癥結在於把“學史”研究混同爲“學理”研究，用現代人的學理思想去解讀和要求古人的學史事實。比如現代人把“古今字”誤解爲“分化字”，實際上就是從學理上認爲“古今字”應該是“分化字”，所以把用字性質的“古今字”改造成造字性質的“分化字”。這種思想的源頭可能跟清代徐灝有關。徐灝不僅誤解王筠的“分別文”“累增字”并混同段玉裁的“載籍古今本”，還在舉例分析時基本上衹涉及“分別文”“累增字”，以致後人進一步誤解“古今字”衹有“分別文”和“累增字”，非增偏旁造出新字的其他古今不同用字不算“古今字”，而“分別文”“累增字”又被後人看作“分化字”，於是“古今字”就完全被“分化字”同義替換了。現代人對“古今字”的誤解既有因襲也有發揮，致使現代的“古今字”很多時候已不再是古代的“古今字”，特别是將“古今字”推入“异體字”“通假字”“同源字”等不同系統概念辨析的泥潭，使得現代的“古今字”研究紛繁複雜，亟須疏清源流，撥亂反正。

根據以上思路，我們對“古今字”學術通史的研究，共產生 4 種斷代史研究專著。它們是：

《唐以前“古今字”學術史研究》(蔣志遠)
《宋元明“古今字”學術史研究》(張燕)
《清代“古今字”學術史研究》(鍾韻)
《近現代“古今字”學術史研究》(温敏)

這 4 部“古今字”斷代學術史專著首次對古今學者的古今字研究史進行全面梳理和總結，以兩千多年的歷史視野對“古今字”學術傳承脈絡進行溯源探流，全景式展現古今字研究如何從訓詁學領域演變到文字學領域的整個過程，澄清了今人的許多錯誤認識，引發系列相關概念的重新定位。

(三)“古今字”學術史的專題研究

“古今字”學術通史的研究是粗綫條的、總括式的。其中會碰到許多材料辨析、具體問題的討論和代表性專家專著的詳細評介，這些內容如果都放到通史和斷代史中展開，可能使“古今字”學術通史變得繁雜枝蔓。因此，我們把一些需要重點研究和詳細評介的代表性專家和專著單獨提出來作爲“專題”，同時平列地納入“‘古今字’學術史叢書”，以便從某些特殊角度和視點來反映“古今字”學術史。這些專題性專著有：

《張揖〈古今字詁〉輯佚與研究》（蘇天運）

《顔師古“古今字”研究》（張青松、關玲）

《韓道昭〈五音集韻〉“古今字”研究》（張志麗）

《段玉裁〈説文解字注〉“古今字”研究》（劉琳）

《王筠“古今字”研究》（蔣志遠）

這5種著作除了全面搜集考辨特定學者和有關著作的“古今字”材料外，重點評析相關學者在“古今字”學術史上的特點和貢獻，以及跟别的學者的關係。

作爲專題性研究，項目組成員還正式發表了40餘篇相關論文。其中標題中含有“古今字”關鍵詞的就有：

李運富《早期有關“古今字”的表述用語及材料辨析》，《勵耘學刊（語言卷）》總第6輯，學苑出版社，2008。

李運富《“余予古今字”考辨》，《古漢語研究》2008年第4期。

李運富、蔣志遠《論王筠“分别文、累增字”的學術背景與研究意圖》，《勵耘學刊（語言卷）》總第16輯，學苑出版社，2013。

李運富、蔣志遠《從“分别文”“累增字”與“古今字”的關係看後人對這些術語的誤解》，《蘇州大學學報》（哲學社會科學版）2013年第3期。

蘇天運《〈古今字詁〉文獻性質研究》，《學術交流》2013年第

5 期。

關玲《顔師古和鄭玄、段玉裁的古今字觀念比較》,《漢字學微刊》2017 年 8 月 3 日。

李玉平《論“古今字”觀念的産生時代》,《天津大學學報》(社會科學版)2015 年第 5 期。

蔣志遠《魏晉南北朝“古今字”訓詁論略》,《勵耘語言學刊》2015 年第 2 期。

鍾韻《〈段注〉“古今字”的字用學思想淺析》,《勵耘語言學刊》2015 年第 2 期。

温敏《黄侃的“古今字”和“後出字”》,《勵耘語言學刊》2016 年第 2 期。

李運富《“古今字”研究需釐清概念》,《中國社會科學報》2017 年 9 月 5 日第 3 版。

俞紹宏《古今字考辨叢札》,《漢字漢語研究》2018 年第 3 期。

李運富《异時用字的變化與“古今字”研究》,《中國社會科學報》2019 年 1 月 15 日第 5 版。

温敏《“古今字”的現代研究價值探析》,《中國文字學報》,商務印書館,2019。

張青松《顔師古〈漢書注〉古今字研究與辭書編纂》,《阜陽師範大學學報》(社會科學版)2020 年第 3 期。

李運富、温敏《古代注列“古今字”的材料鑒别與學術價值》,《西南交通大學學報》(社會科學版)2020 年第 5 期。

張青松《古今字研究應該重視出土文獻——以顔師古〈漢書注〉古今字研究爲例》,《漢字漢語研究》2021 年第 1 期;人大複印報刊資料《語言文字學》2021 年第 8 期全文轉載。

張青松、關玲《顔師古〈漢書注〉“古今字”字際關係略論》,《阜陽師範大學學報》2022 年第 5 期。

這些論文雖然没有作爲獨立表現形式收録於叢書中，但其作爲專題研究的材料和觀點是融匯在了叢書的著作裏的。

五 “古今字”研究的學術價值

“古今字”是古代訓詁家注釋説明不同時代記録同一詞項而使用了不同字符或字形的現象。這種現象涉及漢字的演變、語言的演變和字詞關係的變化，所以我們搜集甄别歷代注列“古今字”材料，其價值應該是多方面的。既可以考察“古今字”在訓詁學領域的意義，也可以考察其給文字學、語言學帶來的影響；既可以從理論角度探討“古今字”的學術史，也可以從材料角度探討“古今字”的現實利用。

（一）注列“古今字”的學術史價值

“古今字”概念自漢代提出，一直沿用至今，但人們對“古今字”性質的認識并不一致。特别是20世紀以來，各種現代思想被强塞進歷史長河，致使歷史面貌越來越模糊。要改變這種研究狀況，唯有正本清源，先抛開現有的一切成見，從搜集第一手材料開始，重新梳理“古今字”提出、應用、變化、誤解的過程，這樣纔能重現歷史上“古今字”的真實面貌，還原古人的本意。古人的本意在學理上并不一定都正確，但我們對它的展示和理解必須正確，否則就不是學術的歷史。不容易理解的地方寧可多做推測，全面考慮，也不要無視、簡單否定或用現代人的思想替代。例如《説文》“尗，豆也”，段玉裁注：“尗豆古今語，亦古今字，此以漢時語釋古語也。《戰國策》‘韓地五穀所生，非麥而豆。民之所食，大抵豆飯藿羹’，《史記》豆作菽。”從學理上看，説“尗—菽”爲“古今字”理所當然，可“尗”與“豆”既然是“古今語”，就不應該“亦古今字”，因爲古今語是指義同而音不同的兩个詞，而古今字記録的必須是音義全同的一個詞，它們屬於對立關係。但段玉裁明明説“尗豆古今語，亦古今字”，你就不能不承認他有把同一組字既看作“古今語”又看作“古今字”的事實，而且這種事實還不是孤立的。如《説文·邑部》:“郃，炎帝之後，姜姓所封，周棄外家國。从邑，台聲。右扶風斄縣是也。”段注:“見《地理志》。周人作郃，漢人作斄，古今語小异，故古今字不同。”又《説文·穴部》:“竇，空也。”段注:“空、孔，古今語。”《説文·穴部》:“竅，空也。”段注:“空、孔，古今字。”對這種學術歷史的事實，我們不能忽略掩蓋，更不能篡改更换，衹能解釋和批評。最簡單的辦法當然是按照現代人的觀念直接否定段玉裁，説他“自相矛盾”，是錯誤的，但這并没有解釋段玉裁爲什麽認爲“古今語”和“古今字”可以共存，這麽明顯的“自相矛盾”他會看不出來嗎？那就衹能認爲他有時把某組字既看作“古今語”又看作“古今字”是有他的某種道理的。先看有關的一條材料。《説文》“豢，豆屬”，段注:“許言尗，豆也。象豆生之形也。荅，小豆也。萁，豆莖也。藿，尗之少也。菽，配鹽幽尗也。然則尗與古食肉器同名，故豢、登二字入豆部。按豆即尗，一語之轉。周人之文皆言尗，少言豆者。惟《戰國策》張儀云韓地五穀所生，非麥而豆。《史記》作菽。吴氏師道云：古語衹稱菽，漢以後方呼豆。若然，則豢、登字蓋出漢制乎。”這裏包含尗豆的音義關係及其變化原因，大致能解釋段玉裁爲什麽説“尗豆古今語，亦古今字”。就音而言，“尗與古食肉器（豆$_1$）同名”，故可借“豆”記録“尗（豆$_2$)”。就義而言，“豆$_2$即尗”，都是指菽。但“周人之文皆言尗，少言豆$_2$者”，“古語衹稱菽（尗），漢以後方呼豆$_2$”。可見“尗（菽）”與“豆$_2$”在漢代可能同音同義，而歷時看雖然同詞但并不同音，由周人之“尗”音變爲漢後之“豆$_2$”音，乃屬“一語之轉”。“一語之轉”本質上是“一語”的“音轉”。雖然讀音略有變化，用字不同，但從淵源關係上講，段玉裁認爲轉前與轉後是“一語”（同一個詞）。這裹的同詞，是基於語言發展特别是語音的方俗和古今變轉而進行的歷時認同。大概正是因爲這樣的特殊性，着眼於古今讀音的變化，段玉裁認爲“尗豆古今語”，而着眼於古今仍屬一詞，段玉裁認爲尗豆“亦古今字”。“豆”無論就音（語）言還是就字言，都晚於“尗”，因而二者具有“古今”關係。以此檢驗“郚—蘼”“空—孔”兩組，也符合歷時性“一語之轉”而用字不同的情況，即段所謂“古今語小异，故古今字不同”。[①] 如果我們對段玉裁的這些表述文字的理解不誤，那就得重新認識段玉裁的“古今字”觀念，即在段玉裁看來，“古今字”雖然“主謂同音”，但對於“一語之轉”而讀音略有變化的“古今語”的不同用字，也可以將它們算作“古今字”。可見段玉裁一方面把“古籀篆隸”字體方面的古今差异排除在“古今字”之外，同時又把“一語之轉”的古今語納入“古今字”，這兩點跟他以前的學者是不同的，而對以後的學者如朱駿聲却是有影響的。如果不從第一手材料出發，不站在古人的角度想問題，就難以發現段玉裁“古今字”思想的特殊性。所以研究“注列‘古今字’”首先是建立真實“古今字”學術史的需要，這方面的價值在前述“古今字”學術史研究中也有充分體現，不再贅述。

（二）注列“古今字”的訓詁學價值

“古今字”原本是訓詁家提出用來幫助讀者解讀文獻的注釋術語，通過對這些材料的全面清理，可以溝通文獻中的字際關係和字詞關係，

---

① 對段玉裁“一語之轉”的“古今語”和“古今字”關係的理解，中山大學吴吉煌、天津師範大學李玉平、遼寧師範大學王虎、合肥師範學院張道昇、湖南師範大學蔣志遠及鄭州大學張青松參與了討論，互有啓發，特此致謝。

從而正確理解每個漢字在文獻中的實際功能。這不僅有利於準確解讀文獻字詞含義，而且對現代字典辭書的編撰和修訂也有重要參考價值。“古今字”作爲訓詁用語主要有兩個作用：一是用“今字”訓“古字”，從功能上達到古今溝通的目的；二是以“今”帶“古”，類聚同功能所用字，從認讀上達到增廣見聞的目的。

正是由於漢語言文字隨着時代在不斷發展變化，文獻中出現大量歷時同詞异字現象，成爲釋讀文獻、溝通文意的障礙，注釋家這纔發明“古今字”的訓詁體式，從東漢鄭衆始創至今近兩千年沿用不絕。古人對“古今字”的注列和分析，往往溝通了字詞關係，指明了某字是某詞的古字，用人所共知的今字解釋生僻的古字，因而也可以成爲今天我們釋讀文獻、疏通詞義文意的重要借鑒。例如：

（1）【故人不耐無樂，樂不耐無形，形而不爲道，不耐無亂。】形，聲音動静也。耐，古書能字也。後世變之，此獨存焉。（漢·鄭玄注、唐·孔穎達疏《禮記正義》卷三十九）

（2）【適足以粤君自損也。】晋灼曰：“粤，古貶字也。”（唐·李善注《文選》卷八）

例（1）指明“耐”是“能”的古字，二者構成古今字關係，文獻傳抄刊刻過程中，古字“耐”多數被改成今字“能”，衹有《禮記》保留古代的用字習慣，倘若没有訓釋者的溝通，我們便很難建立借字“耐”字與{能够}之間的關聯。例（2）中，讀者見到“粤”很難捕捉字形所指的音義，李善引用晋灼的注釋認爲“粤”是“貶”的古字，意思就很清晰準確了，詞語用字的古今差异不溝通，句子根本就無法講通。

“古今字”的訓詁價值還表現在通過以今字類聚幾組古字，將相同詞語的不同時代用字系聯到一起，起到增廣讀者見聞的功效，爲其他文獻的釋讀提供參考。例如：

（3）【及】逮也。从又、从人。乁，古文及，秦刻石及如此。弓，亦古文及。遘，亦古文及。（漢·許慎《説文解字》卷三）

（4）【勇喆】古文嚞，《字書》作喆，今作哲，同。知列反。《爾雅》："哲，智也。"《尚書》："知人則哲。"（唐·慧琳《一切經音義》卷四十三）

例（3）除訓釋詞義外，系聯了相關的三組古今字："乁—及""弓—及""遘—及"，這種系聯工作已經不僅僅是在解釋詞義，主要用意更是爲讀者類聚詞義{追上}的古今用字習慣，增廣讀者見聞，爲今後文獻閲讀溝通相關字詞關係積纍素材，所以它的最終目的仍是爲解讀文獻提供便利。例（4）溝通"喆"與"哲"的古今异體關係，其義已明，但訓釋者仍繫聯出古字"嚞"，也是出於增廣見聞的目的，以便讀者遇到"嚞"字時好聯繫到"哲"來釋讀。

對"古今字"的訓詁功能，古人多有揭示，如王筠著作中的下列材料。

《説文解字句讀》卷二上：《蒼頡篇》："啁，嘲也。"……以嘲釋啁，乃以今字釋古字之法，漢人多有之。

《説文解字句讀》卷九上：《漢書·儒林傳》："魯徐生善爲頌。"此頌貌之本義也。借爲雅頌。《詩序》曰："頌者，美盛德之形容。"以容説頌，以今字解古字也。

《説文解字句讀》卷九下："厠，清也。"《廣韻》引作"圊也"，此以今字代古字，使人易曉也。

《説文解字句讀》卷十上：《毛傳》："烕，滅也。"……案毛以今字釋古字。

《説文解字句讀》卷十上:"爍,火爍車網絶也。"爍一引作燥,亦通。網一引作輞,則以今字改之,取易曉也。

《説文釋例》卷十三:《荀子·臣道》:"邊境之臣處,則疆垂不喪。"注:"垂與陲同。"按,此以今字釋古字也。

《説文釋例》卷十六:"䶇"下云"齘也"……説解中以今字説古字亦時有之。

《説文釋例》卷十八:"髟"下云"長髮猋猋",《玉篇》"長髮髟髟也",兩書皆是,不可互改也。許君用猋者,發明假借;……顧氏用髟者,直解之也,正如《史記》《漢書》之同文者,此用古字,彼用今字,對勘之而自明。

上述各例皆注明爲"古今字",講的都是文獻用字和典籍解讀(釋義)問題,目的在於"以今字釋古字","使人易曉也"。

(三)注列"古今字"的文字學價值

漢字學具有形體、結構、職用三個平面,漢字職用學是其中重要的一個平面。漢字職用學主要研究漢字的職能和實際用法,需要通過不同文字材料的系統考察,描寫用字現象,總結用字特點,解釋用字成因,揭示用字規律,反映用字歷史。雖然"古今字"是從訓詁的實用角度提出的,但它描述的正好是文獻用字的時代差异,反映的實質正好是字詞關係的變化,所以"古今字"與"字用學"天然契合;而且注列"古今字"是古人針對他們親見的文獻實際用字的説明,往往保存了古籍用字的原貌,比起今人依據可能屢經改竄的傳世文獻來考察文獻用字情況,可能更爲可靠。因此,歷代注列的"古今字"材料是"字用學"考察用字現象和探討用字理論不可多得的資源庫。

1. 利用注列“古今字”考察字詞關係和字際關係

字用學對用字現象的考察有兩個角度，一是從字符出發，考察漢字的記録職能，即某個字記録了哪些詞；二是從語符出發，考察語符的用字情況，即某一語符用了哪些字記録。無論哪個角度，實際上都是考察字詞關係。漢語的字詞關係不是一一對應的，也不是一成不變的。注列“古今字”材料爲我們提供了許多這方面的典型實例。如：

（1）【何，儋也。从人，可聲。】臣鉉等曰：儋何即負何也。借爲誰何之何，今俗别作擔荷，非是。（宋・徐鉉校定《説文解字》卷八）

（2）【呧，苛也。】苛者，訶之假借字。漢人多用荷爲訶，亦用苛爲訶。（清・段玉裁《説文解字注・口部》）

【苛人受錢。】按訶責字……俗作呵，古多以苛字、荷字代之。（清・段玉裁《説文解字・叙》注）

（3）【勝夌】識蒸切。《説文》：“任也。”古作夌。又并詩證切，克也。（宋・司馬光《類篇》卷十三）

例（1）中“何”記録｛擔荷｝和｛疑問詞何｝，前者屬本來用法，後者是借用，這屬於一字多用，或者同字异詞。從詞語用字角度看，記録｛擔荷｝義古用“何”，今借“荷”字記録，這屬於多字同用，或者同詞异字。例（2）中“苛”的本用表示｛小草｝，而借用記録｛訶責｝義；“荷”本用表示｛荷花｝，也借用記録｛訶責｝。這都是一字多用。而記録｛訶責｝義的詞項，却可以先後使用“荷”“苛”“訶”“呵”等，真實反映了古籍中的多字同用現象。例（3）注列的古今字字組中，夌是古字，勝爲今字，但有平去兩讀，應該分爲兩組：夌$_1$—勝$_1$（shēng），能够承受，禁得起；夌$_2$—勝$_2$（shèng），戰勝。勝，楚系簡帛文字作（郭.老乙.15）、（郭.成.9），从力，兖（古文乘）聲，當即嫈字所本。這也是同字异詞現象。

多字同用（同詞异字）時，包含不同的字際關係。字際關係是漢字職用學的重要内容，注列“古今字”爲研究同職用字際關係提供了豐富的素材。如：

【犇—奔】（本字—本字）《漢書·禮樂志》：“樂官師瞽抱其器而犇散，或適諸侯，或入河海。”顔師古注：“犇，古奔字。”在表{奔跑}詞項時，古代用“犇”字，後來用“奔”字，形成古今字。這組“古今字”是因造字方法不同而形成的异體字，反映了异體本字關係。《説文》：“奔，走也。从夭，賁省聲。與走同意，俱从夭。”“奔”的本義即{奔跑}，《詩經·小雅·小弁》：“鹿斯之奔，維足伎伎。”“犇”字不見於《説文》，从三牛會意，構意爲群牛奔跑，本義也是{奔跑}。《荀子·大略》：“故吉行五十，犇喪百里，賵贈及事，禮之大也。”

【牙—芽】（借字—本字）《説文解字·竹部》：“管，如篪，六孔。十二月之音。物開地牙，故謂之管。”段玉裁注：“物開地牙四字有脱誤，當作物貫地而牙。貫、管同音，牙、芽古今字。古書多云十一月物萌，十二月物牙，正月物見也。”就是説，在表達{萌芽}詞項上，古代用“牙”，後代用“芽”，形成古今字。“牙”的本義是{大牙}，假借爲{萌芽}義，後來以“牙”爲聲符，以“艸”爲義符取意草木萌芽，造出“芽”字專門記録{萌芽}義。所以，“牙”和“芽”反映了假借字和後補本字的關係。

【霸—魄】（本字—借字）《漢書·律曆志》引《尚書·武成》：“惟一月壬辰，旁死霸。”顔師古注：“霸，古魄字，同。”句中的“霸”表{月初月光}。顔注指出，在這個意義上“霸”是古字，“魄”是今字。《説文解字·月部》：“霸，月始生霸然也。承大月，二日；承小月，三日。从月，䨣聲。《周書》曰：哉生霸。”從構形和《尚書》用例看，{月初月光}是“霸”字本義。“魄”在《説文》中訓作“陰神也。从鬼，白聲”，本義爲{陰神}，《左傳·昭公七年》“人生始化爲魄”的“魄”是其本用。而“魄”和“霸”古音相同，所以“魄”可借用爲“霸”。因而在｛月初月光｝義上，今字“魄”是古字“霸”的通假字。

【率—帥】（借字—借字）《説文解字·㫃部》“旗”段注：“樂師注曰：故書帥爲率。然則許作率都者故書，鄭作帥都者今書也。《聘禮》注曰：古文帥皆作率。”又《率部》“率”段注：“率，捕鳥畢也。畢者，田網也。所以捕鳥。亦名率。按此篆本義不行。凡衛訓將帥也，達訓先導也，皆不用本字而用率，又或用帥。”又《辵部》“達”字注：“達，先道也。道，今之導字。達，經典假率字爲之。……大鄭以漢人帥領字通用帥，與周時用率不同故也。此所謂古今字。”《巾部》“帥”字注：“帥，佩巾也。……率導、將帥字在許書作達、作衛，而不作帥與率。”《行部》“衛”字注：“衛，將衛也。衛也，今本作衞也。誤。……衛，導也，循也。今之率字。率行而衛廢矣。率者，捕鳥畢也。將帥字古衹作將衛。帥行而衛又廢矣。帥者，佩巾也。衛與辵部達音義同。”段注是説，就｛率領｝這個詞項而言，“率”爲秦代以前使用的古字，“帥”爲漢代以後使用的今字。但這組古字和今字都是借字，因爲“率”的本義訓｛捕鳥網｝，記録｛率領｝義是假借用法；“帥”的本義是｛佩巾｝，記録｛率領｝義也是假借用法。“衛”“達”的本義訓｛先導｝，當是｛率領｝義的本字。

2. 利用注列“古今字”考察用字歷史

如果把同一字詞的注列“古今字”材料按照時代串聯起來，往往可以清晰地梳理某個字的職能演變情況或某個詞的用字歷史面貌，這是研究漢字職用史的基礎工作。如詞語｛地｝的歷時用字可從注列“古今字”材料中找到如下綫索。

《説文·土部》：“地，元氣初分……墬，籒文地从㒸。”可見先秦籒文時代記録｛地｝多用“墬”字，漢代通行的今字應該是“地”，所以《説文》纔會注出它的古字（籒文）“墬”。考西漢《楊量買山刻石》

作，西晉《臨辟雍碑》作[①]，都是“地”字而形體稍有不同，説明“地”字前承秦代，至漢魏六朝已經是社會習用字。但注列“古今字”材料反映，漢代文獻中仍然有用古字“墬”的，《漢書》中就多見。

（1）【参天墬而施化，豈云人事之厚薄哉。】師古曰：“墬，古地字。”（唐·顔師古《漢書注》卷一百）

（2）【《周官》：“天墬之祀。”】師古曰：“墬，古地字也。”（唐·顔師古《漢書注》卷二十五）

漢代文人有崇古的個人用字習慣，故當時文獻有用古文字的現象并不奇怪，所以王觀國《學林·古文》説：“司馬遷、班固作史，亦或用古文字。……墬，乃古文地也。”《汗簡》卷下收録有《碧落》文的三個“地”字古文“”，其中“”可能是聲符“彖”的省變形式，屬於形體訛變造成的古字。

到了唐代，{地}的用字發生重大變化，這在注列“古今字”材料中也有所體現。如唐代出現的武周新字，其中記録{地}的系列會意字就被此後的學者作爲“古字”注列：

（3）【委埊】古地字也，則天后所制字也。（唐·慧琳《一切經音義》卷五十四）

（4）【埊嶳】二。古文，音地。（遼·行均《龍龕手鑑》卷一·山部第五）

（5）【埊墬坔】三。古文，音地。【峑埅】二。古文地字。【𡐤】古文地字。（遼·行均《龍龕手鑑》卷二·土部第五）

（6）【地墬】題利切，下地，重濁陰爲地。【埊墬埅坔】古文。

① 毛遠明：《漢魏六朝碑刻异體字字典》，中華書局，2014，第160頁。

（朝鮮本《龍龕手鑑》上卷第四・土部第五）

（7）【不如盡歸中山之新地。】元作埊，武后時字耳。今并从古。此謂中山之新地（元作扶柳）。正曰：姚云：竇蘋《唐史釋音》云："埊，古地字。見《戰國策》。"今策中間作埊，安知非自武后時傳寫相承，如臣作恧之類？然古文乃作坔。又《鶡冠子》《亢倉子》皆有埊字，恐有自來。愚按鄭氏《書略》："籀文地作坔。"武后蓋有所本。意本書坔，而後轉从埊歟？後多此字，以義通，不復出。（宋・鮑彪原注、元・吴師道補正《戰國策校注・趙卷第六》）

《龍龕手鑑》中指認的"古字"包括形聲"墬"類字和武后時期"埊"類字。"埊""𡷨""𡊻""坔"都屬會意字，是基本部件"山""水""土"的不同組合形式，構形理據清晰。"𡾪""隊"屬形聲系列古字，意符爲"山""土""阜"，"豕聲"爲"彖聲"的聲旁簡省字。{地}的用字還有更複雜的情況：

（8）【陸埅】二。古文地字。（遼・行均《龍龕手鑑》卷二・阜部第十一）

（9）【埅】同防。舊本阜部陸注："古文防。"此重出，分爲二，誤。《古文奇字》朱謀㙔曰："埅爲大篆地字。"又云："古地字。"本作一，故旦上二字从一。俗作埊。按籀文地篆作墬。今闕墬不載，以埅爲墬，變埅爲古文地，亦非。（明・張自烈《正字通》卷二・土部）

【陸】同防。《説文》"防"重文作陸。舊注"古防字"，《古文奇字》以陸爲古地字，并非。舊本土部埅重出。（明・張自烈《正字通》卷十一・阜部）

釋行均、朱謀㙔都指認"埅（陸）"爲"古地字"，而張自烈認爲

“防”有重文作“陸”，并非“地”字。《説文·自部》：“防，隄也。从自方聲。陸，防或从土。”今考《汗簡》也曾收録[illegible]的古文字形，我們認爲可能是“彖”聲符輪廓的省變形式，與“方”字近似，和“防”重文“陸”屬於偶然同形。注家還提到“墜”也能記録{地}，如：

（10）【地】徒二切。釋土地。又天地。《漢》“参天墜而施化”，注：“古地字。”（宋·歐陽德、郭守正《增修校正押韻釋疑》卷四）

（11）【墜】直類反。落也。又古文音地。（遼·行均《龍龕手鑑》卷二·土部第五）

“墜”被指認爲古字，所引《漢書》用例應該是音近而訛寫的字形。宋張有《復古編》：“【墜墬】墜从土隊，直類切。陊也。下古地字。”“墜”記録{墜落}和“墬”記録{地}意義完全不同，由於形近音近，容易誤寫誤用。這種由於字形錯訛或由於形體演變而形成的古文跟用字的古文性質是不同的。

綜上可見，武后政權被推翻後，新造會意字由於和當時形聲造字的主導方式不合①，故被廢棄，社會習用字最終又重新回歸“地”。經過歷時纍積，記録{地}的字符有了形聲和會意兩個“古字”系列：形聲字類如“墬、墬、嶳、陸”，會意字類如“埊、埊、㞷、埊”等。其中許多字形是訛寫變异的結果，并非都是不同的字種。

注列“古今字”材料，可以和文獻實際用字互證，包括出土文獻。如《説文》説“地”的籀文作“墬”，出土先秦文字確實多見“墬”字，限於篇幅，例略。

可見，注列“古今字”不僅可以爲閲讀古書掃除障礙，而且可以

① 據齊元濤考察，“形聲字是隋唐五代楷書的主導構形方式，此時的會意字主要是歷史字形的傳承，造新字的能量不高”。參見《武周新字的構形學考察》，《陝西師範大學學報》（哲學社會科學版）2005年第6期。

勾勒詞語异時用字變化的綫索，反映不同時代的用字背景和用字習慣，以及字符形體的演變情況，因而對研究漢字發展史很有價值。

3. 利用注列“古今字”分析用字變化原因和規律

記録某個詞項已有“古字”，爲何要另用“今字”？换用今字又該换用什麽樣的今字？這都是漢字職用學需要解决的問題。歷代注列“古今字”材料有的已經藴含這方面的分析，例如王筠常常指出某組“古今字”的古字是“借字”，而今字是後作“分别文”，那就是説，之所以要用這個今字取代那個古字，是因爲那個古字有本義、借義，閲讀時不太容易辨析，所以後作并换用了具有“分别”作用的今字。從諸如此類的注列“古今字”材料中，我們可以揭示古今用字變化的大致動因和選字的基本規則。

首先，我們發現今字的理據性總體來説要比古字强，這説明用字的理據性是推動今字取代古字的動力之一。例如：

（1）彖，當爲豭之古文。（黄侃《説文同文·彑部》）

（2）因者，古文席字。《説文》席之古文作㡳。（王國維《定本觀堂集林·讀書札記》）

例（1）古文“彖”爲象形字。《説文》：“彖，豕也。从彑，下象其足。”後由於形體演變，象形表意的理據已經不顯，遂以形聲結構的今字“豭”代之。例（2）的“因”作爲古字也是象形性的，隨着形體演變，形貌弱化，遂采用了理據更清晰的形聲字“席”（从巾石聲）。這説明構形理據清晰的今字更容易被選擇以取代古字。

同理，有些今字增加或改换表意構件，其實也是爲了理據更明顯或更切合。如：

（3）《木部》：“檝，弋也。”段注：“《釋宫》曰：‘檝謂之

杙。’……弋、杙古今字。”（清·段玉裁《説文解字注·木部》）

（4）《酉部》:“牆，醢也。从肉、从酉，酒以和牆也。爿聲。酒，古文。”（清·段玉裁《説文解字注·酉部》）

（5）【狜】去業切。多畏也。今作怯。（宋·陳彭年等《大廣益會玉篇》卷二十三）

例（3）的古字“弋”爲象形字。宋陳彭年等《大廣益會玉篇》、元熊忠《古今韻會舉要》都曾指認“弋、杙”是古今字。《説文·厂部》:“弋，橜也。象折木衺鋭著形。从厂，象物挂之也。”從字形看，金文作“𠂔”，小篆作𢎘，都已看不出象形意味，遂增“木”旁，構成形聲字。原來的象形字降格爲表音構件。例（4）“酒—牆”古今字中，古字“酒”本已“从酉”，今字又增“月（肉）”旁，則“酒以和牆”的信息更完整。例（5）的古字“狜”从“犬”，不管是表{怯}的主體還是原因都嫌迂曲拘泥；今字“怯”从心，更能體現畏怯的心理範疇。

其次，如果理據或其他條件差不多，通常是書寫便利者占優，所以某些“古今字”的今字會比古字更簡便。例如：

（6）【𪏜】音巨，黑黍也。今作秬。（宋·陳彭年等《大廣益會玉篇》卷十五）

古字“𪏜”从鬯，矩聲。《説文·鬯部》:“鬯，……从凵，凵，器也；中象米；匕所以扱之。”理據清晰，但構件多，筆畫繁，使用時書寫不便利，所以今字選用同樣是形聲字但筆畫簡單的“秬”。其他如“䴹—麴”“䗬—蜂”“齩—咬”都屬於今字選擇的字形簡單的情況。

再次，根據字詞關係調整需要而换用區别度大的今字可能也是一個選項。因爲漢字使用時不能衹管某個特定的字詞，還得關注相關的字詞，避免所用字跟其他字在形體上或職用上混同或失衡。例如：

（7）【骫節】又作垸，同。胡灌反。《通俗文》："燒骨以桼曰垸。"《蒼頡訓詁》："垸，以桼和之。"……桼，古漆字。（唐·慧琳《一切經音義》卷七十三）

古字"桼"其實是記録{漆汁}義的本字，筆畫也不多，可後來{漆汁}義却捨本字"桼"而借用{水名}的"漆"，除了職用的區别性調整恐怕很難做出其他合理解釋。因爲秦漢以後，"桼"被大量借用表數詞{七}，使用頻率高，文獻中"桼"是記録{七}還是{漆}容易模糊；而表示{水名}的"漆"使用頻率很低，爲了平衡職用以增强"桼"的表詞清晰度，就借用頻率較低的同音字"漆"來記録"桼"原來承擔的{漆汁}義。經過這樣的調整，"桼"專門記録使用頻率高的數詞義{七}，"漆"則記録使用頻率都較低的{水名}義和{漆汁}義，直到後來又用"柒"取代"桼"，這大概也是因爲"桼"跟"黍"在形體上區别度較小。

（8）【厭，笮也。】段注：《竹部》曰："笮者，迫也。"此義今人字作壓，乃古今字之殊。《土部》壓訓壞也，寏也。無笮義。……按厭之本義笮也，合也。與"壓"義尚近，於"猒，飽也"義則遠。而各書皆假厭爲猒足、猒憎字。猒足、猒憎失其正字，而厭之本義罕知之矣。（清·段玉裁《説文解字注·厂部》）

段注指認"厭—壓"在記録{壓迫}義上的"古今字"關係，并指出今字行用的原因是由借字導致的職能轉移：{滿足、厭憎}等義失其本字"猒"，多借用"厭"記録，故{壓迫}義又轉借"壓"字記録，形成“肰—厭”“厭—壓”字詞關係的系列調整。

最後，錯訛也是造成用字變化的原因之一，但這不應該是主觀追求的結果，而往往是無意識造成的客觀存在。例如：

（9）【第】此字亦不當增。古止作弟，形誤作弟，弟又誤作苐，苐復誤作第。（黄侃《説文段注小箋》五上）

“弟—弟—苐—第”客觀上形成多組“古今字”關係，但後面的今字都是由於形體訛變造成的，不是用字者主觀的構造和選用。

古今用字變化還有出於詞義變化、語音變化、個人喜惡、社會習慣等原因的，歷代注列“古今字”材料中均有表述，值得深入發掘和系統整理。

（四）注列“古今字”的語言學價值

注列“古今字”在語言學領域的價值包括語義、語音、語法三個層面。

1. 語義層面

語義跟“古今字”的關係是通過詞語來體現的。某個詞語意義發生變化，如果變化到了需要成爲一個新詞的時候，往往會用改變原來用字的手段使新詞得以顯現和固定，原來的用字和爲了分化新詞而换用的字也是形成“古今字”的途徑，因而通過“古今字”材料可以考察詞語意義的變化情況。例如：

（1）【停】止也。古作亭。（宋·毛晃等《增修互注禮部韻略》卷二）

【停】止也。从人，亭聲。特丁切。按《説文》：“亭，民所安定也。”本實字，因安定得亭止義。故“竫”訓“亭安也”。《文選》謝靈運《初去郡》詩注云：“《蒼頡篇》：‘亭，定也。’‘亭’‘停’

> 古字通。”《釋名》:“含，合也，合口亭之也。”并古止作“亭”之證。……知同謹按:《釋名》:“停，定也，定於所在也。”知漢時已别出“停”字。《漢·高帝紀》“亭長”，小顔注“亭”謂“停留宿食之處”，此不本古説，因漢制自解名義。亦可見古“停”止作“亭”。（清·鄭珍、鄭知同《説文新附考》卷三）

“亭”本義爲供人停留休息或食宿的建築物，因其功用在供人停留，故引申出停留、停止義。當停留、停止義仍然用“亭”記録的時候，亭閣義與停止義還可以看作一詞多義，而另造分化字“停”專門記録停止義，與原來記録停止義的“亭”構成“亭—停”古今字關係，則停止義的“亭（停）”就應該看作派生了新詞，今字“停”就是這個新詞的標志。所以通過這組“古今字”材料，我們可以了解“亭閣—停止”的派生綫索，同時根據今字“停”的出現時代推知派生詞{停止}産生的時代。

類似的材料很多，凡是具有職能分化作用的“今字”都可以提供詞義變化和詞語派生的綫索。具有職能分化作用的“今字”不限於形體上增换義符的“分化字”，形體上没有聯繫的新造字，甚至借用或轉用某個現成字，衹要它專門分擔了原字的某個義項，都有可能提供原字記録的詞語産生派生詞的證據，如“備—箙”“畏—威”“葉（枼）—頁”“介（个）—箇（個）”等“古今字”。

2. 語音層面

“音同或音近”是“古今字”的基本特徵。但“古今字”的“音同音近”是建立在“記録同一詞項”的理論基礎上的，實際上由於時代差异和語音變化，古字和今字的讀音未必完全相同。甚至可以説，有些詞語正是因爲有了語音的變化，纔造成异時用字的變化。例如當語音發生古今變化時，古字如果是形聲字，其聲符標音度會漸弱，不能準確提示字音，那麽就可能會换用聲符表音性更强的字。由此“古字”

與“今字”之間就會留下語音演變的印痕，所以“古今字”材料就可以爲考察歷史性語音演變軌迹提供綫索。例如：

(2)【矜，矛柄也。】《方言》曰：“矛，其柄謂之矜。”……字从，令聲，令聲古音在真部，故古假矜爲憐。《毛詩·鴻雁》傳曰“矜，憐也”，言假借也。……【从矛，令聲】各本篆作矜，解云“今聲”，今依漢石經《論語》、溧水《校官碑》、魏《受禪表》皆作矜正之。《毛詩》與天、臻、民、旬、填等字韻，讀如鄰，古音也。漢韋玄成《戒子孫詩》始韻心，晋張華《女史箴》、潘岳《哀永逝文》始入蒸韻。由是巨巾一反，僅見《方言》注、《過秦論》李注、《廣韻·十七真》，而他義則皆入蒸韻，今音之大變於古也。矛柄之字，改而爲穫，云“古作矜”。他義字亦皆作矜，从今聲，又古今字形之大變也。（清·段玉裁《説文解字注·矛部》）

段玉裁指認“矜—憐”記録{憐憫}、“矜—穫”記録{矛柄}是兩組“古今字”。其中“矜”从“令”聲，古音“讀如鄰”，故可借爲“憐”。但漢代開始與“心”相韻，晋代入蒸韻，故“从令聲，古音在真部”的“矜”字記録{憐憫}詞標音度不足，今字遂采用古“真部”的“憐”字。古字“矜”改用今字“憐”，反映的正是這種語音的變化。

(3)【樝】山查本作樝。今借柤字爲之，變作查，因誤爲查。（黄侃《説文段注小箋·木部》）

【沮】渣滓之渣，《説文》所無。《手部》“揟”下云“取水沮也”。沮即今之渣字，知渣古作沮。（黄侃《説文段注小箋·水部》）

黄侃指認“樝—柤—查”爲古今字關係。《説文·木部》：“樝，果似梨而酢。”段注：“按即今梨之肉粗味酸者也。張揖注《子虚賦》云：

‘樝似梨而甘。’古音在五部。”《説文·虍部》:“虘,虎不柔不信也。从虍,且聲。讀若鄌縣。”段注:“按邑部曰:鄌,沛國縣也。……然則古音本在五部。沛人言鄌,若昨何切。此方言之异。而虘讀同之。”“樝柤”同聲符字,古音皆屬魚部。“柤”形體變爲上下結構作査,訛爲“查”,累增“木”旁作“楂”。《廣韻》“查”,側加切,假開二平麻莊,已入麻韻。“柤查”反映了上古魚部字向中古“虞魚麻”演變的過程。

(4)【胜】犬膏臭也。从肉,生聲。一曰不熟。徐引《禮記》:“飲胜而苴熟。”今文通作腥。(元·熊忠《古今韻會舉要》卷九)

【胜,犬膏臭也。】《庖人》《内則》:“秋行犢麛,膳膏腥。”杜子春云:“膏腥,豕膏也。”後鄭云:“膏腥,鷄膏也。”……《論語》:“君賜腥,必孰而薦之。”字當作胜,今經典膏胜、胜肉字通用腥爲之而胜廢矣,而腥之本義廢矣。(清·段玉裁《説文解字注·肉部》)

熊忠、段玉裁都指認“胜—腥”爲“古今字”,記録{腥氣}義,其中“胜”爲古字,“腥”爲今字。從今字聲符的改换可以考察語音演變的過程,二字的聲符古音相近,“生”“星”同是耕部平聲字,“生”爲生紐,“星”爲心紐。但《説文》反切音,“胜”爲桑徑切,而“生”爲所庚切,韻部已不太一致。《廣韻》“生”,梗開二平庚生,而“星”,梗開四平青心。今字選擇“星”作爲聲符記録{腥氣},正是反映了語音的古今變化。

(5)瘨,今作癲。(黄侃《説文段注小箋·疒部》)

幐,今作袋。(黄侃《説文段注小箋·巾部》)

洮,今作淘。(黄侃《説文段注小箋·水部》)

“瘨—癲”古今字中古字與今字古音同。而聲符“真”，古章母，屬照三組字。“照三歸端”，“真”從上古端母舌音發展爲舌上音，記録{癲狂}語音上標音不太協調，故改换聲符以“顛”爲今字聲符。“縢袋”“洮淘”也反映了“古無舌上音”的語音演變過程。

可見“古今字”材料，特别是其中“聲符替换”類，的確可以反映“古字”和“今字”之間的語音聯繫和演變，應該成爲漢語語音史研究的寶貴資料。“古今字”的注列是大量的，指認者時代明確，如果全面考察注列“古今字”的語音關係，輔之以文獻分時用字調查，那麽上古、中古、近古語音的發展演變應該在不同時代的“古今字”材料中都有所反映，這是值得今後深入拓展的課題。

3. 語法層面

語法屬性跟文字不是太密切，所以正常的古今用字不同往往很難反映語法問題。但如果把某些“古今字”放到實際語言中檢驗，也可能發現被掩蓋的某些語法現象。例如：

(6)【娶】七句切。取女爲娶。古亦單作取。(宋·戴侗《六書故》卷九)

“取—娶”作爲一組“古今字”是被公認的，但這組古今字有兩個問題需要考證：一是“娶”出現於何時，二是有了“娶”後娶妻語境中還用不用“取”。如果“娶”“取”同時使用，它們的功能真的完全相同嗎?

考出土文獻，秦代前娶妻義都用“取”字，罕見用“娶”者。甲骨文已有“娶”字（菁 7.1），但用爲人名，可能跟娶妻義的“娶”屬同形字。傳世先秦文獻則“取”“娶”并用，似乎不屬於用後起的“娶”替换原先的“取”的情况，也就是跟一般所説的“古今字”此消彼長的用字差异不完全相同。這種同時并用現象當然也是可以解釋的，比如“古”字在“今”字出現後仍然習慣性沿用，或者先秦文獻本來都是用“取”而傳抄過程中不斷被後人篡改爲“娶”了。如果“取”“娶”的使用真的毫無區别，那這些解釋是能够成立的。可我們發現，先秦文獻中“取”“娶”的用法事實上是有區别的，即在表述娶妻事件時，“取”後面一定帶表示女性的賓語（女性通稱或某個具體的女人），至少前後有女性或婚嫁方面的詞語；而“娶”可以單用，前後可以不出現女性或婚嫁方面的詞語。請看用例：

取妻如之何？匪媒不得。（《詩經·齊風·南山》）
取妻不取同姓，故買妾不知其姓則卜之。（《禮記·曲禮上》）
余取女。（《帛書丙四》）

這個語法限制到漢代以後仍然保持：

如秦爲太子建取婦。（《史記·楚世家》）
匆取齊女，淫而迷國。（《漢書·五行志》）
爲子彭祖取魯女。（《三國志·魏书》）

《説文解字·又部》：“取，捕取也。从又从耳。”引申爲没有特定對象的一般“取得、拿到”。“取”表述娶妻事件時之所以後面一定要出現女性，大概是因爲這種用法的“取”仍然是一般意義的“取得、獲得”，并没有獨立的“取女人爲妻”這類義項。這個推測從下面的例子中可以看得更清楚：

兄弟死，皆取其妻妻之。（《史記·匈奴列傳》）
後鈞取掖庭出女李嬈爲小妻。（《後漢書·陳敬王羡傳》）

其中的“取”祇有“取得”“拿”之類的意義，結爲夫妻的意思是用"妻之""爲小妻"來表示的。如果"取"具有獨立的"取女人爲妻"義，那句中的"妻之""爲小妻"就屬多餘。可見字書詞典中給"取"設立"娶妻"義項而等同於"娶"并不符合上古語言事實。

《説文解字·女部》："娶，取婦也。从女从取，取亦聲。"段注："取彼之女爲我之婦也。""娶"字本身含有"取"的對象"女"和目的"爲婦"義，因而用"娶"字表示娶妻事件，後面可以出現女性名詞，也可以不再出現女性名詞作賓語，還可以用"於"介紹出地方或所屬人作補語。用例如：

鄭武公娶于申。(《左傳·隱公元年》)

椒舉娶于申公子牟。(《左傳·襄公二十六年》)

君娶於吴。(《論語·述而》)

萬章問曰："《詩》云：'娶妻如之何？必告父母。'信斯言也，宜莫如舜。舜之不告而娶，何也？"孟子曰："告則不得娶。……是以不告也。"(《孟子·萬章章句上》)

這説明至少在先秦"取"和"娶"是有區别的兩個詞，不能互相取代，因而不具備"古今字"的條件，把它們看作"古今字"是不準確的，因爲忽略了它們語法上的差异。這種差异的消除，以及最終在娶妻意義上衹用"娶"不再用"取"，應該是在漢代以後了。

六　項目完成情况説明

"'古今字'學術史叢書"一共9種，是國家社科基金重大項目"'古今字'資料庫建設及相關專題研究"的主要成果，分别由蔣志遠

（湖南師範大學）、張燕（湘潭大學）、鍾韻（生活・讀書・新知三聯書店）、温敏（鄭州大學）、蘇天運（齊齊哈爾大學）、張青松（貴州師範大學）、關玲（北京師範大學碩士畢業）、張志麗（天津師範大學碩士畢業）、劉琳（陝西師範大學）等人承擔和完成。作爲學術史叢書研究基礎的是"古今字"資料庫的建設和《古代注列"古今字"輯考》的編撰，實際上就是材料的搜集與整理。材料的搜集與整理工作實際上在項目批准之前就開始了，前後經歷逾十年，參與的人員衆多。具體操作流程大致是：

第一階段，制訂體例，確定實施方法，試做樣條，分工布置。主要參與人員有李運富、蔣志遠、鍾韻等。

第二階段，從歷代古籍注釋、小學專書（字詞典）、學術筆記等著作中搜集原始材料，録入電腦，形成電子資料。按書籍分工，參與人員多爲在校碩士研究生和博士研究生，也有博士後、訪問學者和校外人員，如（音序，下同）陳安琪、何余華、黄甜甜、姜雯潔、蔣志遠、李娟、劉瓊、牛振、時玲玲、韋良玉、温敏、武媛媛、徐多懿、張浩、張燕、張喆、鍾韻、周易等。

第三階段，核實原書（影印圖片），校對文字，標點原文，按"古今字"性質排除非古今字，標注"古今字"字際關係，撰寫"説明"，建立參數完整的"古今字"數據庫。按"古今字"的"今字"音節分工，參與人員主要是在校博士研究生和校外高校教師，有高淑燕、何余華、黄甜甜、蔣志遠、李建清、李娟、李玉平、劉琳、牛振、蘇天運、王海平、王虎、温敏、吴國昇、吴吉煌、張道昇、張青松、張素鳳、張喆、鍾韻等。

第四階段，初步統稿，針對問題集中討論，重點核對和修改。按"今字"音節分工，參與人員有何余華、蔣志遠、李玉平、李運富、劉琳、牛振、蘇天運、王虎、温敏、吴國昇、吴吉煌、張道昇、張青松、張素鳳、張喆等。

第五階段，再次剪切圖片，全面復查，核實版本，校對原文，解决疑難，修改表述，調整版式，重新分合排序，統稿編目，整理參考文獻，等等。參與人員有蔡宏煒、程慧、程婕、馮曉瑞、何余華、蔣志遠、李玉平、李運富、劉正印、牛振、任健行、孫倩、王虎、王勝華、王瑜、王雲、韋良玉、温敏、吴國昇、吴吉煌、尉侯凱、張道昇、張青松、張曉玲、張陽、周天閣、朱芳等。

第六階段，統稿加工，組裝合成，列印成册，申請結項，等等。參與人員主要是何余華、李運富、張青松。

第七階段，最後通讀，逐條修改，提交出版稿。主要由李運富、季旭昇承擔。

第八階段，排版後的校對、修訂。主要由李運富、張青松負責。

以上主要就基礎材料的搜集、整理、彙校而言（其成果《古代注列“古今字”輯考》因性質不同未收入該叢書）。該叢書的斷代史和專題史研究則基本上是在李運富指導下，作爲博士學位論文或碩士學位論文，由各書作者獨立完成的。收入叢書時做了一定的修改，但由於各書撰寫的時間不同，面對的研究素材不同，碩博士研究生的要求不同，内容或有輕重，體例并不統一，而且爲了保持各書的相對獨立，緒論部分多有重複。凡此遺憾，頗出無奈，祈讀者諒宥。

李建廷在編撰體例、版本目録、校對等方面多有貢獻，何清、李晶在項目的統稿會上負責了接待服務工作。

謝謝所有參與項目工作的人員。

目録

緒　論

張揖《古今字詁》是繼《説文解字》之後較早的有重要影響力的著作，是从學術史的角度進行“古今字”研究不可逾越的重要環節。原本已亡佚，衹有清代學者輯佚的部分材料，目前學界還没有人對其進行專門和系統的研究。張揖的“古今字”觀與鄭玄的“古今字”觀是否具有歷史繼承性，《古今字詁》究竟是一部什麽性質的文獻，《古今字詁》與“古今字”有怎樣的關係等一系列問題均尚未得到解決或還没有比較令人滿意的答案。本書旨在通過對《古今字詁》輯佚材料進行全面分析以給出對上述問題近於合理的解釋。

一　《古今字詁》的學術價值

北魏江式謂張揖《古今字詁》:“其《字詁》，方之許慎篇，古今體用，或得或失矣。”[①] 陸德明撰《經典釋文》，博采前代著書，將此書與許慎《説文》相提并論，云:“然亦兼采《説文》《字詁》，以示同异者也。”[②] 足見其地位之高。從南北朝到唐代相當長的一段時期，《古今字詁》被注釋家廣泛徵引，成爲不可或缺的重要著書。直到唐代，此書尚在士林中流傳，影響頗大。《宋史・藝文志》已不載此書。由此推

① （北齊）魏收:《魏書・江式傳》，中華書局，1974，第 1963 頁。
② （唐）陸德明:《經典釋文》，上海古籍出版社，1984，第 8 頁。

斷，是書之亡，當在唐以後。《清史稿・藝文志》附有《古今字詁》一卷，這要歸功於清代衆多的考據家、輯佚家。目前所能見到清人輯佚的《古今字詁》材料共有七種。

今人每從學術史的角度研究“古今字”，都會把《古今字詁》作爲不可或缺的一環加以介紹。

洪成玉認爲：“自漢人提出古今字這個術語以後，古籍中古今异字的現象，引起訓詁學家的普遍關注。三國時魏人張揖除編著《廣雅》外，還繼漢代的《古今字》一卷以後，編過一本《古今字詁》……《古今字詁》在南北朝和隋唐時期曾受到普遍重視。當時的一些文字訓詁學家都曾引用該書解釋古今异字中的一些疑難問題。”①

劉新春認爲，从鄭衆、鄭玄的訓詁實踐中可以很清楚地看出傳注家判斷“古今字”的着眼點是文字的使用：“我們還可以從古人收集的古今字的專書中窺見一斑。三國時魏人張揖編著有《古今字詁》一書，該書在南北朝和隋唐時期曾受到普遍的重視，不少文字訓詁學家都曾經引用該書來解决古今异字方面的一些疑難問題。……雖然該書早已失傳，我們無法一睹它的原貌，但是現在還可以見到《古今字詁》的輯佚本。從中我們可以約略看出原書所收的古今字的範圍和作者對古今字的理解。……可見，《古今字詁》中古今字的範圍是很廣的，所收録的古今字完全是從古今异用的角度來着眼的。”②

孫雍長認爲：“到了東漢，大經學家、訓詁學家鄭玄遍注群書，則已明確具有了‘古今字’概念和自覺使用了這一術語名稱。……鄭玄所說的‘古今字’，主要是指在漢語歷史上不同時代的人表示同一詞義時先後使用了同音而不同形的漢字這樣一種用字現象。……後來魏張揖著《古今字詁》，也基本上繼承和沿用了鄭玄的‘古今字’概念。”③

---

① 洪成玉：《古今字概述》，《北京師範學院學報》（社會科學版）1992 年第 3 期。

② 劉新春：《古今字再論》，《語言研究》2003 年第 4 期。

③ 孫雍長：《論“古今字”暨辭書對古今字的處理》，《辭書研究》2006 年第 2 期。

二 “古今字”學術史梳理

從前文可知，《古今字詁》的學術價值主要體現於其在“古今字”學術史上的重要地位，故欲對《古今字詁》展開全面研究，必先對“古今字”學術史進行全面述評。

（一）今人對古人“古今字”觀念的研究

早在西漢，經學中就有了古今文之分。《史記·儒林列傳》:“孔氏有古文《尚書》，而安國以今文讀之。”西漢人所説“古文”“今文”，與後來所説的“古今字”雖不完全相同，但與其概念的形成應該是有一定關係的。大約在西漢末年，經學家們曾收集經書中的古今异字，并整理成卷。《漢書·藝文志》中的“孝經家”部分，就著録有《古今字》一卷，現已失傳。

一般認爲，東漢的鄭玄是最早使用“古今字”術語的人。《禮記·曲禮下》:“君天下曰天子，朝諸侯，分職授政任功，曰予一人。”鄭玄注:“《覲禮》曰:‘伯父實來，余一人嘉之。’‘余’‘予’，古今字。”

劉新春認爲:“在鄭玄之前，鄭衆已經充分意識到經籍中存在古今字的現象，衹是他還没有使用‘古今字’這個術語。在訓詁實踐中鄭衆對古今字已經有了清醒的認識。”①

李運富認爲:“从事物發展的漸進性來看，説早於鄭玄近百年的鄭司農已有‘古今字’的觀念，鄭玄是在鄭司農的基礎上進一步明確術語并大量進行實例分析，這種意見是合乎情理的。但劉新春的舉例和對有關術語的説明存在不少疑問，會嚴重影響‘古今字’學術史的真實性。”因此，李運富對劉説做了補證，舉出《周禮注疏》中更爲典型的例子來證明鄭司農的“古今字”觀念。《周禮注疏》卷三十二:“諸侯之繅斿九就，瑉玉三采，其餘如王之事，繅斿皆就，玉瑱玉笄。”鄭

① 劉新春:《古今字再論》,《語言研究》2003 年第 4 期。

玄注引鄭司農云:“繅當爲藻。繅，古字也；藻，今字也，同物同音。”李運富認爲:“所以可以確認這段話是鄭司農説的，那其中‘繅，古字也；藻，今字也’這樣典型的古今字術語就屬於他的發明，特别是‘同物同音’也就是‘同義同音’的表述更進而揭示了古今字概念的實質。”因而可以説鄭衆就已經論述過“古今字”問題并且使用了有效的術語。①

比鄭衆晚近百年的鄭玄在其基礎上進一步明確術語并大量進行實例分析。《詩·小雅·鹿鳴》:“視民不恌，君子是則是效。”鄭箋:“視，古示字也。”《禮記·曲禮上》:“幼子常視毋誑。”鄭注:“視，今之示字。”又如,《周禮注疏》卷二十六:“以志星辰日月之變動。”鄭注:“志，古文識。識，記也。”《周禮注疏》卷四十二:“寬緩以荼。”鄭注:“荼，古文舒，假借字。”

孫雍長認爲:“鄭玄所説的‘古今字’，主要是指漢語歷史上不同時代的人表示同一詞義時先後使用了同音而不同形的漢字這樣一種用字現象。”②

李運富也對鄭衆、鄭玄的“古今字”觀進行了科學的歸納和總結:“古今字要表述的問題是，就某個詞項而言，不同時代通行用什麽字(并非某個時代衹能用什麽字)。古字和今字的關係要符合五個條件:第一，同義(同物)；第二，同音(包括音近)；第三，不同字；第四，用字時代有先後，先後時差是相對的；第五，不是個别版本的异文，而是常見的用字現象(不一定全部)。注釋家指明古今字，是想用常見的文字對應關係來確定具體文本中某個用字所表的詞項。”③

唐顔師古對古今字現象也非常重視，在《漢書注》中常有提及。

① 李運富:《早期有關“古今字”的表述用語及材料辨析》,《勵耘學刊·語言卷》第2輯，學苑出版社，2007，第70頁。

② 孫雍長:《論“古今字”暨辭書對古今字的處理》,《辭書研究》2006年第2期。

③ 李運富:《早期有關“古今字”的表述用語及材料辨析》,《勵耘學刊·語言卷》第2輯，學苑出版社，2007，第87頁。

《漢書·高帝紀上》:“高祖爲亭長，乃㠯竹皮爲冠。”顔注:“㠯，古以字。”又《禮樂志》:“詩言志，歌咏言。”顔注:“咏，古詠字也。”又《西域傳》:“縣度者，石山也。溪谷不通，以繩索相引而度云。”顔注:“縣繩而度也。縣，古懸字耳。”又《楚元王傳》:“高祖兄弟四人，長兄伯，次仲。伯蚤卒。”顔注:“蚤，古早字也。”又《元帝紀》:“朕之不逮，序位不明，衆僚久慮，未得其人。”顔注:“慮，古曠字。”等等。

綜合各家觀點，顔師古的“古今字”概念似乎包括了四類文字現象：一是漢字字體演進過程中不同歷史時期所産生和使用過的一些异體字；二是漢字孳乳發展過程中在原字符的基礎上加注義符所造出的分化字，它們與各自的“母字”構成相對的“古今字”；三是“通假字”；四是同源字。[①] 關玲从學術史的角度對顔師古的“古今字”觀進行了全面而系統的研究，并將其歸納爲如下幾點：一是通行時代有先後之别，二是代表的詞項相同，三是讀音相同相近。[②]

有清以後，隨着《説文》學的重新興起，學者們對“古今字”這一术语也更加重視。段玉裁遠紹漢學，其《説文解字注》在繼承漢儒有關古今字訓釋傳統的同時，對古今字這種文獻的歷時用字現象進行了比較細緻的分析，明確提出了“古今人用字不同，謂之古今字”的“古今字”理論。

關於段氏的“古今字”觀，劉琳已从學術史的角度進行了深入系統的研究，并將其歸納爲如下幾點：第一，“古今字”的古字和今字在文獻中音義相同，是不同時代用來記録同一個詞項的不同用字；第二，“古今字”的古和今是相對而言的，没有一定的時代，因此古字和今字

① 孫雍長:《論“古今字”暨辭書對古今字的處理》,《辭書研究》2006 年第 2 期；鄭玲:《〈漢書〉顔注古字考——兼與〈説文解字〉古文比較》, 碩士學位論文，蘭州大學，2007，第 60 頁。

② 關玲:《顔師古古今字研究》, 碩士學位論文，北京師範大學，2009，第 56 頁。

有"轉移無定"的情况；第三，古字和今字的本用不一定是記録同一個詞，也可以記録不同的詞；第四，"古今字"不是字體的不同。①

也有學者對段玉裁的"古今字"研究持否定態度。洪成玉認爲："段玉裁師承漢學，他關於古今字的觀點，因囿於對鄭玄'余、予古今字'的理解，含義并不十分明確，而且與他自己的訓詁實踐也往往自相矛盾。因爲'古今人用字不同'，不一定是古今字，也可能是通假字或异體字。如果段氏的本意，古今字包括通假字或异體字，就應該説清楚，而且似乎也没有單獨提出來强調的必要。從《説文》段注所提到的幾百處古今字來看，段氏的本意又確實没有認爲古今字也包括通假字或异體字。"②

孫雍長認爲："由於段氏一以《説文》所收之字爲'正字'，而將後世許多加注意符所造出的'區别文'或'累增字'視爲'俗字'，把它們排斥在'古今字'概念之外，以至與自己立下的應當依據'古今人用字不同'的原則來確定'古今字'的標準相抵牾，不能不説是一種狹隘的偏見。"③

比段玉裁晚差不多半個世紀的王筠，着眼於漢字孳乳繁衍的造字規律而提出了"分别文"和"累增字"概念。王筠在《説文釋例》卷八中説："字有不須偏旁而義已足者，則其偏旁爲後人遞加也。其加偏旁而義遂异者，則爲分别文。其種有二：一則正義爲借義所奪，因加偏旁以别之者也；一則本字義多，既加偏旁，則衹分其一義也。其加偏旁而義仍不异者，是謂累增字。其種有三：一則古義深曲，加偏旁以表之者；一則既加偏旁，即置古文不用者也；一則既加偏旁，而世仍不用，所行用者反是古文也。"④不過，王筠在創立"分别文"與"累

① 劉琳：《〈説文段注〉古今字研究》，博士學位論文，北京師範大學，2004，第46頁。
② 洪成玉：《古今字概述》，《北京師範學院學報》》（社會科學版）1992年第3期。
③ 孫雍長：《論"古今字"暨辭書對古今字的處理》，《辭書研究》2006年第2期。
④ （清）王筠：《説文釋例》卷八，中華書局，1987，第173頁。

增字”這兩個概念的同時，仍在使用“古今字”這一術語。例如他説：“迹、跡，古今字也。”① “《荀子・臣道》篇：‘邊境之臣處，則疆垂不喪。’注：‘垂與陲同。’案，此以今字釋古字也。”② “包”字下：“據《玉篇》知包爲古胞字。”③

孫雍長認爲，王筠的“古今字”概念主要還是指“區别文”，但是不同歷史時期所産生的异體字，也包括在王氏的“古今字”範圍之内。④

洪成玉認爲：“他（王筠）没有囿於漢人關於古今字的見解，也没有因襲段玉裁的説法。他在分析了古字和今字的關係以後，提出了分别文的説法。……王筠所説的分别文的兩種情况，很帶有概括性，基本上能把古字和今字的關係概括進去。”⑤

蔣志遠認爲：“王筠所論的‘古今字’，指的是記録一個詞或者説同一個義項時，不同時期的文獻中使用了不同的漢字這一‘歷時同詞异字’現象。王筠在著述中使用‘古今字’術語，是以溝通字詞關係，掃除文獻閲讀障礙爲目的的，他的‘古今字’觀念實質上與從漢代到清代以來的學者，如鄭衆、鄭玄、張揖、顔師古、段玉裁相繼承，體現了‘古今字’這個訓詁術語在歷時傳承過程中的連貫性和穩定性。”⑥

稍後的徐灝，在《説文解字注箋》中也廣泛論及古今字。他在《説文解字注箋》“祐”字下箋：“古今字有二例：一爲造字相承，增偏旁；一爲載籍古今本也。”⑦

洪成玉認爲：“徐灝雖然提出了‘古今字有二例’，但從他在《説文解字注箋》中對古今字的分析來看，主要傾向於前一例，即把‘造字

① （清）王筠：《説文釋例》卷六，中華書局，1987，第 129 頁。
② （清）王筠：《説文句讀》卷二十六，北京市中國書店，1983，第 25 頁。
③ （清）王筠：《説文句讀》卷十七，北京市中國書店，1983，第 25 頁。
④ 孫雍長：《論“古今字”暨辭書對古今字的處理》，《辭書研究》2006 年第 2 期。
⑤ 洪成玉：《古今字概述》，《北京師範學院學報》（社會科學版）1992 年第 3 期。
⑥ 蔣志遠：《王筠“古今字”研究》，社會科學文獻出版社，2021，第 90 頁。
⑦ （清）徐灝：《説文解字注箋》卷一上，《續修四庫全書》二三五・經部・小學類，上海古籍出版社，1996，第 133 頁。

相承，增偏旁’的看作是典型的古今字。……關於‘載籍古今本’的古今字，徐灝一般采用箋引段注的説法。……其實，由於現存的典籍，或‘本經失傳，口以傳説’（《隋書·經籍志》），或‘傳寫既久，肴雜難辯’（《説文》‘義’字下段注），面目已非古籍之舊，要據以判斷古今字，是有困難的……因此，徐灝所説的‘古今字有二例’，其價值衹存在於‘造字相承，增偏旁’。”①

孫雍長認爲：“徐氏所説的‘造字相承，增偏旁’式的‘古今字’即王筠所提出的‘分别文’和‘累增字’；所説‘載籍古今本’式的古今字，則主要是指鄭玄所説的古今字。也就是段玉裁解釋爲‘凡言古今字者，主謂同音而古用彼而今用此异字’者。因此，徐氏的‘古今字’概念，其實就是鄭玄和王筠兩派的綜合。若按其理論推導下去，則很容易與顔師古的見解合轍。”②

劉伊超認爲：“徐《箋》古今字概括的是記録同一個詞的先後不同的兩個字，古字和今字在某一個意義上共詞通用，構成古今字，反映的是歷時同詞异字關係。根據我們的統計，徐《箋》中古今字絶大多數都是在字形上有‘造字相承，增偏旁’的關係。我們根據分化的動因和方式可以分爲‘爲古字的本義新造字’‘爲古字的引申義新造字’‘爲古字的假借義新造字’等。今字的構成方式則可以是在古字的基礎上增加或改换偏旁等方式。”③

李運富對清代學者的“古今字”觀念有着與上述研究者不同的看法。他認爲，段玉裁有關“古今字”的闡發和論述基本上符合鄭衆、鄭玄等漢代學者的思想，是最有代表性的正統觀念。今人多指責段玉裁混淆“古今字”跟古今字體、正俗字、假借字等概念，其實是

① 洪成玉：《古今字概述》，《北京師範學院學報》（社會科學版）1992年第3期。

② 孫雍長：《論“古今字”暨辭書對古今字的處理》，《辭書研究》2006年第2期。

③ 劉伊超：《〈説文解字注箋〉古今字研究》，碩士學位論文，北京師範大學，2003，第23頁。

自己混淆了這些概念的不同角度。不過段玉裁對“古今字”跟古今語的區别不是很清晰，偶有指稱失當者。王筠對古今字没有重點論述，祇有少量材料的分析用到“古今字”的概念，在認識上跟段玉裁没有什麽不同。王筠的貢獻在於提出并重點論述“分别文”，而“分别文”與“古今字”并用，正説明這是兩個不同的概念：王筠所謂“分别文”“累增字”是從文字發展演變的角度説的，指的是文字的産生動因和構造方法；而“古今字”則是從文獻解讀的角度説的，指的是不同時代記録同一詞項而使用了不同的字符。徐灝把“古今字”分爲“造字相承，增偏旁”和“載籍古今本”兩類，實際上是出於對王筠“分别文”跟“古今字”關係的誤解，从而把段玉裁的“古今字”和王筠的“分别文”混爲一談，開啓了後人把“古今字”等同於“分化字”的先河。①

（二）今人對“古今字”性質的研究

到目前爲止，學術界對於“古今字”的性質仍没有形成統一的認識。李運富認爲：“關於‘古今字’，現代人有兩種看法：一種認爲是歷時文獻中記録同詞同義而先後使用了不同形體的一組字，先使用的叫古字，後使用的叫今字，合稱古今字。另一種認爲是爲了區别記録功能而以原來的某個多功能字爲基礎分化出新字的現象，原來的母字叫古字，後來分化的新字叫今字，合稱古今字。”②

1.“古今字”是歷時文獻中記録同詞同義而先後使用了不同形體的一組字

持這種觀點的學者主要有：

陸錫興。他認爲，“‘古今字’就是漢語同詞先後异字的現象”，“漢字的發展一方面通過孳乳大量産生形聲字，另一方面一些象形字、會意字變爲後起形聲字，古今字也反映了後者的情况”，“字形的筆勢變化不

① 李運富對劉琳博士論文的指導批語。

② 李運富：《早期有關“古今字”的表述用語及材料辨析》，《勵耘學刊·語言卷》第2輯，學苑出版社，2007，第66頁。

看作古今字，衹有字形演變引起結構變化時纔被看作古今字"，"從篆體訛變爲隸書的，結構變化很大，形成古今字"，"某些聲符不同的异體字，也視爲古今字"，"兩個形體不同的漢字，衹要同音，不管意義相近或者意義無關的都可以組成古今字"。[①] 由此可見，陸氏的"古今字"概念既包括"分别文"，又包括异體字，還包括"載籍古今本"中的古今字。

裘錫圭。他認爲，"'古今字'也是跟一詞多形現象有關的一個術語。一個詞的不同書寫形式，通行時間往往有前後，在前者就是在後者的古字，在後者就是在前者的今字"，"説某兩個字是古今字，就是説它們是同一個詞的通行時間有先後的兩種書寫形式。至於它們究竟是一字异體還是通用字；如果是通用字，又是哪一種性質的通用字；這些問題是可以不必考慮的"。[②]

王寧、林銀生等。這幾位學者認爲："所謂'古今字'，是一種縱向歷時的同詞异字現象，即記録同一個詞（實際是詞的某一義項），不同時代社會用字不同，前一個時代所用的字叫古字，後一個時代所用的字叫今字。古今字的來源主要有三個：由於漢字的分化，母字與後造分化字構成的古今字；同音假借，被借字與借字構成的古今字；古今對异體字的异用構成的古今字。"[③]

楊潤陸。他認爲："古今字所涵蓋的範圍包括由於漢字孳乳分化而造成的同詞异字、由於古今字義變用而造成同詞异字及音義相同而古今异用這三種情況"，文字職務分化、合并、轉移（完全轉移和部分轉移）都可以造成同詞异字。[④]

孫雍長。他認爲："'古今字'名稱和概念應當確定在訓詁學範圍内，……可以考慮給'古今字'下一個這樣的定義：不同歷史時期的

① 陸錫興：《談古今字》，《中國語文》1981 年第 5 期。

② 裘錫圭：《文字學概要》，商務印書館，1988，第 270 ~ 271 頁。

③ 王寧、林銀生、周之朗、秦永龍、謝紀鋒：《古代漢語通論》，北京師範大學出版社，1996，第 49 ~ 56 頁。

④ 楊潤陸：《論古今字的定稱與定義》，《古漢語研究》1999 年第 1 期。

文獻語言在表達同一詞義時，分工明確地、不相混淆地使用了音同而形异的兩個漢字，它們便構成歷史上的一對‘古今字’。出現在較早階段文獻語言中的那個字便是‘古字’，出現在較晚階段文獻語言中的那個字便是‘今字’。”①

2. “古今字”是爲了區别記録職能而以原來的某個多功能字爲基礎分化出新字的現象

持這種觀點的學者主要有：

王力。他認爲，今字的産生，是由於古字“‘兼職’現象多”。後起的今字衹是分擔古字的一個職務。其舉“責債、舍捨”爲例説：“‘責’‘舍’是較古的字，‘債’‘捨’是比較後起的字。我們可以把‘責債’‘舍捨’等稱爲古今字。”“‘責’‘舍’所移交給‘債’‘捨’的衹是它們所擔任的幾個職務中的一個。”②

賈延柱。他認爲，“古今字”是我國傳統的訓詁學術語之一，有人亦稱區别字（文）。它是在漢字孳乳過程中産生的一種歷史現象。“古今字”的概念是，爲减輕古字多義的負擔，於是在原有形體基礎上，增加義符或更换義符、聲符而後創造的區别字，這種反映同一概念先後産生的字，合稱爲古今字。古今字是字形問題，有造字相承的關係。産生在前的稱古字，産生在後的稱今字。在造字時間上，古今字有先後之分、古今之别。古今字除了“時”這種關係外，還有一個極重要的特點，就是古字義項多，而今字衹有古字的多種意義中的一個，今字或分擔古字的引申義，或取代古字的本義。形成古今字的另一種情況是漢字的假借。漢語隨着時代不斷發展，新詞、新義不斷産生，但古人不另造新字，而借助原有的詞賦予新義。③

---

① 孫雍長：《論“古今字”暨辭書對古今字的處理》，《辭書研究》2006 年第 2 期。

② 王力：《古代漢語》第一分册，中華書局，1981，第 153～154 頁。

③ 賈延柱：《簡論古今字與通假字》，《〈常用古今字通假字字典〉附録》，遼寧人民出版社，1988，第 481~483 頁。

朱振家。他認爲："'古今字'，也就是分化字，是把分化前一字寫多詞時期的字稱作古字，把以後分化出來的記詞各有專司的字稱爲今字。總括起來，古今字主要有兩個來源：一是同源分化而形成的古今字；一是同音假借而形成的古今字。"①

洪成玉。他認爲："古今字是漢字在發展中所産生的古今异字的現象……漢字是詞符音節文字。一個漢字，既表示一個音節，又表示一個詞……詞是語言中最活躍、對社會最敏感的部分。隨着社會的發展，語言爲了滿足交際的需要，原有的詞會引申出新的詞義，新的詞也會不斷的産生。詞義的引申，新詞的産生，必然會要求記録詞的漢字也相應的發展變化。文字具有穩定性的特點。開始的時候，新的詞義或新的詞，往往由原有的字兼任。隨後，爲了區别新舊詞義或新舊詞，同時也是爲了减輕原有漢字的負擔，就以原字的形體爲基礎，或增加偏旁，或改變偏旁，另造一個新字。我們把這種文字現象稱爲古今字。"②

究竟應如何認識"古今字"的性質，我們很贊同李運富的觀點："歷史地看，'古今字'是傳統訓詁家們在注解文獻時提出的一個概念，其内涵跟現代人的第一種觀點基本相符。現代人的第二種觀點實際上跟傳統的'古今字'不是一回事，爲了避免混淆，在闡述第二種觀點所指的文字分化現象時，最好不要使用'古今字'這個具有訓詁意義的概念，更不能以今律古，把古代注釋家所標注的'古今字'都看成母字與分化字。"③

（三）今人對張揖《古今字詁》的研究

在漢語言文字學史的相關著作中，學者們都將《古今字詁》作爲學術史的重要組成部分加以介紹，但由於原本亡佚，均對其衹略加着

① 朱振家：《古代漢語》，高等教育出版社，1988，第21頁。

② 洪成玉：《古今字》，語文出版社，1995，第1頁。

③ 李運富：《早期有關"古今字"的表述用語及材料辨析》，《勵耘學刊·語言卷》第2輯，學苑出版社，2007，第67頁。

墨，既無法與其之前的《説文》相提并論，比照之後的《字林》也要遜色許多。

有關《古今字詁》文獻性質的界定，是學者們最爲關注的問題。大多數學者把《古今字詁》定性爲專門研究“古今字”的字書。

胡樸安認爲:“今考《爾雅釋文》所引‘徇，今巡’,《漢書·揚雄傳》師古注所引‘迡，今遲，徐也’,《尚書釋文》所引‘羲古字，戲今字’,《毛詩釋文》所引‘鎒，古字也；耨，今字也’之類，蓋以古今字體不同，取而詁之，與許書异其體例，不可相提并論。”①

黄德寬、陳秉新認爲:“(《古今字詁》) 清人任大椿《小學鉤沉》、馬國翰《玉函山房輯佚書》均有輯本，如‘古文峙，今作跱，同直耳反’‘古文眎、眡二形，今作視，同時旨、時至二反’。由此可知，《古今字詁》是將古今异體字收集編列，注明古今，并兼釋音義。其編纂體例，當‘方之許慎篇’，以《説文》爲準，收字及解釋音義又有异於《説文》者。《古今字詁》是許慎之後較早地繼承《説文》而編纂的字書。”②

徐剛認爲:“張揖的著作中，與古文有直接關係的，是《古今字詁》……从古書的引文來看,《古今字詁》確實與古文有關，其體例也是按部首來編排，大體是以‘某，今某字’的形式説字，如有必要，則再加釋義。”③

同樣受原本散佚的影響，以張揖或《古今字詁》作爲研究對象的文章僅寥寥幾篇。孫菊芬的《張揖的辭書編纂思想》:“張揖的辭書編纂理論主要體現在《廣雅》的編纂實踐以及《上〈廣雅〉表》的相關論述中，涉及的内容比較豐富。”其認爲張揖不僅提出了詞典的三大功能論——解經、答疑、訓詁，而且還結合“廣收异義，兼顧字用”的描

① 胡樸安:《中國文字學史》，商務印書館，1998，第 76 頁。

② 黄德寬、陳秉新:《漢字學史》(增訂本)，安徽教育出版社，2006，第 41～42 頁。

③ 徐剛:《古文源流考》，北京大學出版社，2008，第 137～139 頁。

寫原則與“以義爲紐，多詞同訓”的釋義體例，以成功的編纂實踐爲漢語詞典編纂提供了有益的方法與思路。[①]該文雖然以《廣雅》作爲研究對象，但其總結的張揖的辭書編纂理論和方法對於我們推測《古今字詁》的文獻性質還是有一定借鑒作用的。鋭聲的《張揖及其著述考略》對張揖的生平、籍貫、著述等作了稽考，材料雖然不很豐贍，但還是比較全面的；對本書相關内容的撰寫有一定的參考價值，在方法上也有啓示作用。[②]劉葉秋的《魏晋南北朝的幾部辭書》[③]對《古今字詁》衹作了淺顯的介紹，參考價值不大。

綜上，本書旨在以學術界對《古今字詁》文獻性質的界定作爲研究的切入點。不過，我們研究《古今字詁》并不因爲它是研究“古今字”的字書，而是要考證它是不是研究“古今字”的字書。如果是，它的“古今字”觀究竟是什麼樣子，如果不是，它又是一部什麼性質的書。這些都要通過對《古今字詁》輯佚材料進行全面分析和研究後纔能做出近乎公允的判定，進而證實或修正目前學術界對張揖《古今字詁》文獻性質的認識；同時，我們希望在對《古今字詁》輯佚材料的全面整理、對被訓釋項與訓釋語之間的“古今”關係進行全面分析後，總結出張揖的“古今字”觀，并將其與鄭玄的“古今字”觀做比較，看兩者之間是否具有歷史傳承性，看張揖的“古今字”是否跟今天一般人所理解的“古今字”一致。

---

① 孫菊芬：《張揖的辭書編纂思想》，《南通大學學報》（社會科學版）2005年第4期。
② 鋭聲：《張揖及其著述考略》，《天津師大學報》（社會科學版）1988年第5期。
③ 劉葉秋：《魏晋南北朝的幾部辭書》，《辭書研究》1982年第4期。

第一章　張揖與《古今字詁》

張揖一生飽讀經書，博覽群籍，擅長辨識古今奇字、辯解經史詞義、書法，是曹魏時期名噪一時的小學家、書法家。張揖一生著述豐贍，但大多散失亡佚，唯《廣雅》全本流傳至今。張揖雖爲一代鴻儒，但陳壽《三國志》未爲其立傳，未免有些粗疏。今人對張揖的關注度也非常不够，目前所能見到的衹有鋭聲的兩篇文章，[①] 未免令人心生遺憾。基於此種原因，學術史上關於張揖籍貫與著述方面的紛争該如何定論，《古今字詁》是在何種背景下進行創作的，便是本章着重要探討的問題。

第一節　張揖生平及其著述考

我們以“張揖”爲關鍵詞對“二十五史”電子版進行了全面檢索，試圖通過爬梳整理相關文獻對張揖生平及其著述情況進行較爲詳細的考證，以期對張揖其人能有一個全面的了解和把握，爲中國語言學史的完善盡自己的綿薄之力。

---

① 鋭聲:《張揖及其著述考略》,《天津師大學報》(社會科學版)1988年第5期。《關於〈廣雅〉作者張揖》,《中國語文》1998年第3期。

一　張揖生平考

1. 有關張揖的文獻記載最早見於東漢服虔的《通俗文·叙》。北齊顔之推《顔氏家訓·書證》篇云:"《通俗文》,世間題云:'河南服虔字子慎造。'虔既是漢人,其叙乃引蘇林、張揖,蘇、張皆是魏人。"[①]由顔之推這段話可知,張揖、蘇林皆是魏人。

2.《太平御覽》卷六百零五引王隱《晋書》曰:"魏太和六年,博士河間張揖上《古今字詁》。"

由《晋書》的這段記載可知,張揖籍貫爲河間。

3.《魏書·江式傳》云:"魏初博士,清河張揖著《埤倉》《廣雅》《古今字詁》。"[②]

此段文字見載於北魏宣武帝延昌三年(514)江式所上《古今文字表》,《北史》卷三四所引與此同。

由江式的這段話可知:(1)張揖魏初曾官至博士;(2)張揖籍貫爲清河。

4. 唐顔師古《漢書叙例》曰:"張揖,字稚讓,清河人(一云河間人)。魏太和中爲博士。"

由顔師古的這段話可知:(1)張揖字稚讓,籍貫有清河、河間兩説;(2)張揖魏太和中爲博士給事中。

5.《四庫全書總目提要》云:"揖字稚讓,清河人。太和中,官博士。"

由上述文獻記載我們可以確定的是:張揖,字稚讓。不能確定的是:張揖的生卒年和籍貫。

關於張揖所處的時代,文獻中衹有"魏人"或"魏初""魏太和中"字樣。那麽,張揖究竟是生活於曹魏時期,還是北魏孝文帝時期

① 王利器:《顔氏家訓集解》,上海古籍出版社,1980,第436頁。
② (北齊)魏收:《魏書》,中華書局,1974,第1963頁。

呢？有關這一問題，前人已有論述：鋭聲以《魏書·江式傳》中“陳留邯鄲淳亦與揖同時”這一記載爲綫索，在推考《三國志·魏書·王粲傳》、裴注引《魏略》及《三國志·魏書·劉邵傳》注引《文章叙録》等有關文字後指出，“魏初”“魏太和中”之“魏”當指“曹魏”，張揖當生於東漢末，惜無確年可考矣。至於張揖卒於哪年，鋭聲没有進行考證。爲此，我們特意查閲了《漢魏南北朝墓志彙編》，但由於曹魏時期墓志還不是很盛行，結果没有任何發現。對於這一問題的解決，我們衹能寄希望於出土文獻的新發現了。

張揖的籍貫問題，至今還没有確論。鋭聲就此問題衹説了句“以俟後考”。語言學史著作在談到此問題時多介紹爲：清河人，一説河間人。

通過上述有關張揖籍貫的文獻記載我們不難發現，僅東晋王隱認爲張揖的籍貫爲河間，顔師古則是張揖籍貫清河、河間兩説的最早提出者。我們認爲，要想弄清楚張揖的籍貫問題，首先要考證清河、河間兩地在歷史上的區域變更問題。爲此，我們查閲了《中國古今地名大詞典》：①

> 河間郡：西漢高祖九年（前 198 年）置，治樂城縣（今河北獻縣東南），文帝二年（前 178 年）改河間國，十五年國除，分河間、廣川、勃海三郡，景帝二年（前 155 年）復改河間郡爲國，其後或郡或國。……大業及唐天寶、至德時又曾改瀛洲爲河間郡。

> 清河郡：西漢置，後屢改爲國。元帝永光後爲郡，治清陽縣（今河北清河縣東南）。轄境相當今河北省清河及棗强、南宫市部分地，山東省臨清、夏津、武城及高唐、平原部分地。東漢改置爲國。……大業及唐天寶、至德時又曾改貝州爲清河郡。

① 戴均良等：《中國古今地名大詞典》，上海辭書出版社，2005，第 1919~1920、2752 頁。

通過上述兩則材料我們可以確定：清河、河間兩地在漢魏、兩晋時期均屬於平級的行政區域，不存在交叉、重合或隸屬問題。也就是説，張揖要麼是清河人，要麼是河間人。那麼，顏師古的清河、河間兩説又从何而來呢？是否跟今人理解的兩説一致呢？這還需要進一步考證清河、河間兩地在唐代（尤其是顏師古生活的時代）的區域劃分問題。我們知道，唐代行政區域是道制與路制區劃，漢魏時期的清河和河間郡在唐代已歸屬於不同的州，根據《中國古今地名大詞典》中的相關内容，我們查閲了《元和郡縣圖志》[①]中關於貝州、冀州的記載：

> 貝州:《禹貢》：冀州之域。……漢文帝又分鉅鹿置清河郡，以郡臨清河水，故號清河。後漢以爲清河國。周武帝建德六年平齊，於此置貝州，因邱以爲名。隋大業三年，又爲清河郡。隋末陷賊，武德四年討平竇建德，復置貝州。
>
> 管縣十：清河、清陽、歷亭、東武城、宗城、經城、漳南、臨清、夏津、永濟。
>
> 冀州:《禹貢》：冀州，堯所都也。……文帝又分立河間、廣平二郡。景帝改信都爲廣川國，宣帝復故。……隋開皇三年罷郡爲冀州，大業三年復爲信都郡。隋末陷賊，武德四年討平竇建德，改爲冀州。
>
> 管縣九：信都、衡水、南宫、武邑、下博、武强、棗强、堂陽、阜城。

通過比較《中國古今地名大詞典》和《元和郡縣圖志》中的相關記載我們可以發現，到唐代，漢魏時期的清河郡與河間郡的部分區域在變更爲冀州的行政區域時産生了重合與交叉：南宫、棗强。且武德

① （唐）李吉甫:《元和郡縣圖志》，中華書局，1983，第463、482頁。

四年，改河間郡爲瀛洲。那我們是否可以做出這樣的推斷：顏師古生活的時代，清河郡與河間郡已不存在，且二郡原來管轄的大部分區域已經共同隸屬於冀州，已不能够進行區分和辨别，顏師古遂用“一云”對張揖的籍貫問題加以介紹？且顏師古的“一云”并不是今人所理解的“或者”義，而是“也可以説”之義。下面我們就嘗試對這一推斷進行證明。

首先，我們來看一下顏師古的生活時代。顏師古生於公元 581 年，卒於公元 645 年，其生活時代主要爲隋朝（581~618）和唐武德（618~626）這樣一個時間段，恰是設置冀州的時代。也就是説，顏師古所説的河間與東晋王隱所説的河間已經不是同一個地域概念，此時的清河與河間已不再是兩個平級的行政區域，已經發生了地域上的交叉與重合。此時關於張揖籍貫問題的焦點已由清河與河間轉爲清河與冀州。顏師古由於不能確定張揖籍貫的具體位置，遂用了“一云”一詞。但顏師古在《漢書叙例》中還是把清河放在河間前面，説明其對張揖的籍貫是傾向於清河的。

其次，我們再來看一下“一云（一曰）”一詞除了具有“或者説”之義外，是否還有“也可以説”之義。答案是肯定的，《説文解字》中這樣的例子很多：

《説文·月部》：“脬，脅肉也。从肉，孚聲。一曰脬，腸間肥也，一曰膫也。”

《説文·木部》：“檻，櫳也。从木，監聲。一曰圈。”

《説文·虫部》：“蠃，蜾蠃也。一曰虒蝓。”

綜上，我們認爲，張揖的籍貫當爲清河。現代人所認爲的清河、河間兩説是對顏師古“一云”一詞的誤解，犯了以今律古的毛病。

此外，我們還通過檢索《清河縣志》《河間府志》（鋭聲認爲清河、河間二郡均在今河北、山東一帶的説法是不準確的。二郡均在今河北省）得到了張揖籍貫“清河”説的輔證。《清河縣志》卷九《古今人物表》:“……漢：張禹，胡常……魏：張揖，宋世景，王經，朱靈……”而在《河間縣志》中則没有關於張揖的任何記載。

二 張揖著述考

鋭聲衹對張揖的《廣雅》《埤倉》《古今字詁》等三部著作進行了較爲詳細的考證與介紹，其他著作則“僅據翻檢所得”，列目於文中。劉葉秋也衹提到了張揖的三部著作:《埤倉》《廣雅》《古今字詁》。①爲了充分展示張揖的著述情況，我們對相關文獻記載及書目著録情況進行了全面檢索。

1. 最早介紹張揖著述情況的是王隱的《晋書》。《太平御覽》卷六百零五引王隱《晋書》曰:“魏太和六年，博士河間張揖上《古今字詁》。”

2. 北齊魏收《魏書・江式傳》(《北史・江式傳》所引與此同）:“魏初博士，清河張揖著《埤倉》《廣雅》《古今字詁》。”

3.《隋書・經籍志》

> 《廣雅》三卷，魏博士張揖撰。梁有四卷。
>
> 《埤蒼》三卷，張揖撰。
>
> 《古今字詁》三卷，張揖撰。梁有《難字》一卷,《錯誤字》一卷，并張揖撰。

4.《舊唐書・經籍志》

> 《廣雅》四卷，張揖撰。

① 劉葉秋:《魏晋南北朝的幾部辭書》,《辭書研究》1982 年第 4 期。

《三蒼訓詁》二卷，張揖撰。

《埤蒼》三卷，張揖撰。

《古文字詁》二卷，張揖撰。

5.《新唐書・藝文志》

張揖《廣雅》四卷。

又《埤蒼》三卷。

《三蒼訓詁》三卷。

《雜字》一卷。

《古文字訓》二卷。

6. 唐顏師古《漢書叙例注》曰："止解《司馬相如傳》一卷。"

7. 北宋《册府元龜》卷六百零八："張揖撰《埤倉》二卷、《古今字詁》三卷、《字諟》一卷。"

8. 南宋鄭樵《通志》："《集古文》一卷，張揖撰。"

9.《宋史・藝文志》："張揖《廣雅音》三卷。"

10.《清史稿・藝文志》："魏張揖《埤蒼》一卷、《古今字詁》一卷、《雜字》一卷。"

綜合上述文獻記載，有《廣雅》、《埤倉》(亦作《埤蒼》)、《三倉訓詁》(亦作《三蒼訓詁》)、《古今字詁》(《舊唐書》《新唐書》均無《古今字詁》，另有《古文字詁》《古文字訓》繫於張揖名下，不知是否爲《古今字詁》書名之誤，或另有此書之作，也可能爲他人所作之書，今不得考)、《雜字》、《錯誤字》、《難字》等著作列於張揖名下。其中唯《廣雅》全本流傳至今，其餘在隋唐之後均散失亡佚。

清乾嘉之後，樸學昌盛，輯佚古籍廣泛開展。張揖的很多著作也在此時受到學者重視，始爲搜輯。《字諟》有任大椿、黄奭、顧震福、龍璋輯本;《三倉訓詁》有任大椿輯本;《埤倉》有任大椿、顧震福、黄奭、馬國翰、陶方琦、陶棟、龍璋輯本;《古今字詁》有馬國翰、任大椿、許瀚、顧震福、黄奭、龍璋、陳鱣輯本;《雜字》有任大椿、黄奭、馬國翰、龍璋輯本;[①]僅《難字》《錯誤字》《集古文》《司馬相如傳解》没有輯本。我們認爲原因在於:其一,張揖的《司馬相如傳解》散見於群集中,尚未被鈎沉輯佚;其二,姚振宗《隋唐經籍志考證》謂《錯誤字》與《字諟》爲一書。

爲此,我們對張揖《字諟》進行了輯佚:

1. 儱倲,儜劣貌。(《廣韻》上平聲卷一《一東》)

2. 攕,摘物。(《廣韻》下平聲卷二《二十四鹽》)

3. 㔭,相接物也。又利也。(《廣韻》去聲卷四《五十九鑑》)

4. 鎈,錢异名。(《廣韻》下平聲卷二《九麻》)

5. 三陜,即三峽。(楊慎《字説》)

黄奭《漢學堂經解》輯有張揖《字諟》中的3條材料(第1、2、4條);任大椿《小學鈎沉》卷十九輯有4條(前4條);顧震福《小學鈎沉續編》卷八輯有1條材料(第5條)。

雖然僅輯得5條材料,但也可對其内容窺見一斑:前4條是對較爲難以理解的字義的訓釋,最後1條是對較爲容易用錯的字形的糾正。訓釋也好,糾正也罷,其目的都是爲了讓人們正確地理解、運用這些字。其内容恰好符合《字諟》一書的名字,即"理正文字"之義:

> 《説文·言部》:"諟,理也。"王筠《句讀》:"謂料理之也。"《廣雅·釋言》:"諟,是也。"《廣韻·紙韻》:"諟,理也,正也,諦也,審也。"《禮記·大學》:"《太甲》曰:顧諟天之明命。"鄭玄注:"諟,猶正也。"

① 孫啓治、陳建華:《古佚書輯本目録》,中華書局,1997,第94~95、106~107頁。

姚説是。

其三，馬國翰在《玉函山房輯佚書》中云："《雜字》一卷，魏張揖撰。揖注《三蒼》外，自作《廣雅》《埤蒼》《古今字詁》，於字學、形聲可稱詳備。又復爲此書以《雜字》名者，雜采成篇，不復類次，要是補三書所缺遺也。《隋志》云：'梁有《難字》一卷，《錯誤字》一卷，并張揖撰，亡。'《唐志》云：'《雜字》一卷，今佚。'陸德明《釋文》及唐釋元應《一切經音義》引之《釋文》引張揖《雜字》或止標張揖，司馬貞《索隱》亦引張揖説，皆此書之佚文。并據輯録所取之字，如'詁'字、'訓'字皆非難識，則《唐志》題《雜字》爲是也，今依用之。"

爲此，我們對張揖《雜字》佚文進行了輯佚：

1. 葕，茖之别名也。（唐陸德明《爾雅・釋木》釋文）

2. 訓者，謂字有意義也。（唐陸德明《爾雅・釋訓》釋文）

3. 詁者，古今之异語也。（唐陸德明《爾雅・釋詁》釋文）

4. 痟，癢疼。（唐釋玄應《六度集經・第八卷》音義）

5. 瘑，古禾反。（唐釋玄應《解脱道論・第七卷》音義）

6. 怈，音曳，狃怈過度。（唐陸德明《爾雅・釋詁》釋文）

7. 壻婢之子謂之臧，婦奴之子謂之獲。（唐陸德明《莊子》釋文）

8. 菡萏，華未發也。已發名芙蓉，亦曰芙蕖。（唐陸德明《爾雅・釋草》釋文）

9. 芃芃，草盛也。（唐陸德明《毛詩》釋文）

10. 未秀曰烏蓲。（唐陸德明《爾雅・釋草》釋文）

11. 犦，亡角反。（唐陸德明《爾雅・釋獸》釋文）

12. 犩，魚威反。（唐陸德明《爾雅・釋獸》釋文）

13. 衝葼，相入貌。（北宋丁度《集韻・二腫》）

14. 齛，音世。羊食已吐而更嚼之。（唐陸德明《爾雅・釋獸》釋文）

15. 偏著曰梐，參著曰梏。（唐陸德明《周禮・夏官》釋文）

16. 宣曲，宫名。在昆池西也。（唐張守節《史記・貨殖列傳》正義）

17. 麃，步交反。（唐陸德明《爾雅・釋獸》釋文）

18. 慭，傷也。（北宋丁度《集韻・二十二稕》）

19. 蠆，介鯁刺也。（唐司馬貞《史記・屈原賈誼列傳》索隱）

20. 藃，纊新綿。（唐陸德明《爾雅・釋草》釋文）

黄奭《漢學堂經解》僅輯得張揖《雜字》中的2條材料（第4、5條）；任大椿《小學鈎沉》卷十共輯得6條（第1、2、3、4、5、6條，有1條爲《古今字詁》訓條）；馬國翰《玉函山房輯佚書》共輯得21條，我們將其歸總爲20條（第15條馬本分爲2條），龍璋《小學搜佚》與馬國翰輯重。

綜觀上述訓條，内容較爲雜亂：有解釋名物的，有僅爲字注音的，有既注音又釋義的，被釋字也有難有易。可見，此書當名《雜字》，而非《難字》，馬説是。

其四，"集古文"字樣首見於郭忠恕《汗簡》。《汗簡》引古文"皁、此、沱、汧、乃、珽、睼、虜、嶷、黔、戎、聾"12字，云"出張揖集古文""張揖古文"。夏竦《古文四聲韻》中有19字云"張揖集"，除《汗簡》所引12字外，另有"喪、巧、畜、豫、閾、鞹、頍"7字。馬國翰把《汗簡》云"出張揖集古文"或"張揖古文"的12字全部輯入《古今字詁》，可知，馬氏不認爲"集古文"爲一部獨立的著作，認爲其乃《古今字詁》之一部分。馬氏這一觀點可謂影響深遠，近現代有許多學者支持此觀點。近人王獻唐在爲清許瀚《古今字詁疏證》作序時寫道："證以《汗簡》所收古文及《初學記》引'巾部'紙字，知（《字詁》）以部首分類，體例略同《説文》。原本古字當以古文書之，今字用篆，説解用隸。隋唐稱引已悉改爲今文。"[①]孫啓治、陳

① 王獻唐：《古今字詁疏證叙》，瑞安陳氏褒殷堂鉛印本，1933。

建華也認爲:“馬（國翰）采《汗簡》所引諸節皆爲篆書，似張揖原書（《字詁》）凡古字皆作篆體，後人改爲隸書也。”① 徐剛認爲:“張揖的著作中，與古文有直接關係的，是《古今字詁》。所謂‘張揖集’，很可能就是出自這本書。”②

《集古文》是張揖的獨立著作，還是《古今字詁》的一部分，這需要進一步考證。

《隋書》《唐書》《宋史》均没有著録張揖《集古文》一書，唯南宋鄭樵《通志》載有此書。鄭樵列舉的古文字書有衛宏《古文官書》、郭顯卿《古文奇字》、張揖《集古文》、崔希裕《纂古》、李商隱《古文略》、裴光遠《集綴古文》、郭忠恕《古文雜字》與《汗簡》、夏竦《古文四聲韻》等。从這種記載體例來看，鄭樵似乎見到過張揖所著録的古文字書的原書，而不像是僅從《汗簡》或《古文四聲韻》中摘抄幾種書名了事（如果是那樣，他應該將朱育《集字》等一并抄録纔算合理）。胡適編製的《文字學古目録》也録有張揖《集古文》。1916 年 4 月，胡適讀了蕭山、來之恂的《漢文典》後，感到《漢文典》“眼光狹小”，特地編製《文字學古目録》以補不足，給初學文字學者指引讀書門徑。該《目録》分三部分:（一）體制（包括小學、文字）;（二）音韻;（三）訓詁。列舉圖書 105 種，按歷史順序舉代表性著作注録，如史游的《急就章》、許慎的《説文解字》、陸德明的《經典釋文》、張揖的《集古文》、無名氏的《爾雅》等。③

我們也傾向於《集古文》爲張揖的獨著這種觀點。原因有二。

第一,《宋史・藝文志》已不載《古今字詁》，説明此書宋時既已亡佚，郭氏和夏氏根本不可能見到此書。退一步説，如果《宋史》所録情況有誤，當時《字詁》尚未亡佚，郭氏和夏氏所引古文也絶對不

① 孫啓治、陳建華:《古佚書輯本目録》，中華書局，1997，第 106 頁。

② 徐剛:《古文源流考》，北京大學出版社，2008，第 137 頁。

③ 耿雲志、聞黎明:《現代學術史上的胡適》，生活・讀書・新知三聯書店，1993，第 314 頁。

可能是《古今字詁》之一部分。道理很簡單，如果郭氏和夏氏所引古文出自《古今字詁》，他們在注引出處時定會清晰地標出《古今字詁》或《字詁》，也就不會出現“張揖集古文”“張揖古文”“張揖集”等不同的字樣。

第二，張揖所處時代的學術背景是爲佐證。綜觀漢魏時期的文字學，古文在其中扮演着重要角色。秦始皇統一文字後，古文逐漸衰落。而幾乎與小篆同時，在民間産生了書寫起來既快速又便捷的隸書，古文更加衰落。不過，漢時大量先秦舊籍的出土，大量帶有銘刻的先秦彝器的出土，使得古文并不能完全退出人們的生活舞臺。於是魏時的“三體石經”仍以古文爲一體，魏初的邯鄲淳仍傳古文《尚書》。這都説明，漢代以後，古文在人們生活中依然有一定的地位和影響。但古文畢竟早已不被普通百姓所使用，隨着時間的推移，它與人們的生活，尤其是與一般人的生活越來越疏遠。在這種情況下，對古文的正確識讀就成爲必要，至少對文化精英階層如此。於是便有人開始有意地輯録古文，以助人識讀。不僅《説文解字》這樣的字書中收録有一定數量的古文，同時還有專門的古文集字書出現，如《隋書・經籍志》記載的東漢衛宏的《古文官書》，三國時東吴人朱育的《奇字》，以及見於《汗簡》的《群書古文》等。張揖所撰之《集古文》亦當在此情勢下産生。

郭氏所云之“張揖古文”，夏氏所云之“張揖集”可能均爲《集古文》之簡稱。查閲《汗簡》《古文四聲韻》，郭氏和夏氏在注引書名時，用簡稱或别稱是很常見的，其所注引《集古文》也當屬此類情況。

綜上，張揖一生著述豐贍，有《廣雅》《埤倉》《三倉詁訓》《集古文》《古今字詁》《雜字》《字諟》等。其中數《廣雅》最負盛名，也唯《廣雅》全本流傳至今。其他著作現在所能見到的大多爲輯本，需要在全面分析和研究所有輯佚材料之後纔能對這些著作的性質和價值有一個大致的概括和評價，且忌輕易、草率地給這些著述定性。本書將對《古今字詁》輯本進行詳細的分析和研究，望盡可能還其真身，并做出近於公允的評價。

此外，張揖還有許多被歷代注釋家徵引過的注文，散見於群籍中。有些已被鈎沉，有些尚待我們去搜集。儘管比較零碎，仍可窺其一斑。

第二節　《古今字詁》成書的學術背景

張揖既爲漢末魏初人，其著述必定要受到漢魏兩朝學術大背景的影響。本節將從這一角度探究《古今字詁》成書的學術背景。

一　漢魏之間的學術傳承

魏晉與兩漢的學術系統是有着前後相承的源流關係的。其傳承關係大體可以从兩個方面來認識。

（一）經學

秦始皇統一六國之後，便開始下令統一文字，後又下焚書令，六國文獻損毀殆盡。西漢時期，大量古文舊籍的發現，促成了漢代古文經學的興起。《春秋》古文學：張蒼獻古文《春秋左氏傳》，其學傳梁太傅賈誼、京兆尹張敞、太中大夫劉公子。《左傳》古文學：當時雖未立於學官，但一直傳授不絶，河間獻王也立《左傳》學。《尚書》古文學：古文《尚書》出於孔壁。《漢書·儒林傳》曰："孔氏有古文《尚書》，孔安國以今文字讀之，因以起其家逸《書》，得十餘篇，蓋《尚書》兹多於是矣。遭巫蠱，未立於學官。安國爲諫大夫，授都尉朝，而司馬遷亦從安國問故。遷書載《堯典》《禹貢》《洪範》《微子》《金滕》諸篇，多古文説。”[①]此外，《易》古文學、《周禮》古文學、《論語》古文學、《孝經》古文學等也陸續興起。西漢的今古文經學之争，主要集中在《尚書》和《左傳》這兩部文獻。《毛詩》其學并不是因爲古文本的新發現纔得以興起的，諸儒对其所进行的傳授自先秦至漢代從未停止，河間獻王还曾将其立於學官。

在劉歆以前，上述古文經學的傳授都在民間，未得立於學官。古文經學的興起，有賴於劉歆的提倡和王莽的努力。王莽新朝時期，培養了很多古文經學的後備人才，爲古文經學的發展提供了條件，東漢古文經學由此越來越發達。

《後漢書・陳元傳》云：“建武初，元與桓譚、杜林、鄭興俱爲學者所宗。”[②]

《後漢書・儒林傳》云：“（章帝建初中）又詔高才生受《古文尚書》《毛詩》《穀梁》《左氏春秋》，雖不立學官，然皆擢高第爲講郎，給事近署，所以網羅遺逸，博存衆家。”[③]

當時的今文經學却很不争气，雖在學官，内部却爲了私利而糾纏於無意義的争論，日益衰落。在這種情况下，古文經學立於學官乃大勢所趨。王國維認爲，古文經學之立於學官，當在黄初之際：“試取魏時諸博士考之，邯鄲淳傳古文《尚書》者也，樂詳、周生烈傳《左氏春秋》者也，宋均、田瓊皆親受業於鄭玄，張融、馬照亦私淑鄭氏者也，蘇林、張揖通古今字指，則亦古文學家也。餘如高堂隆上書述古文《尚書》《周官》《左氏春秋》，趙怡、淳于峻、庾峻等亦稱述鄭學，其可考者如此，則無考者可知。又以高貴鄉公幸太學問答考之，所問之《易》則鄭注也，所講之《書》則賈逵、馬融、鄭玄、王肅之注也，所問之《禮》則《小戴記》，蓋亦鄭元（玄）、王肅注也。《王肅傳》明

① （漢）班固：《漢書》，中華書局，1962，第3607頁。
② （南朝宋）范曄：《後漢書》，中華書局，2005，第1230頁。
③ （南朝宋）范曄：《後漢書》，中華書局，2005，第2546頁。

言其所注諸經皆列於學官，則鄭注五經亦列于學官可知。然則魏時所立諸經，已非漢代之今文學，而爲賈、馬、鄭、王之古文學矣。”①

王説甚是。自此完成了學術史上的一次大轉變，在古文經學迅猛發展的情況下，今文經學逐漸被淘汰。曹魏古文學立於學官之後，正始時又創立了以古文、篆、隸三種字體書寫的石經，以垂法後世。之後，古文學繼續向前發展，一直延續到唐末五代。直到宋明理學興起，纔出現了經學史上的另一個局面。

（二）小學

1. 訓詁學

（1）“古今字”觀念的形成

“古今字”是個歷史概念，根據歷史事實，古今字的觀念形成於東漢時期，是由鄭衆、鄭玄等注釋家提出來的。他們對古今字關係的表述方式多種多樣，或古今分言，或古今對舉，或古今連用，而且整個表述中一定出現“文”或“字”。他們分析古字和今字的關係，通常符合三個條件：第一，同義同音而异形；第二，用字時代有先有後；第三，不是個别版本的异文，而是常見的用字現象。注釋中指明古今字，就是想用常見的文字對應關係來確定具體文本中某個用字的對應詞項。②這種觀念可謂影響深遠，張揖在二鄭基礎上繼續對古今字現象予以關注。

（2）語言學的奠基

東漢末期，訓詁學进入鼎盛發展時期，不但取得了豐碩的成果，研究領域也逐漸拓寬，由純粹注經向語言學領域發展，揚雄《方言》的問世有力地説明了這一點。處於這一訓詁學轉型期的張揖，已通過《廣雅》大致奠定了其在訓詁學史和漢語發展史上的重要地位。清儒王念孫

---

① 王國維:《漢魏博士考》,《王國維遺書》第一册，上海書店出版社，1983，第 203 ~ 204 頁。

② 李運富:《早期有關“古今字”的表述用語及材料辨析》,《勵耘學刊·語言卷》第 2 輯，學苑出版社，2007。

對《廣雅》評價很高，認爲："蓋周秦兩漢古義之存者，可據以證其得失，其散逸不傳者，可藉以窺其端緒，則其書之爲功於詁訓也大矣。"①

2. 文字學

北魏延昌三年二月，江式上表曰："漢興，有尉律學，復教以籀書，又習八體，試之課最，以爲尚書史。吏民上書，省字不正，輒舉劾焉。又有草書，莫知誰始，考其書形，雖無厥誼，亦是一時之變通也。孝宣時，召通《倉頡》讀者，獨張敞從之受。凉州刺史杜鄴、沛人爰禮、講學大夫秦近亦能言之。孝平時，徵禮等百餘人説文字於未央宫中，以禮爲小學元士。黄門侍郎揚雄采以作《訓纂篇》。及亡新居攝，自以應運製作，使大司空甄豐校文字之部，頗改定古文，時有六書：一曰古文，孔子壁中書也。二曰奇字，即古文而异者。三曰篆書，云小篆也。四曰佐書，秦隸書也。五曰繆篆，所以摹印也。六曰鳥蟲，所以幡信也。壁中書者，魯恭王壞孔子宅而得《禮》《尚書》《春秋》《論語》《孝經》也。又北平侯張倉獻《春秋左氏傳》，書體與孔氏相類，即前代之古文矣。"②

可見，武帝之前，秦系文字一枝獨秀，文字還是官府文書的工具，範圍不出"秦書八體"。武帝以後，孝宣帝以前，古文開始進入學者的視野。孝宣帝時，古文開始受到王庭的重視，有了官府的支持和關照。至孝平帝時，已專門設立與古文有關的官職。王莽時期，對古文字的重視達到了前所未有的程度，"王莽六書"便是古文字體發展的一次大總結。

又《魏書·江式傳》："後漢郎中扶風曹喜號曰工篆，小异斯法，而甚精巧，自是後學皆其法也。又詔侍中賈逵修理舊文。殊藝异術，王教一端，苟有可以加於國者，靡不悉集。逵即汝南許慎古文學之師也。後慎嗟時人之好奇，嘆儒俗之穿鑿，惋文毁於譽，痛字敗於訾，

① （清）王念孫：《廣雅疏證》，中華書局，2004，第2頁。

② （北齊）魏收：《魏書·江式傳》，中華書局，1974，第1961~1962頁。

更詭任情，變亂於世，故撰《説文解字》十五篇，首一終亥，各有部屬，包括六藝群書之詁，評釋百氏諸子之訓，天地、山川、草木、鳥獸、昆蟲、雜物、奇怪珍异、王制禮儀、世間人事莫不畢載。可謂類聚群分，雜而不越，文質彬彬，最可得而論也。左中郎將陳留蔡邕采李斯、曹喜之法爲古今雜形，詔於太學立石碑，刊載《五經》，題書楷法，多是邕書也。後開鴻都，書畫奇能莫不雲集，於時諸方獻篆無出邕者。”①

可知，東漢時期的小學有兩件在漢字學史上産生重要影響的大事。

其一，自然是《説文解字》的問世。《説文解字》對小學的發展産生了深遠影響，堪稱文字學史上具有劃時代意義的巨著。作者許慎是賈逵的弟子。站在古文經學家的立場和角度，許慎認爲：“蓋文字者，六藝之本，王政之始，前人所以垂後，後人所以識古，故曰：本立而道生，知天下之至嘖而不可亂也。”然而當時的情况却是“諸生競説字解經誼（義）”，“未嘗睹字例之條”，“人用己私，是非無正，巧説邪辭，使天下學者疑”。針對這種情况，許慎撰寫《説文》“將以理群類，解謬誤，曉學者，達神恉”，②可以説這是許慎撰著的直接目的。《説文》創建的“分别部居，不相雜厠”“建類一首，據形系聯”的編纂體例，成爲歷代字書編纂的楷模。魏晋南北朝時期出現的《字林》《玉篇》，均分部列字。儘管字體、部次等互有异同，但考其淵源，都以《説文》爲宗，被稱爲《説文》系字書。

其二，便是熹平石經的創刻。熹平石經是爲校正五經文字而刻製在石上的書籍，由左中郎陳留人蔡邕雜糅李斯、曹喜的篆法寫成。从東漢熹平四年（175）至光和六年（183），歷時数年纔製作完成，立於河南洛陽原太學門前。受此影響，魏正始年間，又創刻了《三體石經》。《三體石經》又稱《正始石經》，建於三國魏齊王曹芳正始二年

① （北齊）魏收：《魏書·江式傳》，中華書局，1974，第1962~1963頁。
② （漢）許慎：《説文解字·叙》，中華書局，1963。

（241），刻有《尚書》《春秋》和部分《左傳》，共約二十八塊石碑，立於河南洛陽。經文用古文、篆、隸三種不同字體刻寫，在書法史和漢字發展史上均具有非常重要的意義。但碑文究竟出自誰手，學界一直衆説紛紜，主流觀點是由邯鄲淳所書。

縱觀兩漢時期的文字學，古文在其中扮演着重要角色。在此種情況下，對古文的正確識讀就成爲必要，至少對文化精英階層如此，於是便有人開始有意地輯録古文，以助人識讀。不僅《説文解字》這樣的字書中收録有一定數量的古文，同時還有專門的古文集字書出現，如《隋書・經籍志》記載的東漢衛宏的《古文官書》，三國時東吴人朱育的《奇字》等。張揖所撰之《集古文》亦當在此情勢下產生。

二　漢魏之際新興的"字指"之學

漢魏之際，有一種新學問，當時人稱爲"字指"之學。王國維認爲就是古今字之學："漢魏之間，字指之學大興，魏時博士如邯鄲淳，如蘇林，如張揖，皆通古今字指者也。《王粲傳》注引《魏略》：邯鄲淳'善蒼雅蟲篆，許氏字指'。又《劉邵傳》注引《魏略》，蘇林'通古今字指'。《隋志》張揖有《古今字詁》三卷。字指《舊唐志》作'字旨'，或謂字義之學。然《隋志》有《雜字指》一卷，後漢太子中庶子郭顯卿撰。又《字指》二卷，晋朝議大夫李彤撰。《汗簡》多引郭顯卿《字指》、李彤《集字》，其字皆古文。是字指殆謂古今字之學，其體例當如《漢志》之《八體六技》及衛宏《古文官書》也。又《魏略・儒宗傳》序謂太和青龍中，太學課試'臺閣舉格太高，加不念統其大義，而問字指墨法點注之間'，是課試諸生亦用字指。"①

王説可商。我們認爲，"字指"當謂字義之學，理由如下。

首先，《王粲傳》裴注引《魏略》稱"邯鄲淳'善蒼雅蟲篆，許氏

① 王國維：《魏石經考》三，《王國維遺書》第二册，上海書店出版社，1983，第385頁。

字指'"，我們知道，許學的核心内容是探求字的本義，而字指當時又被稱爲"許氏字指"，足見"字指"當謂字義之學。王國維亦提到過這一點："字指《舊唐志》作'字旨'，或謂字義之學。"

其次，《劉邵傳》裴注引《魏略》稱"(蘇)林字孝友，博學，多通古今字指。凡諸書傳文間危疑，林皆釋之"，從這條材料可以看出，字指確實跟古今字有關係。但亦可看出，字指的核心内容并不是古今字本身，而是通過對字的形體結構的分析來解釋字義。由於這種字形的分析常常要追溯字的古形，所以字指後來又被稱爲"古今字指"。唐代林罕的《字源偏旁小説序》可以佐證這一點："閑坐思書之點畫，莫知所以。乃搜閲今古篆隸，始見源由。"這種探究文字的"點畫"所表示的意義，就是字指之學。研究這一學問離不開古文字，所以林罕"搜閲今古篆隸"纔"始見源由"。

綜上，張揖所生活的時代，是學術思想發生大變革的時代：古文經學由民間走向官府，訓詁學由純粹的注經向語言學領域發展，古文重新受到學者的重視，"字指"之學大興。張揖《古今字詁》正是這一學術變革時代的寶貴産物。

第三節　《古今字詁》佚文輯校

本書以張揖《古今字詁》的輯佚材料作爲研究對象。由於《古今字詁》在唐以後就亡佚了，現在所能見到的衹是清代 7 位學者輯佚的部分材料：馬國翰輯佚《古今字詁》一卷，共輯訓釋材料 60 條，收於《玉函山房輯佚書》。任大椿輯佚《古今字詁》一卷，共輯訓釋材料 56 條，收於《小學鉤沉》卷十，其中有 39 條與馬國翰輯佚的相重複，17 條是馬國翰没有輯佚的。黄奭輯佚《古今字詁》一卷，共輯訓釋材料56條，收於《黃氏逸書考》，與任大椿所輯完全重合。許瀚撰寫《古今字詁疏證》，輯佚《古今字詁》一卷，共輯訓釋材料48條，收於《山左先喆遺書》甲編，與上述三家所輯重合。陳鱣輯佚《古今字詁》一卷，共輯訓釋材料36條，收於《古小學書鉤沉》，34條與馬氏、任氏同，2條是兩家没有輯佚的。顧震福輯佚《古今字詁》一卷，共輯訓釋材料6條，收於《小學鉤沉續編》卷三，這6條是馬氏、任氏、陳氏三家均没有輯佚的。龍璋在其所撰《小學搜逸》中，輯佚《古今字詁》一卷，共輯訓釋材料80條，收於《甓勤齋遺書》，其中有78條與諸家輯重，2條是上述各家都没有輯佚的。我們在閱讀文獻的過程中，輯得《古今字詁》訓釋材料1條，輯自《漢書》卷六四《嚴助傳》師古注。

我們對所需研究材料的確定方法是：以馬國翰所輯佚的60條訓釋材料爲準，補充任大椿所輯佚的馬氏没有輯佚到的17條訓釋材料，再補充陳鱣所輯佚的馬氏、任氏均無的2條，再補充上顧震福輯佚的馬氏、任氏、陳氏均無的6條訓釋材料，龍璋所輯佚的諸家均無的2條，加上我們所輯的1條，這樣共輯得張揖《古今字詁》輯佚材料88條。我們將對上述輯佚材料進行輯校，輯校後的訓條纔是本書所要分析和研究的對象。

一　輯校説明

（一）今考《古今字詁》各輯本，均有不同程度的錯訛

1. 有將他書内容或他人釋語竄入《古今字詁》訓條者

如諸家輯自《一切經音義》中的《古今字詁》訓條，對被訓釋項進行注音時所用的術語“同某某反”當爲慧琳語，非張揖語。考《一切經音義》編纂體例，大體是對所列詞條中的各字先注音，後釋義；也有少數先引他書以明正俗字或不同用字，後將字音相同、字形不同

的幾個字以“同某某反”的形式注音，所引《古今字詁》便是其一，如第 4、8、9、15 條等。這類條例較多，詳見案語。

再如第 19 條的釋語“楚雀也”，乃杜臺卿語，非張揖語。

2. 有將他書内容或他人釋語當作《古今字詁》訓條進行輯佚者

如第 68 條，馬氏輯自《漢書・揚雄傳》師古注。翻查《漢書》卷八十七《揚雄傳》“衿芰茄之緑衣兮，被夫容之朱裳”句下師古注云：“衿，音其禁反，茄，亦荷字也，見張揖《古今字譜》(譜爲詁之誤)。被，音披，又音皮義反。”很明顯，馬氏誤將師古之注語“被，音披”當作《字詁》訓條，且把“披”誤録成“彼”。第 69~75 條情況與此條同，詳見案語。

3. 有將張揖另一著作内容當作《古今字詁》内容進行輯佚者

如第 78~88 條，乃張揖《集古文》一書的内容，馬氏也將其作爲《古今字詁》内容一并進行輯佚。

4. 按輯佚家所標注之出處翻檢不到訓條者

如第 76、77 兩條。

注：第 2、3、4 三類材料在文章撰寫過程中不做分析，但仍對其進行校勘，并將其作爲附録的一部分，以供研究者查證。

5. 所輯佚的某些訓條在被注釋家徵引時衹標注張揖名，未標注《古今字詁》者

如第 20 條，顔之推在引用此訓條時僅標注“張揖、吕忱并云”，未見《古今字詁》字樣。類似的訓條還有第 16、17、29、57 條。這類材料我們也將其視爲《古今字詁》訓條，因爲我們對輯佚材料的擇取標準是比較寬鬆的，衹要注有張揖名，且訓條大體符合《古今字詁》的編纂體例，就將其作爲分析對象。無疑這 3 條訓條都是符合標準的，詳見案語。

6. 某些訓條有立目不當者

按諸家所輯《古今字詁》以被釋字立目之條例，第 1 條當補出目

文“瑇”，第 4 條當補出目文“唐”。此類例子較多，詳見案語。

7. 某些訓條有出處標注錯誤者

如第 3 條，馬國翰、龍璋所標注的出處爲《文選》張平子《思元賦》注；任大椿等人所標注的出處爲《後漢書·張衡傳》注。今翻檢《文選·思元賦》李善注語，并無此訓條，實見於《後漢書·張衡傳》注。

8. 某些訓條有脱衍倒錯、校勘不精者

如第 14 條，翻檢中華書局 2005 年版《後漢書》，“重”爲“臿”之誤，且目文“鋘”爲馬國翰之衍文。

第 65 條，翻檢上海古籍出版社 1985 年版《正續一切經音義》，“箴”爲衍文，且“針”與“鍼”位置被錯置。

第 23 條，“褏”爲“衺”之誤。

（二）彌補上述不足的舉措

我們將輯佚材料分爲“《古今字詁》訓條”與“諸家誤輯《古今字詁》訓條”兩部分進行輯校，以更好地呈現前人輯佚材料的原貌。爲彌補前人輯本編排雜亂的缺陷，輯校完畢後，我們做了編排條理的工作。

慶幸的是，對於原書的編排情况，我們从現在的輯佚材料中還是找到了一點綫索：第 27 條由任大椿等輯自《初學記》卷二十一和《北户録》注，這兩部文獻均提到了“魏人河間張揖上《古今字詁》，其《巾部》云：‘紙，今帋也。’”可見，張揖所編《古今字詁》是以部首統攝全書且以“今字”（“今某”之“某”）爲立部和立目依據的（另《古今字詁》輯佚材料中有部分没有注明古今關係的訓條，我們將以被訓釋項作爲其立目依據）。張揖的部首編排法與漢魏六朝著作的編排體例是一致的。漢魏六朝的字書、訓詁著作，其編排法大體可分爲兩類：一是依類編排，如《爾雅》《釋名》《廣雅》等；一是依部首編排，如《説文》《玉篇》等。所以我們將所輯材料分爲 45 部，將目文及訓條分别列於部首之下。北魏江式亦云："其《字詁》方之許篇，古今體用，或得或失矣。"所以《古今字詁》之部首排序，我們也姑且依照許慎之《説文》。

二　凡例

1. 七家所輯訓條實則可分爲五個系統。馬國翰、任大椿（黄奭所輯全襲任本、許瀚《古今字詁疏證》以任本爲依據）、顧震福、龍璋、陳鱣所輯訓條各爲一個系統。諸家所輯訓條大體相同者，則將馬氏所輯訓條作爲目次列出；馬氏無，而任氏、龍氏、陳氏、顧氏有者，則擇其善者作爲目次列出；諸家獨有者，則將其獨有之訓條作爲目次列出。

2. 各家所輯訓條爲竪排，今改爲横排，并標有通貫始終的統一條目編碼。

3. 輯校對諸家所輯訓條不做改動，即便有錯誤者，也保持原貌，校者意見在案語中説明。

4. 訓條之標點，爲整理者所加。

5. 輯校將所有輯佚之訓條分爲 45 部進行編排，將目文及訓條分别列於部首之下。

6. 各條目皆先列目文；次列訓條；再列徵引訓條之古籍文獻名稱、卷數或篇名、著者；最後列案語，無案語者則略。

7. 凡有案語的訓條，皆以數字標明，案語則依數字次序分别列於後。

8. 所輯訓條凡有异文者，根據審校，取其一，异文則在案語中注明。

9. 輯校所依據的各古籍精校本，均標明出版社名稱。

10. 對於兩訓條目文相同者，均用同一個目次標注。

三 《古今字詁》訓條輯校

（一）《古今字詁·玉部》

1. 瑇瑁，亦作蝳蝐[1]。

《北户録》云："瑇瑁，歐陽詢《飛白字》从'甲'。"注云："《字詁》亦从'甲'也。"

任大椿、黄奭、許瀚、龍璋輯自《北户録》注[2]。

謹案：

[1] 依《古今字詁》體例，此訓條目文爲"瑇"字，當表述爲"瑇：瑇瑁，亦作蝳蝐"。

[2] 據1985年版中華書局本，此訓條載於《北户録》卷一，《通犀》崔龜圖注。

（二）《古今字詁·艸部》

2. 茄，亦荷字也[1]。

任大椿、黄奭、許瀚、龍璋輯自《漢書·揚雄傳》注[2]。

謹案：

[1] 翻檢文淵閣四庫全書本，此訓條末無"也"字。

[2] 據文淵閣四庫全書本，此訓條載於《漢書》卷八十七上，《揚雄傳》師古注。

3. 蘤，古花字[1]。

馬國翰、龍璋輯自《文選》張平子《思元賦》注[2]；任大椿、黄奭、許瀚、龍璋輯自《後漢書·張衡傳》注[3]。

謹案：

[1] 依《古今字詁》體例，此訓條目文爲"花"，當表述爲"花：蘤，古花字"。

[2] 翻檢文淵閣四庫全書本，《文選》張平子《思元賦》李善注所引乃《説文》，而非《古今字詁》。《思元賦》："歌曰：'天地烟煴，百卉

含葩。'" 善曰:"《周易》曰:'天地烟煴,萬物化醇。'《廣雅》曰:'烟煴,元气也。'毛萇《詩》傳曰:'芔,草也。'郭璞曰:'草,物名也。'《説文》曰:'葩,古花字。'本誤作藹,音爲詭切。"

[3] 據文淵閣四庫全書本,此訓條載於《後漢書》卷八十九,《張衡傳》李賢注。

（三）《古今字詁・口部》

4. 古文鴋、啺二形 [1],同。徒當反 [2]。

馬國翰輯自釋玄應《大智度論音義》;任大椿、黄奭、許瀚輯自慧琳《一切經音義》卷九;龍璋輯自玄應《大智度論一音義》[3]。

謹案:

[1] 依《古今字詁》體例,此訓條當爲"唐:古文鴋、啺二形",目文爲"唐";且據許瀚《古今字詁疏證》,"鴋"當作"鶶"。

[2] 疑輯者誤收玄應之語。考《一切經音義》編纂體例,大體是對所列詞條先注音,後釋義;也有少數先引他書以明正俗字或是不同用字,後將字音相同、字形不同的幾個字以"某某反"的形式注音者,所引《古今字詁》便是其一,"徒當反"應是慧琳之語。以下諸條凡有用"某某反"注音者,皆同此條,不再贅述。

[3] 據上海古籍出版社 1986 年版本,此訓條載於慧琳撰《正續一切經音義》卷四十六,衆經卷《大智度論》第一卷。

（四）《古今字詁・辵部》

5. 迟,今遲,徐也 [1]。

馬國翰輯自《漢書・揚雄傳》師古注 [2];黄奭、任大椿、許瀚、龍璋輯自宋祁《漢書・揚雄傳》校本 [3]。

謹案:

[1] 依《古今字詁》體例,此訓條目文爲"遲",當表述爲"遲:迟,今遲,徐也"。

[2]《漢書・揚雄傳》師古注并没有徵引此訓條,此訓條見於宋祁

《漢書·揚雄傳》校語。

[3] 據文淵閣四庫全書本，此訓條載於《漢書》卷八十七上，《揚雄傳》宋祁校本。

6.1 徇，今巡 [1]。

馬國翰、任大椿、黄奭、龍璋、許瀚輯自陸德明《爾雅》釋文 [2]。

謹案：

[1] 依《古今字詁》體例，此訓條目文爲“巡”，當表述爲“巡：徇，今巡”。

[2] 據文淵閣四庫全書本，此訓條載於《爾雅》卷二十九《爾雅音義上·釋言二》。

6.2 徇，巡也 [1]。

馬國翰、任大椿、黄奭、龍璋、許瀚輯自陸德明《尚書·泰誓》釋文 [2]。

謹案：

[1] 諸家所輯《古今字詁》訓條大都標注有古今關係，陸德明《爾雅》音義所引“徇，今巡”便是其一。“徇，巡也”亦爲陸氏所引，依《古今字詁》體例，此訓條當爲陸氏刪改“徇，今巡”而來。其表述應與 6.1 同。

[2] 據文淵閣四庫全書本，此訓條載於《經典釋文》卷四《尚書音義下·泰誓中第二》。

（五）《古今字詁·足部》

7. 嬞，今作踵也 [1]。

任大椿、黄奭、許瀚、龍璋輯自《史記·天官書》索隱 [2]。

謹案：

[1] 依《古今字詁》體例，此訓條目文爲“踵”，當表述爲“踵：嬞，今作踵也”。

[2] 據文淵閣四庫全書本，此訓條載於《史記》卷二十七，司馬貞

《天官書》索隱。

8. 跱[1]：古文峙[2]，今作跱，同。直耳反[3]。

馬國翰輯自《大方廣佛華嚴經音義》；黄奭、許瀚、任大椿輯自《一切經音義》卷一；龍璋輯自玄應《大方廣佛華嚴經二音義》；陳鱣輯自《一切經音義・華嚴經音義》[4]。

謹案：

[1] 僅馬國翰所輯訓條中有此字，其他諸家均無。考《古今字詁》編纂體例，此乃訓條目文，馬氏所輯正確。

[2] 僅馬氏所輯字形爲“峙”，其他諸家均爲“峙”，據上海古籍出版社 1986 年版本，當爲“峙”。

[3] 參第 4 條案語 [2]。

[4] 據上海古籍出版社 1986 年版本，此訓條載於《正續一切經音義》卷二十，衆經卷《華嚴經》第二卷。

（六）《古今字詁・舌部》

9. 舐，古文䑛[1]，同食爾反[2]，謂以舌取食也[3]。

馬國翰輯自《瑜伽師地論音義》；任大椿、黄奭、許瀚輯自《一切經音義》卷二十二；龍璋輯自玄應《瑜珈（伽）師地論一音義》[4]。

謹案：

[1] 據上海古籍出版社 1986 年版本，訓釋語當爲“古文作䑛”，諸家所輯非。

[2] 參第 4 條案語 [2]。

[3] 疑輯者誤收慧琳之語。考《一切經音義》編纂體例，大體是對所列詞條先注音，後釋義。也有少數先引他書以明正俗字或是不同用字，後將字音相同、字形不同的幾個字以“同某某反”的形式注音，再釋義者（或不注音，直接釋義者），所引《古今字詁》就是其一，“謂以舌取食也”當爲慧琳之語。以下有情况相同者，皆同此條，不再贅述。

[4] 據上海古籍出版社 1986 年版本，此訓條載於《正續一切經音義》卷四十八，衆經卷《瑜伽師地論》第一卷。

（七）《古今字詁・干部》

10. 奸，古文干字 [1]。

任大椿、黄奭、龍璋、許瀚輯自宋祁《漢書・序傳》校本。

謹案：

[1] 依《古今字詁》體例，此訓條目文爲“干”，當表述爲“干：奸，古文干字”。

（八）《古今字詁・言部》

11. 訥，遲於言也。

馬國翰、黄奭、任大椿、龍璋輯自《穀梁傳・序》釋文 [1]。

謹案：

[1] 據文淵閣四庫全書本，此訓條載於《經典釋文》卷二十二《春秋穀梁音義・春秋穀梁序》。

12. 訂，平也。

馬國翰、黄奭、任大椿、龍璋輯自《毛詩》釋文 [1]。

謹案：

[1] 據文淵閣四庫全書本，此訓條載於《經典釋文》卷七《毛詩音義下・周頌・天作》。

13. 志，今作識 [1]。志，記也。

馬國翰輯自《善見律音義》；任大椿、黄奭、許瀚輯自《一切經音義》卷十五；龍璋、陳鱣輯自玄應《善見律四音義》[2]。

謹案：

[1] 依《字詁》體例，此訓條目文爲“識”，當表述爲“識：志，今作識”。

[2] 據上海古籍出版社 1986 年版本，此訓條載於《正續一切經音義》卷六十五，衆經卷《善見律》第四卷。

（九）《古今字詁・臼部》

14. 鋘，臿[1]刃也[2]。鋘音華[3]。

馬國翰、任大椿、黄奭、龍璋輯自《後漢書・戴就傳》注[4]。

謹案：

[1] 獨黄奭所輯字形爲“重”，疑其乃黄氏誤録任本所致。

[2] 據中華書局2005年版本，李賢所引《古今字詁》訓條爲“臿，刃也”，則目文應爲“臿”。

[3] 任氏、黄氏、龍氏所輯材料均無“鋘”字，據中華書局2005年版本，知三家非，且此注音非《古今字詁》内容，而爲李賢語。

[4] 據中華書局2005年版本，此訓條載於《後漢書》卷一百十一，《獨行列傳第七十一・戴就傳》李賢注。

（十）《古今字詁・攴部》

15. 古文逑、捄二形，今作救[1]，同。居又反[2]。救，助也[3]。

馬國翰輯自《大智度論音義》；任大椿、黄奭、許瀚輯自《一切經音義》卷九；龍璋、陳鱣輯自玄應《大智度論八十音義》[4]。

謹案：

[1] 依《古今字詁》體例，目文爲“救”，且此訓條當表述爲“救：古文逑、捄二形，今作救”。

[2] 參第4條案語[2]。

[3] 此訓條見於馬國翰、龍璋、陳鱣所輯材料，且龍璋所輯爲“求，助也”，任大椿、黄奭、許瀚所輯材料中均無。考《一切經音義》體例，“救，助也”乃慧琳語，馬氏與龍氏、陳氏誤收。

[4] 據上海古籍出版社1986年版本，此訓條載於《正續一切經音義》卷八十，衆經卷《大智度論》卷八十。

（十一）《古今字詁・眉部》

16. 省[1]，今省，督也[2]。

《顔氏家訓・書證》篇引張揖云：“省，今省，督也。”而釋之曰：

“詧，古察字。”念孫案：今上“省”字當爲“㑴”。《説文》：“㑴，古文省字。”

任大椿、黄奭、許瀚、陳鱣、龍璋輯自《顔氏家訓·書證》篇。

謹案：

[1] 陳鱣所輯字形與王念孫同。今依陳氏與王氏觀點，此訓條當爲“省：㑴，今省，詧也”，目文爲“省”。

[2] 翻檢《顔氏家訓·書證》篇，衹有“張揖云：‘省，今省，詧也。’”并未見《古今字詁》字樣。但依《字詁》編纂體例，此訓條是符合“某，今某也”這一體例的，且清段玉裁云：“此蓋出《古今字詁》。”所以我們也將其視爲《古今字詁》訓條。

（十二）《古今字詁·羽部》

17. 𠜴，古翦字[1]。

筆者輯自《漢書》卷六四上，《嚴助傳》師古注。

謹案：

[1] 依《古今字詁》體例，此訓條目文爲“翦”，當表述爲“翦：𠜴，古翦字”。注釋中雖未出現《字詁》字樣，但此訓條是符合《古今字詁》“某，古某也”這一體例的，所以我們也將其視爲《字詁》訓條。

（十三）《古今字詁·鳥部》

18. 鴶，今鵠[1]，鴐也[2]。

顧震福輯自《玉燭寶典》卷三。

謹案：

[1] 依《古今字詁》體例，此訓條目文爲“鵠”，當表述爲“鵠：鴶，今鵠”。

[2] 據中華書局1985年版本，“鴐也”乃杜臺卿注文，《古今字詁》於此訓條無訓解。

19. 鶖，今鶖[1]，楚雀也[2]。

顧震福輯自《玉燭寶典》卷二。

謹案：

[1] 依《古今字詁》體例，此訓條目文應爲“鸝”，當表述爲“鸝：鵹，今鸝”。

[2] 據中華書局 1985 年版本，“楚雀也”乃杜臺卿注文，《古今字詁》於此訓條無訓解。

（十四）《古今字詁·刀部》

20. 刅 [1]，攴傍作刀劍之刀，亦是剞字 [2]。

馬國翰、任大椿、黃奭、龍璋、許瀚、陳鱣輯自《顏氏家訓·書證》篇。

謹案：

[1] 僅馬氏與陳氏所輯字形爲此，其他諸家所輯字形均爲“刘”。遍查工具書無“刅”字，衹有“刘”字。

[2] 翻查《顏氏家訓·書證》篇，衹有“張揖、吕忱并云：‘攴傍作刀劍之刀，亦是剞字。’”，未見《古今字詁》字樣。但此内容與《古今字詁》訓條大體上是相符的，所以我們也將其視爲《古今字詁》訓條。且依《古今字詁》體例，此訓條目文爲“刘”，當表述爲“刘：亦作剞”。

（十五）《古今字詁·耒部》

21. 耨 [1]，頭長六寸，柄長一尺。鎒，古字也，今作耨，同 [2]。

馬國翰輯自《毛詩》釋文；黃奭、任大椿、龍璋、許瀚輯自《詩·臣工》釋文 [3]。

謹案：

[1] 任氏、黃氏、龍氏所輯爲“鎒”，翻檢文淵閣四庫全書本，當爲“耨”。

[2] 許瀚所輯訓條爲“鎒，古字也，今作耨，同”，無“耨，頭長六寸，柄長一尺”語。據文淵閣四庫全書本，馬國翰所輯是，許瀚所輯非。依《古今字詁》體例，此訓條目文爲“耨”，當表述爲“耨：頭

長六寸，柄長一尺。鎒，古字也，今作耨，同”。

[3] 據文淵閣四庫全書本，此訓條載於《經典釋文》卷七《毛詩音義下·臣工之什第二十七》。

（十六）《古今字詁·木部》

22. 櫨，合椑也 [1]。

馬國翰、龍璋輯自《史記·司馬相如列傳》索隱 [2]。

謹案：

[1] 據文淵閣四庫全書本，訓釋語當爲“合樺之木”，諸家所輯非。

[2] 據文淵閣四庫全書本，此訓條載於《史記》卷一百十七，《司馬相如列傳》索隱。

（十七）《古今字詁·邑部》

23. 古文褭 [1]、榱二形，今作阿 [2]，同。烏可反 [3]。

馬國翰輯自《摩訶般若波羅蜜經音義》；任大椿、許瀚、黃奭輯自《一切經音義》卷十九；龍璋輯自玄應《佛本行集經二十八音義》；陳鱣輯自《佛本行集經二十八》[4]。

謹案：

[1] 此字形爲馬氏與黃氏所輯，其他諸家所輯均爲“裒”，據上海古籍出版社 1986 年版本，當爲“裒”。

[2] 依《古今字詁》體例，此訓條目文爲“阿”，當表述爲“阿：古文裒、榱二形，今作阿”。

[3] 參第 4 條案語 [2]。

[4] 據上海古籍出版社 1986 年版本，此訓條載於《正續一切經音義》卷五十六，衆經卷《佛本行集經》卷二十八。

24. 古文榱、移二形，今作那 [1]，同。乃可反 [2]。

馬國翰輯自《摩訶般若波羅蜜經音義》；任大椿、許瀚、黃奭輯自《一切經音義》卷十九；龍璋輯自玄應《佛本行集經二十八音義》；陳鱣輯自《佛本行集經二十八》[3]。

謹案：

[1] 馬氏、陳氏、龍氏、許氏所輯字形爲“那”，任氏、黄氏所輯字形爲“郍”，翻檢上海古籍出版社 1986 年版本，當作“那”。“那”“郍”异體字。

依《古今字詁》體例，此訓條目文爲“那”，當表述爲“那：古文欀、栘二形，今作那”。

[2] 參第 4 條案語 [2]。

[3] 此訓條出處同第 23 條。

（十八）《古今字詁·禾部》

25. 古文䭫 [1] 首 [2]。

許瀚、黄奭、任大椿輯自《一切經音義》卷十四 [3]。

謹案：

[1] 許瀚所輯字形爲“䭫”，陳鱣所輯字形爲“䭫”，龍璋所輯字形爲“䭫”，據上海古籍出版社 1986 年版本，當爲“䭫”。

[2] 據上海古籍出版社 1986 年版本，此訓條爲“稽：古文䭫”，目文爲“稽”。

[3] 據上海古籍出版社 1986 年版本，此訓條載於《正續一切經音義》卷五十九，衆經卷《四分律》第一卷。

（十九）《古今字詁·巾部》

26. 幟，標也。

馬國翰、黄奭、任大椿、龍璋輯自《史記·高祖本紀》索隱 [1]。

謹案：

[1] 據文淵閣四庫全書本，此訓條載於《史記》卷八，《高祖本紀》索隱。

27. 紙，今帋 [1]。

任大椿、黄奭、龍璋、許瀚輯自《初學記》卷二十一引《字詁·巾部》;《北户録》注 [2]。

謹案：

[1] 依《古今字詁》體例，此訓條目文爲“帋”，當表述爲“帋：紙，今帋”。另據中華書局1985年版本《北户録》，此訓條末應有“也”字。

[2]《太平御覽》卷六百五亦引有此訓條。

（二十）《古今字詁·宀部》

28. 呟，今宏字[1]。

馬國翰、龍璋、陳鱣、顧震福輯自《文選》卷四十四，《司馬長卿難屬父老》李善注，《漢書·司馬相如傳》鄧展注[2]。

謹案：

[1] 依《古今字詁》體例，此訓條目文爲“宏”，當表述爲“宏：呟，今宏字”。

[2] 據文淵閣四庫全書本，《漢書》卷五十七下《司馬相如傳》下衹有顔師古注語，并無鄧展注語。鄧展的《漢書》注散佚於歷代注釋家的注解中，此訓條就是《文選》李善注所徵引其注語之一。

（二十一）《古今字詁·人部》

29. 宓[1]，今伏羲氏也[2]。

馬國翰、任大椿、黄奭、許瀚、龍璋、陳鱣輯自《顔氏家訓·書證》篇。

謹案：

[1] 陳氏所輯字形爲“虙”，疑此乃陳氏據顔之推語校改而來，非《古今字詁》本字。

[2] 翻檢《顔氏家訓·書證》篇，衹有“張揖云：‘宓，今伏羲氏也。’”，未見《古今字詁》字樣。但此訓條是符合《古今字詁》“某，今某也”這一體例的，所以我們也將其視爲《古今字詁》訓條。且依《古今字詁》體例，此訓條目文爲“伏”，當表述爲“伏：宓，今伏羲氏也”。

30. 頫、府，今俯、俛也 [1]。

馬國翰、任大椿、龍璋、黄奭輯自《匡謬正俗》卷六。

謹案：

[1] 依《古今字詁》體例，此訓條目文爲“俯、俛”，當表述爲“俯、俛：頫、府，今俯、俛也”。

（二十二）《古今字詁·欠部》

31. 歊，氣上出貌 [1]。

馬國翰、任大椿、黄奭、龍璋輯自《文選·張茂先〈勵志詩〉》李善注 [1]。

謹案：

[1] 據文淵閣四庫全書本，此訓條載於《文選》卷十九，《張茂先〈勵志詩〉》李善注。

（二十三）《古今字詁·山部》

32. 㟅，古文岑字 [1]。

馬國翰、任大椿、黄奭、許瀚、龍璋輯自蕭該《漢書·揚雄傳》音義。

謹案：

[1] 依《古今字詁》體例，此訓條目文爲“岑”，當表述爲“岑：㟅，古文岑字”。

（二十四）《古今字詁·广部》

33. 庴，作揩。

《周易會通》卷四引《古易音訓》云：“《字詁》‘庴，作揩’。”

任大椿、黄奭、龍璋、許瀚輯自《周易會通》卷四。

（二十五）《古今字詁·厂部》

34. 礪，今作厲 [1]，同。力制反 [2]。

馬國翰輯自《立世阿毗曇論音義》；任大椿、黄奭、許瀚輯自《一切經音義》卷十八；陳鱣、龍璋輯自《立世阿毗曇論二音義》[3]。

謹案：

[1] 依《古今字詁》體例，此訓條目文爲“厲”，當表述爲“厲：礪，今作厲”。

[2] 參第 4 條案語 [2]。

[3] 據上海古籍出版社 1986 年版本，此訓條載於《正續一切經音義》卷七十三，衆經卷《立世阿毗曇論》第二卷。

（二十六）《古今字詁・火部》

35. 炔，今炅，姓也 [1]。

任大椿、黄奭、許瀚、龍璋輯自宋祁《漢書・儒林傳・周堪傳》校本 [2]。

謹案：

[1] 依《古今字詁》體例，此訓條目文爲“炅”，當表述爲“炅：炔，今炅，姓也”。

[2] 據文淵閣四庫全書本，此訓條載於《漢書》卷八十八，《儒林傳・周堪傳》宋祁校本。

36. 古文燄，今作爓 [1]。

許瀚、任大椿、黄奭輯自《一切經音義》卷七；陳鱣、龍璋輯自《正法華經一音義》[2]。

謹案：

[1] 依《古今字詁》體例，此訓條目文爲“爓”，當表述爲“爓：古文燄，今作爓”。

[2] 據上海古籍出版社 1986 年版本，此訓條載於《正續一切經音義》卷二十八，衆經卷《正法花經》卷一。

（二十七）《古今字詁・炎部》

37.1 古文銛、㷷 [1] 二形，今作燅 [2]，同。詳廉反 [3]。

馬國翰輯自《大集日藏分經音義》；任大椿、黄奭輯自《一切經音義》卷一、卷三；龍璋輯自玄應《大集日藏分經十音義》、慧琳《大智度論十八音義》[4]。

謹案：

[1] 任氏、黄氏所輯字形爲“𩱦”，龍璋於兩處輯得此訓條，所輯字形分别爲“𩱦”與“𩱛”，今考上海古籍出版社 1986 年版本，當爲“𩰲”，諸家均誤。

[2] 依《古今字詁》體例，此訓條目文爲“燅”，當表述爲“燅：古文𩰲、𩰲二形，今作燅”。

[3] 參第 4 條案語 [2]。

[4] 據上海古籍出版社 1986 年版本，此訓條載於《正續一切經音義》卷十七，衆經卷《大集日藏經》卷十。

37.2 古文𥕐 [1]，今作燅 [2]，同。詳廉反 [3]。

馬國翰輯自《正法華經音義》[4]。

謹案：

[1] 據上海古籍出版社 1986 年版本，“𥕐”當作“𧰯”。

[2] 據上海古籍出版社 1986 年版本，“燅”作“𣟴”。遍查工具書，無“𣟴”，衹有“燅”，取馬氏所輯。依《古今字詁》體例，此訓條目文爲“燅”，當表述爲“燅：古文𧰯，今作燅”。

[3] 參第 4 條案語 [2]。

[4] 據上海古籍出版社 1986 年版本，此訓條載於《正續一切經音義》卷四十三，衆經卷《觀佛三昧海經》第五卷。

（二十八）《古今字詁·黑部》

38. 黜，貶也。

顧震福輯自《慧琳音義十八》，龍璋輯自慧琳《大乘大集地藏十輪經四音义》[1]。

謹案：

[1] 據上海古籍出版社 1986 年版本，此訓條載於《正續一切經音義》卷十八，衆經卷《大乘大集地藏十輪經》第四卷，慧琳撰。

(二十九)《古今字詁·尢部》

39.1 瘇，今作𡰥[1]，同。時腫反[2]。

馬國翰輯自《正法念經音義》；任大椿、黄奭、許瀚所輯訓釋材料爲《一切經音義》卷四："瘇，今作尰，同之勇反。"《一切經音義》卷十一："同時腫反。"[3] 龍璋所輯佚的訓釋材料爲玄應《觀佛三昧海經音義》："瘇，今作尰，同之勇反。"又《正法念經音義》："同時腫反。"[4]

謹案：

[1] 據上海古籍出版社 1986 年版本，"𡰥"作"⿺辶重"。遍查工具書，没有"⿺辶重"，僅有"𡰥"與"尰"，兩者爲异體字。據《一切經音義》徵引的另一《古今字詁》訓條"𤺄，今作尰"（依《集韻》"瘇"乃"𤺄"之或體）可知，此訓條目文亦應爲"尰"，當表述爲"尰：瘇，今作尰"。

[2] 參第 4 條案語 [2]。

[3] 任氏、黄氏、許氏、龍氏所輯佚的材料實混淆了兩條不同的訓條。此爲一條，另一條參 39.2。

[4] 據上海古籍出版社 1986 年版本，此訓條載於《正續一切經音義》卷四十三，衆經卷《觀佛三昧海經》第五卷。

39.2 瘇，今作𡰥[1]，同。時腫反[2]。

陳鱣輯自《觀佛三昧海經五》；又之勇反，陳鱣輯自《正法念經八》[3]。

謹案：

[1] 據上海古籍出版社 1986 年版本，"𡰥"當作"尰"。"尰""𡰥"异體字。依《古今字詁》體例，此訓條目文爲"尰"，當表述爲"尰：瘇，今作尰"。

[2] 參照第 4 條案語 [2]。

[3] 陳鱣所輯材料也混淆了兩條不同的訓條。據上海古籍出版社

1986年版本，此訓條載於《正續一切經音義》卷五十六，衆經卷《正法念經》第八卷。

（三十）《古今字詁·心部》

40. 忠，直也。

馬國翰輯自《孝經》釋文；任大椿、黄奭、龍璋輯自《孝經·事君章》正義[1]。

謹案：

[1] 據文淵閣四庫全書本，此訓條載於《孝經注疏》卷八，《事君章》。

41. 㦟[1]，笑貌也，听之別體，音語近反[2]。

馬國翰、任大椿、黄奭、龍璋輯自《後漢書·張衡列傳》李賢注[3]。

謹案：

[1] 馬國翰輯有訓釋語均爲"笑貌也"的兩條重複的訓條，其被訓釋項分別爲"㦟"和"㦂"；黄奭、龍璋所輯訓條的被訓釋項爲"㦂"；任大椿所輯爲"㦂"。據中華書局2005年版本，此訓條的被訓釋項應爲"㦟"。

[2] 馬國翰所輯訓釋語爲"笑貌也"，任大椿、黄奭、龍璋所輯訓條的訓釋語則爲"笑貌也，听之別體，音語近反"。今考李賢注語體例，大都是先釋義，後注音。其注音方式有兩種：反切和直音。"听之別體，音語近反"疑任氏等人誤收李賢之注語。

[3] 據文淵閣四庫全書本，此訓條載於《後漢書》卷五十九，《張衡列傳》李賢注。

42. 怗，今作惵[1]，同。他頰反[2]。

任大椿、黄奭、許瀚輯自《一切經音義》卷十七；陳鱣輯自《出曜論八》；龍璋輯自玄應《出曜論八音義》[3]。

謹案：

[1] 依《古今字詁》體例，此訓條目文爲“惵”，當表述爲“惵：怗，今作惵”。

[2] 參第 4 條案語 [2]。

[3] 據上海古籍出版社 1986 年版本，此訓條載於《一切經音義》卷七十四，衆經卷《出曜經》第八卷。

（三十一）《古今字詁・水部》

43. 瀕，今濱 [1]。

馬國翰輯自《毛詩》釋文；任大椿、龍璋、黄奭、許瀚輯自《詩・召旻》釋文 [2]。

謹案：

[1] 依《古今字詁》體例，此訓條目文爲“濱”，當表述爲“濱：瀕，今濱”。

[2] 據文淵閣四庫全書本，此訓條載於《經典釋文》卷七，《毛詩音義・召旻》。

44. 蹛，今滯字 [1]。

任大椿、黄奭、許瀚、龍璋輯自《史記・平準書》索隱 [2]。

謹案：

[1] 依《古今字詁》體例，此訓條目文爲“滯”，當表述爲“滯：蹛，今滯字”。

[2] 據文淵閣四庫全書本，此訓條載於《史記》卷三十，司馬貞《平準書》索隱。

（三十二）《古今字詁・至部》

45. 臸，古文臻字 [1]。

顧震福輯自《慧琳音義十》；龍璋輯自慧琳《新譯仁王經序音義》[2]。

謹案：

[1] 依《古今字詁》體例，此訓條目文爲“臻”，當表述爲“臻：

䂙，古文臻字”。

[2] 據上海古籍出版社 1986 年版本，此訓條載於《正續一切經音義》卷十，衆經卷《新譯仁王經序》。

（三十三）《古今字詁・門部》

46. 闒，獰劣也 [1]。

馬國翰、龍璋輯自《文選》司馬遷《報任安書》李善注 [2]。

謹案：

[1] 據李善注語，被訓釋項當爲“闒茸”。依《古今字詁》體例，此訓條目文爲“闒”，當表述爲“闒：闒茸，獰劣也”。

[2] 據文淵閣四庫全書本，此訓條載於《文選》卷四十一，司馬子長《報任安書》注。

47. 闓，古開字 [1]。

馬國翰、任大椿、龍璋、陳鱣、黃奭、許瀚輯自《匡謬正俗》卷二。

謹案：

[1] 依《古今字詁》體例，此訓條目文爲“開”，當表述爲“開：闓，古開字”。

48. 闘，古闢字 [1]。

馬國翰、任大椿、龍璋、陳鱣、黃奭、許瀚輯自《匡謬正俗》卷二。

謹案：

[1] 依《古今字詁》體例，此訓條目文爲“闢”，當表述爲“闢：闘，古闢字”。

49. 古文湣，今作閔 [1]，同。眉殞反 [2]。湣，憐也 [3]。

馬國翰輯自《道行般若經音義》；黃奭、許瀚、任大椿輯自《一切經音義》卷三；陳鱣、龍璋輯自《道行般若經五音義》[4]。

謹案：

[1] 依《古今字詁》體例，此訓條目文爲“閔”，當表述爲“閔：古文愍，今作閔”。

[2] 參第 4 條案語 [2]。

[3] 參第 9 條案語 [3]。

[4] 據上海古籍出版社 1986 年版本，此訓條載於《正續一切經音義》卷九，衆經卷《道行般若經》第五卷。

（三十四）《古今字詁・手部》

50. 抗，張也。

顧震福、龍璋輯自《慧琳音義》卷七十七 [1]。

謹案：

[1] 據上海古籍出版社 1986 年版本，此訓條載於《正續一切經音義》卷七十七，衆經卷《釋迦譜序》第十卷。

51. 麾，今作撝 [1]，同。呼皮反 [2]。

馬國翰輯自《五分律音義》；任大椿、黄奭、許瀚所輯佚的訓釋材料爲《一切經音義》卷一、卷十五："麾，今作撝，同呼皮反。"《一切經音義》卷一："手指曰麾，謂旌旗指麾衆也，因以名焉。"龍璋所輯佚的訓釋材料爲玄應《大威德陀羅尼經八音義》，又《五分律一音義》："麾，今作撝，同。呼皮反。"《大威德陀羅尼經八音義》："手指曰麾，謂旌旗指麾衆也，因以名焉。"陳鱣所輯佚的訓釋材料爲《五分律一音義》："麾，今作撝，同。呼皮反。"《大威德陀羅尼經八音義》："手指曰麾。"[3]

謹案：

[1] 考上海古籍出版社 1986 年版本，玄應於兩處詞條下（"指麾"與"魔麾"）徵引了此訓條，衹是注音不同。分别載於《正續一切經音義》卷四十二，衆經卷《大威德陀羅尼經》第一卷;《正續一切經音義》卷五十八，衆經卷《五分律》第一卷。今僅選其中一詞條作爲分析對象。另依《古今字詁》體例，此訓條目文爲"撝"，當表述爲"撝：麾，今作撝"。

[2] 參第 4 條案語 [2]。

[3] 諸家將所輯訓條之出處均做了標注。

52. 古文㨗 [1]，今作接 [2]，同。子葉反 [3]，相接也 [4]。

馬國翰輯自《阿毗曇毗婆沙論音義》；黄奭、任大椿、許瀚輯自《一切經音義》卷二："古文疌，今作接。"[5] 又黄氏、任氏輯自《一切經音義》卷十七："古文㨗（捷），今作接，同姊葉反。"龍璋、陳鱣輯自玄應《阿毗曇毗婆沙論五十四音義》[6]。

謹案：

[1] 任氏所輯字形爲"㨗"、許氏所輯字形爲"疌"。翻檢上海古籍出版社 1986 年版本，當作"捷"。"㨗""捷"异體字。

[2] 依《古今字詁》體例，此訓條目文爲"接"，當表述爲"接：古文捷，今作接"。

[3] 參第 4 條案語 [2]。

[4] 參第 9 條案語 [3]。

[5] 遍查上海古籍出版社 1986 年版本，無此訓條，疑任氏與黄氏、許氏誤録。

[6] 據上海古籍出版社 1986 年版本，此訓條載於《正續一切經音義》卷六十七，衆經卷《阿毗曇毗婆沙論》第一卷。

53. 拚 [1]，作拼 [2]。

龍璋輯自慧琳《佛頂尊勝念誦儀軌經音義》；顧震福輯自《慧琳音義》卷四十二 [3]。

謹案：

[1] 顧震福所輯字形爲"拼"，據上海古籍出版社 1986 年版本，當爲"拼"。

[2] 據上海古籍出版社 1986 年版本，訓釋語還有"拼"字。此訓條當表述爲"拼：古作拼、拼"，目文爲"拼"。

[3] 據上海古籍出版社 1986 年版本，此訓條載於《正續一切經音義》卷四十二，衆經卷《成就妙法蓮花經王瑜伽觀智儀軌經》。

（三十五）《古今字詁·女部》

54. 古文虞，今作娱 [1]，同。牛俱反 [2]。

馬國翰輯自《摩訶般若波羅蜜經音義》；任大椿、黃奭、許瀚所輯佚材料爲《一切經音義》卷三、卷二十二、卷二十五“古文虞，今作娱”，《一切經音義》卷三“同。牛俱反”，《一切經音義》卷二十二、卷二十五“同疑區反”；龍璋所輯的訓釋材料爲玄應《瑜伽師地論十一音義》《阿毗達磨順正理論三十一音義》“古文虞，今作娱”，《摩訶般若波羅蜜經四十音義》“牛俱反”，《瑜伽師地論十一音義》《阿毗達磨順正理論三十一音義》“疑區反”，《阿毗達磨順正理論三十一音義》“古文作虞，今作娱”；陳鱣所輯佚的訓釋材料爲《阿毗達磨順正理論三十一》“娱，古虞，今作娱，同。疑區反。同前十一”[3]。

謹案：

[1]《一切經音義》於兩處詞條（“歡娱”和“娱樂”）下均徵引了此訓條，衹是對“娱”的注音不同。由於反切注音非《古今字詁》內容，故從兩詞條中選擇其一作爲分析對象。且依《古今字詁》體例，此訓條目文爲“娱”，當表述爲“娱：古文虞，今作娱”。

[2] 參第 4 條案語 [2]。

[3] 由於《一切經音義》於兩處詞條下均徵引了此訓條，所以輯佚家在注引此訓條出處時煞費了一番周折。今據上海古籍出版社 1986 年版本，“歡娱”詞條載《正續一切經音義》卷七十一，衆經卷《阿毗達磨順正理論》第三十一卷，及《正續一切經音義》卷四十八，衆經卷《瑜伽師地論》第十一卷；“娱樂”詞條載《正續一切經音義》卷九，衆經卷《摩訶般若波羅蜜經》第四十卷。

（三十六）《古今字詁·戈部》

55. 羲，古字；戲，今字 [1]。

馬國翰輯自《尚書》釋文；任大椿、龍璋、黃奭、許瀚輯自《尚書·序》釋文 [2]。

謹案：

[1] 依《古今字詁》體例，此訓條目文爲“戲”，當表述爲“戲：羲，古字；戲，今字”。

[2] 據文淵閣四庫全書本，此訓條載於《尚書注疏·尚書序》。

（三十七）《古今字詁·我部》

56. 古文誼，今作義 [1]，同。宜寄反 [2]。

馬國翰輯自《光讚般若經音義》；任大椿、許瀚輯自《一切經音義》卷三；龍璋輯自玄應《光讚般若經一音義》；陳鱣輯自《光讚般若經一》[3]。

謹案：

[1] 依《古今字詁》體例，此訓條目文爲“義”，當表述爲“義：古文誼，今作義”。

[2] 參第 4 條案語 [2]。

[3] 據上海古籍出版社 1986 年版本，此訓條載於《正續一切經音義》卷九，衆經卷《光讚般若經》第一卷。

（三十八）《古今字詁·弓部》

57. 彌，或作弥，古作镾。

馬國翰、龍璋輯自丁度《集韻·上平聲·五支》，“彌”“弥”“镾”注引張揖説 [1]。

謹案：

[1] 注引中并未見《字詁》二字，衹有“張揖説”字樣。但此訓條是符合《古今字詁》“某，古作某”編排體例的，所以我們也將其視爲《古今字詁》訓條。

（三十九）《古今字詁·糸部》

58. 古文線，今作綫 [1]，同。私賤反 [2]，所以縫紩者也 [3]。

顧震福輯自《慧琳音義》四十四。

謹案：

[1] 據上海古籍出版社 1986 年版本，此訓條爲“綫：古文作線，今作綫”，目文爲“綫”。

[2] 參第 4 條案語 [2]。

[3] 參第 9 條案語 [3]。

（四十）《古今字詁・虫部》

59. 蝿，古虺字 [1]。

任大椿、黄奭、許瀚、龍璋輯自《顔氏家訓・勉學》篇。

謹案：

[1] 依《古今字詁》體例，此訓條目文爲“虺”，當表述爲“虺：蝿，古虺字”。

60. 鼃，今蛙 [1]，蝈也 [2]。

顧震福輯自《玉燭寶典》卷六。

謹案：

[1] 依《古今字詁》體例，此訓條目文爲“蛙”，當表述爲“蛙：鼃，今蛙”。

[2] 據中華書局 1985 年版本，“蝈也”爲杜臺卿注語，《古今字詁》於此訓條處無訓解。

（四十一）《古今字詁・土部》

61. 坌，土污盆也。

龍璋輯自《慧琳音義》卷七十七 [1]。

謹案：

[1] 據上海古籍出版社 1986 年版本，此訓條載於《正續一切經音義》卷七十七，衆經卷《釋迦譜序》第七卷。

（四十二）《古今字詁・田部》

62. 略，古作畧。

任大椿、黄奭、許瀚、龍璋輯自《匡謬正俗》卷六。

《匡謬正俗》卷六云："問曰：'俗於礪山出刀子，刃謂之"略刃"，有舊義否？'答曰：'案《爾雅》云："剡、略，利也。"張揖《古今字詁》云："古作䂮。"'"

（四十三）《古今字詁·力部》

63. 廑，今勤字也[1]。

馬國翰、任大椿、許瀚、黄奭、龍璋、陳鱣輯自《文選》卷九，揚子云《長楊賦》注。

謹案：

[1] 依《古今字詁》體例，該訓條目文爲"勤"，當表述爲"勤：廑，今勤字也"。

（四十四）《古今字詁·金部》

64. 鍉，即題[1]，音徒啓反[2]。

《後漢書·隗囂傳》李賢注云："蕭該音引《字詁》，又引《方言》：'宋楚之間謂盎爲題。'"[3]

念孫案[4]："鍉，當作鍉。題，當作瓺。《方言》：'甂，陳、魏、宋、楚之間謂之瓺。'郭璞音杜啓反。《玉篇》：'鍉，徒啓切，亦作瓺。'"

任大椿、龍璋、黄奭、許瀚輯自《後漢書·隗囂傳》李賢注[5]。

謹案：

[1] 王念孫認爲"鍉"乃"鍉"之錯訛，"題"乃"瓺"之錯訛；許瀚《古今字詁疏證》："至鍉之从金，無以定其必爲从缶之誤。蓋古之瓦器後以金爲之，則字亦得从金，如䰝从鬲而亦从瓦作甑，鬴从鬲而亦从金作釜，其可推矣。"《後漢書·隗囂傳》："牽馬操刀，奉盤錯鍉，遂割牲而盟。"李賢注云："蕭該音引《字詁》：'鍉，即題。'音徒啓反。《方言》曰：'宋楚之間謂盎爲題。'據下文云'鍉不濡血'，明非盆盎之類。前書《匈奴傳》云：'漢遣韓昌等與單于及大臣俱登諸水東山，刑白馬，單于以徑路刀、金留犁撓酒。'應劭云：'留犁，飯匕也。

撓，攪也。以匕攪血而歃之。’今亦奉盤措匙而歃也，以此而言，（鍉）〔匙〕即匙字。錯，置也。”綜合許瀚與李善的觀點，此訓條當表述爲“鍉：即匙”。

[2] 考李賢注釋體例，大都先釋義，後注音。“音徒啓反”乃輯者誤收李賢之注語。

[3] 任大椿除輯佚《古今字詁》訓條外，還抄録了李賢部分注文。

[4] 任大椿輯《古今字詁》一卷，由王念孫校正，以“念孫案”爲標志。黄奭、龍璋、許瀚所輯此類訓條完全襲自任氏。

[5] 據文淵閣四庫全書本，此訓條載於《後漢書》卷十三，《隗囂公孫述列傳・隗囂傳》李賢注。

65. 鍼：又針、箴二形，今作鍼 [1]，同支淫反 [2]。

馬國翰輯自《鞞婆沙阿毗曇論音義》；任大椿、黄奭、許瀚輯自《一切經音義》卷十八；龍璋輯自《鞞婆沙阿毗曇論三音義》；陳鱣輯自《成實論三》[3]。

謹案：

[1] 陳氏所輯訓條與馬氏同，其他四家所輯則爲“古文針、箴二形，今作鍼”，翻檢上海古籍出版社 1986 年版本，此訓條當爲“針：鍼，从金咸聲，今作針”。

[2] 參第 4 條案語 [2]。

[3] 據上海古籍出版社 1986 年版本，此訓條載於《正續一切經音義》卷十八，衆經卷《鞞婆沙阿毗曇論》第三卷。

（四十五）《古今字詁・矛部》

66. 矜，矛穜也。[1]

馬國翰、任大椿、龍璋、黄奭輯自《史記・匈奴列傳》索隱 [2]。

謹案：

[1] 據文淵閣四庫全書本，此訓條當爲“穜：通作矜”，諸家所輯均誤。目文爲“穜”。

[2] 據文淵閣四庫全書本，此訓條載於《史記》卷一百十七，《司馬相如列傳》索隱。

67. 古文錄、穳二形，今作欙 [1][2]，同。麁亂反。穳，小矛也 [3]。

馬國翰輯自《正法念經音義》；黃奭、任大椿、許瀚所輯佚的訓釋材料爲《一切經音義》卷十一、卷十七；龍璋輯自玄應《正法念經一音義》《阿毗曇毗婆沙論四十三音義》；陳鱣輯自《正法念經一音義》。

謹案：

[1] 陳氏與馬氏所輯字形同，其他諸家所輯爲“穳”。

[2]《正續一切經音義》於兩處詞條下徵引了此訓條。翻檢上海古籍出版社 1986 年版本，“穳矛，《字詁》：‘古文錗、穳二形，今作穳。’同麁亂反。穳，小穳矛也。矛，或作鉾，同莫侯反。《説文》：‘矛，長二丈也。’經文作鋑、樑二形，又作牟，并非體。”載於卷五十六，衆經卷《正法念經》第一卷；“執穳，《字詁》：‘古文鑹、穳二形，今作穲。’同千亂反。《廣雅》：‘穳，謂之鋋，小矛也。’鋋，音市延反。”載於卷六十七，衆經卷《阿毗曇毗婆沙論》卷四十三。遍查工具書均無“穲”字，且“鑹”的本義爲｛小稍｝，而非｛小矛｝，疑上海古籍出版社 1986 年版本所據底本不確。另據清段玉裁《説文解字注・金部》“鏦”下云，玄應曰：“《字詁》云：‘古文錄、穳二形，今作穳。’同。粗亂切。”知此訓條目文應爲“穳”，當表述爲“穳：古文錄、穳二形，今作穳”。

[3] 參第 4 條案語 [2]。

四　諸家誤輯《古今字詁》訓條輯校

68. 被，音彼，又音皮義反 [1]。

馬國翰、顧震福輯自《漢書・揚雄傳》，師古注。

謹案：

[1] 翻檢文淵閣四庫全書本，此訓條乃馬氏誤收顏師古之注語。

《漢書》卷八十七《揚雄傳》:“衿芰茄之緑衣兮，被夫容之朱裳。”句下師古注云:“衿，音其禁反。茄，亦荷字也。見張揖《古今字譜》(譜爲詁之誤)。被，音披，又音皮義反。”很明顯，馬氏誤將師古之注語當作張揖之釋語，并將“披”誤録成了“彼”。

69. 樂，力各反 [1]。

馬國翰輯自《摩訶般若波羅蜜經音義》。

謹案:

[1] 翻檢上海古籍出版社 1986 年版本，此訓條乃馬氏誤收玄應之語。玄應《摩訶般若波羅蜜經》第四十卷:“娱樂，《字詁》:‘古文虞，今作娱。’同。牛俱反，下力各反。《字林》:‘娱，亦樂也。’《白虎通》曰:‘虞樂，言天下之民皆有樂也。’《釋名》云:‘虞樂，言神還樂也。’”很明顯，此訓條乃玄應語，非《古今字詁》内容。

70. 僙 [1]，平力反。

任大椿、黄奭、龍璋輯自《北户録》注 [2]。

謹案:

[1] 黄奭所輯字形爲“僙”，龍璋所輯字形爲“憊”，翻檢中華書局 1985 年版本，當爲“熫”。“僙”“熫”异體字。

[2] 今考中華書局 1985 年版本，此訓條乃馬氏誤收崔龜圖語。《北户録》卷二“食目”下有注云:“古文熫字，作僙字，訓詁音平力反。”文淵閣四庫全書本作“熫字，詁訓一力反，古文僙字作熫”，疑任氏將四庫全書本中被訓釋項的“字”與訓釋語的“詁”錯看成一個詞項“字詁”，遂認爲“僙，平力反”爲張揖《字詁》訓條。

71. 矛，或作鉾，同。莫侯反 [1]。

馬國翰輯自《正法念經音義》；龍璋輯自玄應《阿毗曇毗婆沙論音義》。

謹案:

[1] 翻檢上海古籍出版社 1986 年版本，《正法念經》第一卷:“穳

矛，《字詁》：‘古文銗、矟二形，今作矡。’同。粗亂反。矟，小矟矛也。矛，或作鉾，同莫侯反。”顯然“矛，或作鉾，同莫侯反”乃玄應語，馬氏誤將其視爲《字詁》訓條。

72. 𥂁，今作䰞 [1]。

馬國翰輯自《大智度論音義》。

謹案：

[1] 遍查上海古籍出版社 1986 年版本，未見此訓條。

73. 闖，今作闚，同。於彼反 [1]。

任大椿、黄奭輯自《一切經音義》卷七；龍璋輯自《大哀經一音義》。

謹案：

[1] 翻檢上海古籍出版社 1986 年版本，此訓條乃玄應語，非《古今字詁》内容。玄應《正法華經》第四卷：“開、闖，又作闚，同於彼反。《字林》：‘闖，開也，闢也。’《經》文作‘閟’，誤也。”

74. 厲，力制反 [1]。

馬國翰輯自《立世阿毗曇論音義》。

謹案：

[1] 玄應《立世阿毗曇論》第二卷：“磨礪，《字詁》：‘今作厲。’同力制反。”很明顯，此訓條乃馬氏誤收玄應之語，非《古今字詁》内容。

75. 古文眎、眡二形，今作視，同。時旨（旨）、時至二反 [1]。

任大椿輯自《一切經音義》卷二。

謹案：

[1] 翻檢上海古籍出版社 1986 年版本，《梵網經盧舍那佛説菩薩心地戒品經二卷》：“眡其，上時指反，《説文》‘視’字：‘視，瞻也。从見、示。’亦作‘眎’，義與‘視’同。”可見，任氏誤將《説文》内容與慧琳之語糅合到一起當成《字詁》訓條。

76. 交逮，今作捷，謂捷才之子也 [1]。

馬國翰輯自《大般涅槃經音義》；龍璋、陳鱣輯自玄應《大般涅槃經十一音義》。

謹案：

[1] 遍查上海古籍出版社 1986 年版本，未見此訓條。

77. 諒，今作亮，同。力尚反 [1]。

馬國翰、龍璋輯自《俱舍論音義》；任大椿、黃奭、許瀚輯自《一切經音義》卷十七。

謹案：

[1] 遍查上海古籍出版社 1986 年版本，未見此訓條。

78. [illegible]，[illegible]，殳目切。

馬國翰輯自《汗簡》卷上之一，郭忠恕引張揖《集古文》。

79. [illegible]，此。

馬國翰輯自《汗簡》卷上之一，郭忠恕引張揖《集古文》。

80. [illegible]，卑。

馬國翰輯自《汗簡》卷上之一，郭忠恕引張揖《集古文》。

81. [illegible]，睶。

馬國翰輯自《汗簡》卷上之一 [1]。

謹案：

[1] 據文淵閣四庫全書本，此條載於《汗簡》卷上之二，郭忠恕引張揖《集古文》。

82. [illegible]，虜。

馬國翰輯自《汗簡》卷中之一，郭忠恕引張揖《集古文》。

83. [illegible]，嶷，魚力切。

馬國翰輯自《汗簡》卷中之一 [1]。

謹案：

[1] 據文淵閣四庫全書本，此條載於《汗簡》卷中之二，郭忠恕引

張揖《集古文》。

84. [illegible]，[illegible]。乙夬切。

馬國翰輯自《汗簡》卷中之二，郭忠恕引張揖《集古文》。

85. [illegible]，沱，乂何反。

馬國翰輯自《汗簡》卷下之一 [1]。

謹案：

[1] 據文淵閣四庫全書本，此條載於《汗簡》卷下之二，郭忠恕引張揖《集古文》。

86. [illegible]，汧。

馬國翰輯自《汗簡》卷下之一 [1]。

謹案：

[1] 據文淵閣四庫全書本，此條載於《汗簡》卷下之二，郭忠恕引張揖《集古文》。

87. [illegible]，聾。

馬國翰輯自《汗簡》卷下之一，郭忠恕引張揖《集古文》。

88. [illegible]，戎。

馬國翰輯自《汗簡》卷中之一 [1]。

謹案：

[1] 據文淵閣四庫全書本，此條載於《汗簡》卷下之二，郭忠恕引張揖《集古文》。

第二章 《古今字詁》輯佚材料訓釋分析

訓詁學家對文獻進行注釋的用意需要通過對訓釋材料的訓釋目的進行分析而得出。從現有的《古今字詁》輯佚材料看，其訓釋目的主要有兩種：訓釋詞義與溝通字用關係。而無論是“訓釋詞義”還是溝通“字用關係”，基本都是針對具體文獻用例而言的，這對我們推斷《古今字詁》的文獻性質具有非常重要的意義。

第一節 訓釋詞義

所謂訓釋詞義，即訓釋語是對被訓釋項的意義進行解釋，把被訓釋項當作“詞”來對待，解釋的是“詞”的某一個義項。

李運富提出：關於詞義的訓釋如果從其相應的訓釋方式來歸納的話，大致有如下幾種：①

1. 詞訓：用意義相當、相關或所指類同的單詞（包括複音詞）作訓。包括：

（1）用同義詞訓釋。目的在於確定被釋詞的對應義項。

① 李運富：《訓詁材料的分析與漢語學術史的研究——〈《周禮》複音詞鄭元注研究〉序》，《長春師範學院學報》2007年第3期。

（2）用同源詞訓釋。目的在於揭示被釋詞的音義來源或意義特徵（特徵義素）。

（3）用類屬詞訓釋。目的在於點明被釋詞所屬的範圍。

2. 句訓：用短語、句子或語段説明詞項的意義或内容。包括：

（1）定義式：界定詞義的類屬和特點（義差 + 義類）。

（2）比較式：用類似的或相反的詞項或事物加以比較。

（3）描述式：描寫事物形制、述説事物緣由或相關屬性等。

（4）組嵌式：用被釋詞組成詞組或句子，通過詞項的組合提供語境來顯示被釋詞的具體意義。

（5）列舉式：把屬於詞義範疇的事物一一列舉出來，或者舉幾個例子。

（6）分合式：這是注釋複音詞專用的一種方式，“分”指分别解釋複音詞的構詞項素，“合”指整體解釋複音詞。

3. 綜合訓釋：兩種以上的方式同時運用。

以上關於訓釋詞義的表述方式，因訓釋内容和訓釋目的的不同而不同，理論上難以窮盡。下面，我們就對《古今字詁》輯佚材料中訓釋語與被訓釋項之間爲詞義訓釋關係的這部分材料進行分析。

一　詞訓

（一）用同義詞訓釋

1. 訂，平也。

《詩經・周頌・天作》：“彼徂矣，岐有夷之行。”

傳：“夷，易也。”

箋：“彼，彼萬民也。徂，往。行，道也。彼萬民居岐邦者，皆築作宫室，以爲常居，文王則能安之。後之往者，又以岐邦之君有佼易之道故也。《易》曰：‘乾以易知，坤以簡能。易則易知，簡則易從。易知則有親，易從則有功。有親則可久，有功則可大。可久則賢人之德，可大則賢人之業。’以此訂大王、文王之道，卓爾與天地合其德。”

音義：“訂，待頂反，沈又直丁反。《説文》云：‘評（平）議也。’《譜》云：‘參訂時驗，謂平比之也。’《字詁》云：‘訂，平也。’”

謹案[①]：“訂”的本義爲{評議、評定}。《説文·言部》：“訂，平議也。”《論衡·案書》：“兩刃相割，利鈍乃知；二論相訂，是非乃見。”“平”亦有{評議、評定}義。《廣雅·釋詁三》：“評，平也。”又《廣雅·釋詁四》：“評，議也。”《世説新語·品藻》：“論者評之，以爲喬雖高韻，而檢不匝。”

可見，張揖是在用同義詞相訓的方式進行訓釋。陸德明《經典釋文》徵引此訓條的目的在於確定“訂”在文中的對應義項。

2. 幟，標也。

《史記·高祖本紀》：“祠黃帝，祭蚩尤於沛庭，而釁鼓旗，幟皆赤。”

索隱：“墨翟云：‘幟，帛長丈五，廣半幅。’《字詁》云：‘幟，標也。’《字林》云：‘熊旗五斿，謂與士卒爲期於其下，故曰旗也。’幟，或作識，或作志。嵇康音試，蕭該音熾。”

謹案：“幟”的本義爲{旗幟}。《説文新附·巾部》：“幟，旌旗之屬。”《史記·淮陰侯列傳》：“拔趙幟，立漢赤幟。”“標”亦有{旗幟}義。《徐霞客游記·滇游日記六》：“雲幙霞標，屏擁天際。”

可見，張揖是在用同義詞相訓的方式進行訓釋。司馬貞《史記》索隱徵引此訓條的目的在於確定“幟”在文中的對應義項。

3. 忠，直也。

《孝經·事君章》：“子曰：‘君子之事上也，進思盡忠，退思補過，

---

① 本書中“謹案”爲筆者分析文案，“今案”等爲引書文字。特此説明。

將順其美，匡救其惡，故上下能相親也。'"

疏："正義曰：'此依韋注也。《説文》云："忠，敬也。"盡心曰忠。《字詁》曰："忠，直也。"《論語》曰："臣事君以忠。"則忠者，善事君之名也。節，操也。言事君者敬其職事，直其操行，盡其忠誠也。'"

謹案："忠"的本義爲{盡心竭力，忠誠無私}。《説文·心部》："忠，敬也。"《左傳·僖公九年》："公家之利，知無不爲，忠也。"引申有{正直}之義。《玉篇·心部》："忠，直也。"

可見，張揖是在用同義詞相訓的方式進行訓釋。邢昺在《孝經注疏》中引用此訓條的目的在於確定"忠"在文中的對應義項。

4. 黜，貶也。

《大乘大集地藏十輪經》[①]第四卷："擯黜，下椿律反，《廣雅》：'黜，去也。'《古今字詁》：'貶也。'杜注《左傳》云：'故也。'范寧《集解》云：'黜，退也。'《説文》：'貶下也。从黑，出聲。'或作絀，椿音敕倫反。"

謹案："黜"的本義爲{貶降，罷退}。《説文·黑部》云："黜，貶下也。从黑，出聲。"《書·舜典》："三載考績，三考，黜陟幽明。""貶"亦有{降職}之義。《詩·大雅·召旻》："孔填不寧，我位孔貶。"毛傳："貶，隊也。"

可見，張揖是在用同義詞相訓的方式進行訓釋。慧琳《大乘大集地藏十輪經》徵引此訓條的目的在於確定"黜"在文中的對應義項。

5. 抗，張也。

《釋迦譜序》第十卷："排抗，下康浪反，《韻詮》云：'以手拒也。'杜注《左傳》云：'抗，禦也。'賈注《國語》云：'抗，救也。'《字詁》：'張也。'《廣雅》：'遮也，强也，商也。'《方言》：'懸也。'《周易》：'知進而不知退也。'《説文》：'拒扞也，从手亢聲也。'《譜》中

① 如無特別説明，本書所引佛經皆出自《正續一切經音義》，上海古籍出版社，1986。

从黨作‘攩’，非也。”

謹案：“抗”的本義爲{抵禦；抗拒}。《説文·手部》：“抗，扞也。从手，亢聲。杭，抗或从木。”引申有{張、舉}之義。《廣雅·釋詁一》：“抗，舉也。”又：“抗，張也。”《詩·小雅·賓之初筵》：“大侯既抗，弓矢斯張。”

可見，張揖是在用同義詞相訓的方式進行訓釋。慧琳在《釋迦譜序》中徵引此訓條的目的在於確定“抗”在文中的對應義項。

（二）用類屬詞訓釋

6. 臿，刃也。

《後漢書·戴就傳》：“又燒鋘斧，使就挾於肘腋。”

注：“鋘从吳。《毛詩》云：‘不吳不敖。’何承天《纂文》曰：‘臿，今之鋘也。’張揖《字詁》云：‘臿，刃也。’鋘，音華。”

謹案：“臿”與“鏵”均有{鍬，掘土的農具}之義。《方言》：“臿，燕之東北，朝鮮洌水之間謂之斛，宋魏之間謂之鏵，或謂之鍏，江淮、南楚之間謂之臿，沅、湘之間謂之畚，趙、魏之間謂之喿，東齊謂之梩。”“鏵”又同“鋘”。慧琳《一切經音義》卷七十三：“犁鏵，鏵，《古文奇字》作鋘。”又何承天《纂文》曰：“臿，今之鋘也。”張揖《字詁》云：“臿，刃也。”

可見，此訓條乃文意訓釋，而非詞義訓釋，且張揖是在用類屬詞相訓的方式進行訓釋。《後漢書》李賢注徵引此訓條的目的在於揭示“鋘”在文中對應義項的實際内涵。

二　句訓

（一）定義式

1. 訥，遲於言也。

《穀梁傳·序》：“廢興由於好惡，盛衰繼之辯訥。”

音義："訥，《字書》云：'訥，或作吶，乃骨反。'《字詁》云：'訥，遲於言也。' 包咸《論語》注云：'遲，鈍也。'"

謹案："訥"的本義爲{言語遲鈍}。《説文·言部》："訥，言難也。从言，从内。"《論語·里仁》："君子欲訥於言而敏於行。"

可見，張揖是在用定義的方式進行訓釋。陸德明《經典釋文》徵引此訓條的目的在於揭示"訥"在文中對應義項的實際内涵。

（二）描述式

2. 歊，氣上出貌。

《文選·張茂先〈勵志詩〉》："水積成川，載瀾載清，土積成山，歊蒸鬱冥。"

注："張揖《字詁》曰：'歊，氣上出貌。'"

謹案："歊"的本義爲{氣上升}。《説文·欠部》："歊，歊歊，氣出貌。"《文選·班固〈東都賦〉》："嶽脩貢兮川效珍，吐金景兮歊浮雲。"李善注："《説文》曰：'歊，氣上出貌。'"

可見，張揖是在用描述的方式進行訓釋。《文選》李善注徵引此訓條的目的在於揭示"歊"在文中對應義項的實際内涵。

3. 闒：闒茸，獰劣也。

《文選·報任安書》："今已虧形爲掃除之隸，在闒茸之中。"

注："闒茸，猥賤也。茸，細毛也。張揖《字詁》以爲獰劣也。吕忱《字林》曰：'闒茸，不肖也。'"

謹案："闒"的本義爲{樓上小户}。《説文·門部》："闒，樓上户也。"引申有{卑下}之義。《玉篇·門部》："闒，下意也。""茸"的本義爲{草初生纖細柔軟的樣子}。《説文·艸部》："茸，艸茸茸貌。"章炳麟《新方言·釋言》："闒爲小户，茸爲小草，故并舉以狀微賤也。"漢賈誼《吊屈原文》："闒茸尊顯兮，讒諛得志。"

可見，張揖是在用描述的方式進行訓釋。《文選》李善注徵引此訓條的目的在於揭示"闒"在文中對應義項的實際内涵。

4. 愁，笑貌也。

《後漢書·張衡傳》："戴勝愁其既歡兮，又誚余之行遲。"

注：《山海經》曰："昆侖之丘，有人戴勝，虎齒，有尾，穴處，名曰西王母。" 愁，相傳音宜覲反。杜預注《左傳》："愁，發語之音也。" 臣賢案：張揖《字詁》："愁，笑貌也。" 听之別體，音許近反，與此義合也。

謹案："愁"《集韻·焮韻》："愁，笑貌。"

可見，張揖是在用描述的方式進行訓釋。《後漢書》李賢注徵引此訓條的目的在於確定"愁"在文中的對應義項。

5. 坌，土污盆也。

《釋迦譜序》第七卷："坌者。上盆悶反，《字詁》云：'土污盆也。'"

謹案："坌"有｛粉末狀的物質揚起或着於他物｝之義。《四十二章經》（八）："逆風揚塵，塵不至彼，還坌己身。"

可見，張揖是在用描述的方式進行訓釋。慧琳《釋迦譜序》引用此訓條的目的在於揭示"坌"在文中對應義項的實際内涵。

第二節　溝通字用關係

所謂"溝通字用關係"，即訓釋語沒有對被訓釋項的意義進行直接解釋，而是把被訓釋項看作一個"字"，指出它在文獻中的用法相當於另一個"字"，可以按另一個字所代表的詞的某個義項去理解。至於這個義項是什麽，可以接着解釋，也可以不再解釋。

這種訓釋實際上是爲溝通文獻用字關係服務的。雖然最終目的仍然是解决詞義問題，但其出發點是確定字用職能和字際關係。所謂漢字的職能，是指漢字作爲字符記録漢語的功能。就造字階段來説，單字與詞的對應關係應該是有理據的，用什麽字記録什麽詞是固定的，這種固定的理據對應關係反映了漢字的本來用法。但由於種種原因，漢字在實際使用的時候，字形與語詞的初始對應關係往往被打破，漢字的記録職能也因此而變得複雜起來，於是又出現兼用和借用的現象。“本用”“兼用”“借用”是漢字記録職能的三種基本情況[①]。

字際關係可以分爲儲存狀態和文獻使用狀態兩種情況來考察[②]。《古今字詁》中的訓條都是針對單一用法（一個義項）而言，實際上相當於文獻使用狀態，所以一個訓條中涉及的字際關係也都是相當於記録同一個詞項。就是説，這種訓釋溝通的文獻中的字際關係，是記録同詞（項）而用字不同的關係。但就所用字的本職功能而言，有的屬於同詞，有的屬於异詞。下面就對輯佚材料中訓釋語與被訓釋項之間涉及字際關係的材料進行分析。

一　被釋字和訓釋字爲“本字—本字”關係

被釋字和訓釋字分别記録同一個義項，而對這個義項來説，被釋字和訓釋字都是它的本字，就被釋字和訓釋字來説，它們所記録的這個詞項都屬於各字職能的本用，具體包括下面四種情況。

（一）被釋字和訓釋字爲异體字關係

异體字是本用職能記録同一語詞而形體不同的字，一般認爲异體字是共時的，但部分异體字也存在時代上的差异。記録同一語詞而形體不同的被釋字與訓釋字之間是异體字關係，文獻中雖然選用不同形體，但這些形體對於同一詞項而言都是本字。异體字又包括异構本字（結構不同而皆屬同詞本字）、异寫本字（同一字的形體變

---

① 李運富:《論漢字職能的變化》,《古漢語研究》2001 年第 4 期；李運富:《論漢字的記録職能》（上）,《徐州師範大學學報》（哲學社會科學版）2003 年第 1 期。

② 李運富:《論漢字的字際關係》，載《語言》第 3 輯，首都師範大學出版社，2002。

异）兩種情况。

1. 异構本字

（1）惵：怗，今作惵。

《出曜經》第八卷："怗然，《字詁》：'今作惵。'同他頰反。《廣雅》：'怗，静也。'謂安静也，亦怗服也。"

謹案："怗"的本義爲{安静}。《玉篇·心部》："怗，静也。"《太平廣記》卷四百五十六引《廣异記》："又灌百斛，乃怗然無聲。""惵"本義亦爲{安静}。《集韻·帖韻》："怗、惵，静也，或从枼。"

可見，在記録"安静"這一詞項時，"怗"與"惵"字音義皆同，且均爲本用職能，兩者之間爲异體字關係。文中"怗"與"惵"在本義上相同。玄應《出曜經》徵引此訓條的目的在於進行"安静"這一詞項的不同用字溝通。

（2）帋：紙，今帋。

《北户録》："香皮紙，羅州多棧香樹，身如欅柳，其華繁白，其葉似橘，皮堪擣爲紙，土人號爲香皮紙，作灰白色文，如魚子箋，今羅、辨州皆用之。"

《北户録》注："王隱《晋書》曰：'魏太和六年，河間張揖上《古今字詁》，其《巾部》云："紙，今帋也。"古以素帛，依書長短，隨事截之，其數重沓，即名幡紙。字從糸，此形聲也。貧者無之，故路温舒截蒲寫書也。和帝元興元年，中常侍蔡倫剉擣故布網，造作帋。字從巾義，是其聲雖同，糸、巾則殊，不得言古帋爲今帋。又山謙之《丹陽記》曰："平準署有紙官造帋，古以縑素爲書記，又以竹爲簡牘，其貧諸生，或用蒲爲牒也，瑶山玉彩亦具。"'"

謹案："紙"的本義爲{紙張}。《説文·糸部》："紙，絮一笘也。从糸，氏聲。"《後漢書·賈逵傳》："（帝）令逵自選《公羊》嚴、顔諸生高才者二十人，教以《左氏》，與簡紙經傳各一通。""帋"的本義亦爲{紙張}。《廣韻·紙韻》："帋，同紙。"唐白居易《北窗三友》："興酣不疊帋，走筆操狂詞。”

可見，在記録“紙張”這一詞項時，“紙”與“帋”字音義皆同，且均爲本用職能，兩者之間爲异構本字關係。文中“紙”與“帋”在本義上相同。《北户録》崔龜圖注徵引此訓條的目的在於進行“紙張”這一詞項的不同用字溝通。

（3）虺：螝，古虺字。

《顔氏家訓・勉學》篇：“吾初讀《莊子》‘螝二首’。《韓非子》曰：‘蟲有螝者，一身兩口，争食相齕，逐相殺也。’茫然不識此字何音，逢人輒問，了無解者。案《爾雅》諸書，蠶蛹名螝，又非二首兩口貪害之物。後見《古今字詁》，此亦古之虺字。積年凝滯，豁然霧解。”

謹案：“螝”的本義爲{蛹}。《説文・虫部》：“螝，蛹也。从虫，鬼聲。讀若潰。”又同“虺”，有{蝮蛇}之義。《一切經音義》卷第四十六：“虺，古文蟲、螝二形，同。呼鬼反，毒蟲也。《山海經》‘即翼之山多蝮虺’郭璞曰：‘色如綬文，鼻上有針，大者百餘斤，一名反鼻也。’《莊子》云：‘虺二首。’《韓非子》曰：‘蟲有螝者，一身兩口，争食相齕，逐相殺也。’”

可見，在記録“蝮蛇”這一詞項時，“螝”與“虺”字音義皆同，且均爲本用職能，兩者之間爲异構本字關係。文中“螝”與“虺”在本義上相同。顔之推《顔氏家訓》徵引此訓條的目的在於進行“蝮蛇”這一詞項的不同用字溝通。

（4）跱：古文峙，今作跱。

《大方廣佛華嚴經》第二卷：“安跱，《字詁》：‘古文峙，今作跱。’同。直耳反。《廣雅》：‘跱，止也。’謂亭亭然獨止立也。”

謹案：“峙”的本義爲{停止}。《説文・止部》：“峙，躇也。”段玉裁注：“峙躇爲雙聲字，此以躇釋峙者，雙聲互訓也。”朱駿聲《説文通訓定聲》：“峙躇，雙聲連語也，不前也。亦作踟蹰。”“跱”的本義亦爲{停止}。《廣雅・釋詁三》：“跱，止也。”《廣韻・止韻》：“跱，同峙。"

可見，在記録"停止"這一詞項時，"峙"與"跱"字音義皆同，且均爲本用職能，兩者之間爲异構本字關係。文中"峙"與"跱"在本義上相同。玄應《大方廣佛華嚴經》徵引此訓條的目的在於進行"停止"這一詞項的不同用字溝通。

（5）救：古文詠、捄二形，今作救。

《大智度論》第八十卷："是捄，《字詁》：'古文詠、捄二形，今作救。'同居又反。救，助也。"

謹案："救"的本義爲{禁止、阻止}。《説文·攴部》："救，止也。"引申有{救護、援助}義。《廣雅·釋詁二》："救，助也。"《詩·邶風·谷風》："凡民有喪，匍匐救之。""詠"卷子本《玉篇·言部》："《字書》或救字。"《正字通·言部》："詠，俗救字。《奇字》救作詠。""捄"，《集韻·宥韻》："詠，《説文》：'止也。'或从手。"方成珪考正："《説文》無詠字，當以救爲正。"

可見，在記録"援助"這一詞項時，"詠"與"捄""救"字音義皆同，且均爲本用職能，三者之間爲异構本字關係。文中"詠"與"捄""救"在引申義上相同。慧琳《大智度論》徵引此訓條的目的在於進行"救護"這一詞項的不同用字溝通。

（6）剞：刉，亦作剞。

《顔氏家訓·書證》篇："有人訪吾曰：'《魏志》蔣濟上書云："弊攰之民"，何字也？'余應之曰：'意爲"攰"即是"皺倦"之"皺"耳。張揖、吕忱并云："支傍作刀劍之刀，亦是剞字。"不知蔣氏自造支傍作筋力之力，或借剞字，終當音九僞反。'"

謹案："剞"的本義爲{古代刻鏤工具}。《廣雅·釋器》："剞劂，刀也。"王念孫《疏證》："剞之言阿曲，劂之言屈折也。《説文》：'剞剧，曲刀也。'剧與劂同。""刉"的本義亦爲{古代刻鏤工具}。《集韻·紙韻》："剞，《説文》：'剞剧，曲刀也。'或作刉。"

可見，在記録“古代刻鏤工具”這一詞項時，“剞”與“刻”字音義皆同，且均爲本用職能，兩者之間爲异構本字關係。顔之推《顔氏家訓》徵引此訓條的目的在於正字：蔣濟上書云：“弊劬之民。”顔之推認爲“劬”當作“皺”。《集韻·寘韻》：“皺，疲極也。”“劬”乃蔣氏自造之字，與張揖所云“支傍作刀劍之刀”的“刻”形體相似，極易相混，所以時人便以“刻”“剞”作“劬”，且强改其音爲九僞反。

（7.1）尰：瘇，今作尰。

《觀佛三昧海經》第五卷：“瘻瘇，《字詁》：‘今作尰。’同。時勇反。《通俗文》：‘腫足曰瘇。’瘇，脚病也。經文从足作踵，非也。”

謹案：“瘇”的本義爲{脚腫}。《廣韻·腫韻》：“瘇，《説文》：‘脛气足腫。’或作瘇。”《説文》：“瘇，脛气足腫。从疒，童聲。《詩》曰：‘既微且瘇。’尰，籒文从尣。”楷體皆書“尣”爲“九”，籒文“尰”即後來之“尰”。

可見，在記録“脚腫”這一詞項時，“瘇”與“尰”字音義皆同，且均爲本用職能，兩者之間爲异構本字關係。文中“瘇”與“尰”在本義上相同。玄應《觀佛三昧海經》徵引此訓條的目的在於進行“脚腫”這一詞項的不同用字溝通。

（7.2）尰：瘇，今作尰。

《正法念經》第八卷：“脚瘇，《字詁》：‘今作尰。’同。時腫反。《通俗文》：‘腫足曰瘇。’瘇，脚病也。經文作㡆，非字體也。”

謹案：“瘇”的本義爲{脚腫}。《説文·疒部》：“瘇，脛气足腫。从疒，童聲。《詩》曰：‘既微且瘇。’尰，籒文从尣。”楷體皆書“尣”爲“九”，籒文“尰”即後來之“尰”。

可見，在記録“脚腫”這一詞項時，“瘇”與“尰”字音義皆同，且均爲本用職能，兩者之間爲异構本字關係。文中“瘇”與“尰”在本義上相同。玄應《正法念經》徵引此訓條的目的在於進行“脚腫”這一詞項的不同用字溝通。

（8）俯、俛：頫、府，今俯、俛也。

《匡謬正俗》卷六：“趺，或問曰：‘今山東俗謂“伏地”爲“趺”，何也？’答曰：‘趺者，俯也。’按：張揖《古今字詁》云：‘頫、府，今俯、俛也。’許氏《説文解字》曰：‘俯，低頭也。太史卜書“俯仰”字如此。’斯則呼‘俯’音訛，故爲‘趺’耳。”

謹案：“頫”的本義爲{低頭}。《説文》：“頫，低頭也。从頁，逃省。太史卜書‘頫仰’字如此。揚雄曰：‘人面頫。’俛，頫或从人、免。”是知“俛”乃“頫”之或體，其本義也爲{低頭}。“俯”的本義亦爲{低頭}。《玉篇・人部》：“俯，謂下首也。”《字彙・人部》：“俯，俛也，又曲也。”《易・繫辭上》：“仰以觀於天文，俯以察於地理。”

可見，在記録“低頭”這一詞項時，“頫”與“俛”“俯”字音義皆同，且均爲本用職能，三者之間爲异構本字關係。文中“頫”與“俛”“俯”在本義上相同。顏師古《匡謬正俗》徵引此訓條的目的在於進行“低頭”這一詞項的不同用字溝通。

（9.1）燅：古文錴、䥞二形，今作燅。

《大集日藏分經》第十卷：“燂身，《聲類》作燂、燖二形。《字詁》：‘古文錴、䥞二形，今作燅。’同詳廉反。《通俗文》：‘以湯去毛曰燅。’”

謹案：“燅”“錴”的本義均爲{古代祭祀用肉，沉於湯中使半熟}。《説文・炎部》：“燅，於湯中爚肉。从炎，从熱省。錴，或从炙。”“燖”的本義亦爲{古代祭祀用肉，沉於湯中使半熟；也泛指煮肉}。《儀禮・有司徹》：“乃燅尸俎。”漢鄭玄注：“古文燅皆作尋，《記》或作燖。”故可知“燅”“錴”“燖”它們之間爲异構本字的關係。

可見，在記録“加熱”這一詞項時，“錴”“䥞”與“燅”“燖”“燂”字音義皆同，且均爲本用職能，它們之間爲异構本字關係。玄應《大集日藏分經》徵引此訓條的目的在於進行“烤熟”這一詞項的不同用字溝通。

（9.2）燅：古文㷜，今作燅。

《觀佛三昧海經》第五卷："生燅，《聲類》作燂、㶿二形。《字詁》：'古文㷜，今作燅。'同。詳廉反。《説文》：'熱湯爚肉也。'"

謹案："燅"的本義爲｛古代祭祀用肉，沉於湯中使半熟｝。《説文・炎部》："燅，於湯中爚肉。从炎，从熱省。㷜，或从炙。"《儀禮・有司徹》："乃燅尸俎。"《字彙補》："㷜，湯爚肉也。"

可見，在記録"煮肉"這一詞項時，"燅"與"㷜"字音近義同，且均爲本用職能，兩者之間爲异構本字關係。文中"燅"與"㷜"在本義上相同。玄應《觀佛三昧海經》徵引此訓條的目的在於進行"煮肉"這一詞項的不同用字溝通。

（10）爓：古文作燄，今作爓。

《正法華經》第一卷："焰明，《字詁》：'古文作燄，今作爓。'《三蒼》作'焰'，同。餘瞻反。《説文》：'火行微燄燄'，然也。"

謹案："燄"的本義爲｛火光｝。《説文・炎部》："燄，火行微燄燄也。从炎，臽聲。"《書・洛誥》："無若火，始燄燄。""爓"亦有｛光亮｝義。《説文・火部》："爓，火爓也。"《文選・班固〈西都賦〉》："發五色之渥采，光爓朗以景彰。"

可見，在記録"火光"這一詞項時，"爓"與"燄"字音義皆同，且均爲本用職能，兩者之間爲异構本字關係。文中"爓"與"燄"在本義上相同。玄應《正法華經》徵引此訓條的目的在於進行"火光"這一詞項的不同用字溝通。

（11）濱：瀕，今濱。

《詩・大雅・召旻》："池之竭矣，不云自頻？"

傳："頻，厓也。"

箋："頻，當作濱。厓，猶外也。"

音義："頻，舊云毛如字。鄭作濱，音賓，俱云厓也。案：張揖《字詁》云：'瀕，今濱。'則瀕是古濱字。"

謹案："瀕"的本義爲{水邊}。《説文·頻部》："瀕，水厓，人所賓附，頻蹙不前而止。"《墨子·尚賢下》："是故昔者舜耕於歷山，陶於河瀕。""濱"的本義也爲{水邊}。《廣雅·釋邱》："濱，厓也。"《詩·召南·采蘋》："于以采蘋？南澗之濱。"

可見，在記録"水邊"這一詞項時，"瀕"與"濱"字音義皆同，且均爲本用職能，兩者之間爲异構本字關係。文中"瀕"與"濱"在本義上相同。《毛詩注疏》陸德明音義徵引此訓條的目的在於進行"水邊"這一詞項的不同用字溝通。

（12）針：鍼，从金咸聲，今作針。

《阿毘曇毘婆沙論》第四十三卷："如鍼，《字詁》：'从金，咸聲，今作針。'同支淫反。《廣雅》：'針，刺也。'《説文》：'鍼，所以縫衣裳者也。'"

謹案："鍼"的本義爲{縫衣物的用具}。《説文·金部》："鍼，所以縫也。从金，咸聲。"《莊子·人間世》："挫鍼治繲，足以餬口。""針"的本義亦爲{縫衣物的工具}。慧琳《一切經音義》卷六十四："鍼，俗作針。"漢繁欽《定情詩》："何以結中心？素縷連雙針。"

可見，在記録"縫衣物的工具"這一詞項時，"鍼"與"針"字音義皆同，且均爲本用職能，兩者之間爲异構本字關係。文中"鍼"與"針"在本義上相同。玄應《阿毗曇毗婆沙論》徵引此訓條的目的在於進行"縫衣物的工具"這一詞項的不同用字溝通。

（13）古文錄、穳二形，今作欑。

《阿毗曇毗婆沙論》第四十三卷："執穳，《字詁》：'古文錄、穳二形，今作欑。'同。千亂反。《廣雅》：'穳，謂之鋋，小矛也。鋋，音市延反。"

謹案："穳"的本義爲{小矛}。《廣雅·釋器》："穳謂之鋋。"王念孫《疏證》："《説文》：'鋋，小矛也。'《衆經音義》卷十一云：'穳，小矛也。'"《周書·王思政傳》："思政亦作火穳，因迅風便投之土山。”

“鏦”的本義爲{小矛}。清段玉裁《説文解字注·金部》“鏦”下云:“玄應曰:‘《字詁》云:古文鏦、穳二形,今作䂎,同。粗亂切。’《字林》云:‘穳,小矛也。’”清朱駿聲《説文通訓定聲·豐部》:“鏦,矛也。从金,從聲。或从彖。按:彖、從聲隔,無通轉法。段氏訂即穳、䂎字,是也。”《玉篇·矛部》:“䂎”,同“穳”。

可見,在記録“小矛”這一詞項時,“穳”與“䂎”“鏦”字音義皆同,且均爲本用職能,三者之間爲异構本字關係。文中“穳”與“䂎”“鏦”在本義上相同。慧琳《阿毗曇毗婆沙論》徵引此訓條的目的在於進行“小矛”這一詞項的不同用字溝通。

(14)殣,通作矜。

《史記·匈奴列傳》:“其長兵則弓矢,短兵則刀鋋。”

索隱:“鋋,音蟬。按:《埤蒼》云:‘鋋,小矛,鐵矜。’按:《古今字詁》云:‘殣,通作矜。’”

謹案:“矜”的本義爲{矛柄}。《説文》:“矜,矛柄也。从矛,今聲。”漢賈誼《過秦論》:“鉏櫌棘矜,非銛於鈎戟長鎩也。”“殣”的本義亦爲{矛柄}。《集韻·諄韻》:“矜,《説文》:‘矛柄也。’或作殣。”

可見,在記録“矛柄”這一詞項時,“矜”與“殣”字音義皆同,且均爲本用職能,兩者之間爲异構本字關係。文中“矜”與“殣”在本義上相同。司馬貞《史記》索隱徵引此訓條的目的在於進行“矛柄”這一詞項的不同用字溝通。

(15)花:蘤,古花字。

《後漢書·張衡傳》:“百卉含蘤。”

注:“張揖《字詁》曰:‘蘤,古花字也。’”

謹案:“花”的本義爲{花朵}。《廣雅·釋草》:“花,華也。”又《説文·華部》:“華,榮也。”“蘤”的本義亦爲{花朵}。《廣雅·釋草》:“蘤,華也。”

可見，在記録“花朵”這一詞項時，“蘤”與“花”字音義皆同，且均爲本用職能，兩者之間爲异構本字關係。文中“蘤”與“花”在本義上相同。《後漢書》李賢注徵引此訓條的目的在於進行“花朵”這一詞項的不同用字溝通。

（16）臸：古文臻字。

《新譯仁王經序》：“共臻，櫛詵反。《爾雅》：‘臻，至也。’《考聲》云：‘聚也。’《集訓》：‘到也。’張揖《字詁》作‘臸’，从二至，以爲古文‘臻’字也，象形字也。”

謹案：“臻”的本義爲{到達}。《説文·至部》：“臻，至也。从至，秦聲。”《詩經·邶風·泉水》：“遄臻于衛，不瑕有害。”毛傳：“臻，至也。”“臸”的本義亦爲{到達}。《説文·至部》：“臸，到也。从二至。”

可見，在記録“到達”這一詞項時，“臸”與“臻”字音義皆同，且均爲本用職能，兩者之間爲异構本字關係。文中“臸”與“臻”在本義上相同。慧琳《新譯仁王經序》徵引此訓條的目的在於進行“到達”這一詞項的不同用字溝通。

（17）耨：頭長六寸，柄長一尺。鎒，古字也，今作耨，同。

《詩經·周頌·臣工》：“命我衆人，庤乃錢鎛，奄觀銍艾。”

傳：“庤，具。錢，銚。鎛，鎒。銍，穫也。”

箋：“奄，久。觀，多也。教我庶民，具女田器，終久必多銍艾，勸之也。”

音義：“《字詁》云：‘頭長六寸，柄長一尺。鎒，古字也，今作耨，同。’”

謹案：“耨”的本義爲{除草的農具}。《釋名·釋用器》：“耨，似鋤，嫗耨禾也。”《吕氏春秋·任地》：“其耨六寸，所以間稼也。”“鎒”的本義亦爲{鋤草的農具}。《説文·木部》：“槈，薅器也。从木，辱聲。鎒，或从金。”《莊子·外物》：“春雨日時，草木怒生，銚鎒於是乎始脩。”

可見，在記録“除草的農具”這一詞項時，“耨”與“鎒”字音義皆同，且均爲本用職能，兩者之間爲异構本字關係。文中“鎒”與“耨”在本義上相同。陸德明《經典釋文》徵引此訓條的目的在於進行“除草的農具”這一詞項的不同用字溝通。

（18）舐：古文作䑛。

《瑜伽師地論》第一卷：“應舐，《字詁》：‘古文作䑛。’同。食尔反，謂以舌取食也。”

謹案：《說文》無“舐”字，衹有“𦧇”“䑛”二字。“𦧇”“䑛”的本義均爲{以舌舔物}。《說文・舌部》：“𦧇，以舌取食也。从舌，易聲。䑛，𦧇或从也。”《宋書・符瑞志上》：“湯將奉天命放桀，夢及天而𦧇之，遂有天下。”《玉篇》有“舐”字。《玉篇・舌部》：“舐，同𦧇。”則“舐”的本義亦應爲{以舌舔物}。《莊子・列禦寇》：“秦王有病召醫，破癰潰痤者得車一乘，舐痔者得車五乘。”

可見，在記録“以舌舔物”這一詞項時，“舐”與“䑛”字音義皆同，且均爲本用職能，兩者之間爲异構本字關係。文中“舐”與“䑛”在本義上相同。慧琳《瑜伽師地論》徵引此訓條的目的在於進行“以舌舔物”這一詞項的不同用字溝通。

（19）綫：古文作線，今作綫。

《中陰經》下卷：“擲線，《字詁》：‘古文作線，今作綫。’同。私賤反，所以縫紩者也。”

謹案：“綫”的本義爲{絲綫、棉綫}。《說文・糸部》：“綫，縷也。从糸，戔聲。線，古文綫。”《公羊傳・僖公四年》：“中國不絕若綫。”《周禮・天官・縫人》：“縫人掌王宮之縫綫之事。”鄭玄注引鄭司農曰：“綫，縷也。”

可見，在記録“絲綫、棉綫”這一詞項時，“綫”與“線”字音義皆同，且均爲本用職能，兩者之間爲异構本字關係。文中“綫”與“線”在本義上相同。慧琳《中陰經》徵引此訓條的目的在於進行“布綫、絲綫”這一詞項的不同用字溝通。

（20）彌：或作弥，古作彇。

《集韻·上平聲·五支》：“彌，民卑切。《説文》：‘弛弓也。’一曰益也，終也。亦姓。或作弥，古作彇，張揖。”

謹案：“彌”的本義爲{放鬆弓弦}。《集韻·支韻》：“彌，《説文》：弛弓也。”“彇”“弥”的本義亦爲{放鬆弓弦}。《字彙·弓部》：“彇，同彌。”《玉篇·弓部》：“弥，亦同彌。”

可見，在記録“放鬆弓弦”這一詞項時，“彌”與“彇”“弥”字音義皆同，且均爲本用職能，三者之間爲异構本字關係。丁度《集韻》徵引此訓條的目的在於進行“放鬆弓弦”這一詞項的不同用字溝通。

（21）鵪：鶕，今鵪。

《玉燭寶典》卷三《三月季春》第三：“頒水，頒者，分水以授大夫，妾子始蠶。先妾而後子何？曰：‘事有漸也，言卑事者始執養宫事。’執，操也。養，長也。越有小旱。越，於也。記是時，恒有小旱，田鼠化爲鴽、鴾（古鵪字）也。”

今案：《爾雅》：“鴽，鴾母。”郭璞注云：“鵪也，青州呼鴾母。”劉氏曰：“鴾、鴽，鵪也。”《倉頡篇》曰：“鵪，鶉屬也。”馬融《上林頌》曰“鶉鵪如烟”，乃作鵪字。高誘《淮南子》注又在鳥旁加“音”字。《字詁》云：“鶕，今鵪。”注：“鴽也。”然則鴾、鵪、鶕三字同音一鳥，唯字有今古耳。

謹案：鵪，《説文·隹部》：“雂，雗屬。从隹，酓聲。鵪，籀文雂从鳥。”《龍龕手鑑·鳥部》：“鵪”，同“鴾”。是“鵪”“鴾”同爲一鳥。又《字詁》：“鶕，今鵪。”是“鵪”“鴾”“鶕”同爲一鳥，唯字有古今耳；再《龍龕手鑑·鳥部》：“鴾，鴾鶉也。”

可見，在記録“鴾鶉”這一詞項時，“鶕”與“鵪”字音義皆同，且均爲本用職能，兩者之間爲异構本字關係。杜臺卿《玉燭寶典》徵引此訓條的目的在於進行“鴾鶉”這一詞項的不同用字溝通。

（22）蛙：鼃，今蛙。

《玉燭寶典》卷六《六月季夏》第六：“《月令》本皆作腐草爲螢，即今之螢火。《吕氏春秋·淮南子》：‘時則并云“腐草爲蛢”。’高誘注云：‘蛢，馬蚿也。幽冀謂之秦渠。’《爾雅》：‘發皇，蛢。’音瓶，郭注云：‘甲蟲也，如虎豆，緑色，今江東呼黄蛢。’又非蚿矣，誘云‘馬蚿’者，當别有所據。《周書·時訓》及蔡邕《章句》乃作‘腐草爲蛙’。蔡云：‘蛙蟲名世，謂之馬蛙。’盛暑所蒸，陰气所化，故朽腐之物變而成蟲，即上所稱蜋蚿也。其水蟲者，正體應爲鼃字，俗呼‘青蛙’或與此同字。故《字詁》云：‘鼃，今蛙。’注：‘蟈也。’然理不相關，當是‘鼃’與‘螢’‘蚿’‘蜋’等言聲相近，亦可古字假借爲蛙。”

謹案：《説文·黽部》：“鼃，蝦蟆也。从黽，圭聲。”段玉裁注：“鼃，蝦蟆屬。‘屬’各本作‘也’。鼃者，今南人所謂水鷄，亦曰田鷄。”《莊子·秋水》：“子獨不聞乎埳井之鼃乎？”《廣韻·麻韻》：“蛙，蝦蟆屬也。”《漢書·五行志》：“武帝元鼎五年秋，蛙與蝦蟆群鬬。”

可見，在記録“蝦蟆”這一詞項時，“鼃”與“蛙”字音義皆同，且均爲本用職能，兩者之間爲异構本字關係。文中“鼃”與“蛙”在本義上相同。杜臺卿《玉燭寶典》徵引此訓條的目的在於進行“蝦蟆”這一詞項的不同用字溝通。

（23）遲：迡，今遲，徐也。

《漢書·揚雄傳》：“徘徊招摇，靈屖迡兮。”

宋祁曰：“吕向云：‘招摇，神名。’李善云：‘招摇，猶彷徨也。’屖，淳化本作遅，刊誤，據《説文》改作屖。張揖《字詁》云：‘迡，今遲，徐也。’”

謹案：“遲”與“迡”的本義均爲{徐行}。《説文·辵部》：“遲，徐行也。从辵，犀聲。《詩》曰：‘行道遲遲。’迡，遲或从尸。遅，籀文遲从屖。”

可見，在記録“徐行”這一詞項時，“遲”與“迡”字音義皆同，且均爲本用職能，兩者之間爲异構本字關係。文中“遲”與“迟”在本義上相同。宋祁《漢書》校本徵引此訓條的目的在於進行“徐行”這一詞項的不同用字溝通。

（24）勤：廑，今勤字也。

《漢書·揚雄傳》：“其廑至矣。”

李善注：“《古今字詁》曰：‘廑，今勤字也。’”

謹案：“勤”的本義爲{辛勞}。《説文·力部》：“勤，勞也。从力，堇聲。”“廑”的本義也爲{辛勞}。《篇海類編·宫室類·广部》：“廑，古勤字。”又《正字通·厂部》：“厪，俗廑字。”可知，“厪”的本義亦應爲{辛勞}。

可見，在記録“辛勞”這一詞項時，“厪”與“勤”字音義皆同，且均爲本用職能，兩者之間爲异構本字關係。文中“厪”與“勤”在本義上相同。《文選》李善注徵引此訓條的目的在於進行“辛勞”這一詞項的不同用字溝通。

（25）踵：歱，今作踵也。

《史記·天官書》：“歲阴在巳，星居戌，以四月與奎、婁（胃昴）晨出，曰跰踵。”

索隱：“《字詁》云：‘歱，今作踵也。’”

謹案：“歱”的本義爲{脚後跟}。《説文·止部》：“歱，跟也。从止，重聲。”清周濟《晋略·燕慕容氏傳》：“石虎殘暴，死未瞑目，子孫乖争，民困涂炭，延頸企歱，以待振拔。”“踵”的本義亦爲{脚後跟}。《玉篇·足部》：“踵，足後曰踵。”《儀禮·士相見禮》：“執玉者則唯舒武，舉前曳踵。”

可見，在記録“脚後跟”這一詞項時，“歱”與“踵”字音義皆同，且均爲本用職能，兩者之間爲异構本字關係。文中“歱”與“踵”在本義上相同。司馬貞《史記》索隱徵引此訓條的目的在於進行“脚後跟”這一詞項的不同用字溝通。

（26）瑇：瑇瑁，亦作蝳蝐。

《北户録·通犀》："今廣州有善理犀者，能補白犀。補了以鐵夾夾定，藥水煮而拍之，膠爲一體。製梳掌，多作禽魚隨意匠物；論其妙，至於鑄玉者，方之蔑如也。又有裁龜甲或蛸蟵，陷黑玳瑁爲斑點者，亦以鐵夾煮而用之，爲腰帶襯梼子之類，其焙净，真者不及也。玳瑁，《切韻》字从玉，《文選》字从虫，歐陽詢《飛白》从甲，愚以甲爲是。"

注："《字詁》亦從甲也。"

謹案："瑇"不能獨立成詞，僅能與"瑁"組合成"瑇瑁"這一詞項，表示{形似龜的爬行動物}。《廣韻·代韻》："瑇，俗又作玳。"《玉篇·玉部》："玳，俗以瑇瑁作玳。"漢司馬相如《子虛賦》："其中則有神龜蛟鼉，瑇瑁鼈黿。"又《集韻·隊韻》："瑁，瑇瑁，龜屬。或从甲。"

可見，在記録"形似龜的爬行動物"這一詞項時，"瑇"與"蝳"字音義皆同，且均爲本用職能，兩者之間爲异構本字關係。文中"瑇"與"蝳"在本義上相同。崔龜圖《北户録》注徵引此訓條的目的在於進行"形似龜的爬行動物"這一詞項的不同用字溝通。

（27）岑：嶜，古文岑字。

《漢書·揚雄傳》："玉石嶜崟，眩耀青熒。"

師古曰："玉石，石之似玉者也。嶜崟，高鋭貌。青熒，言其色青而有光熒也。嶜，音仕金反。崟，音牛林反。"

音義："嶜，案《字詁》：'古文岑字。'"

謹案："崟"不能獨立成詞，衹能與"岑"組合成"岑崟"這一詞項，以表{山高鋭貌}之義。《説文·山部》："崟，山之岑崟也。"《廣雅·釋詁四》："岑崟，高也。"《文選·司馬相如〈子虛賦〉》："岑崟參差，日月蔽虧。""崟"又可與"嶜"組合成"嶜崟"，表{山高鋭貌}之義。《漢書·揚雄傳》："玉石嶜崟，眩耀青熒。"師古注："嶜崟，高鋭貌。”“岑”的本義爲{小而高的山}。《爾雅·釋山》:“山小而高曰岑。”《説文》:“岑，山小而高。”

可見，在記録“小而高的山”這一詞項時，“嶜”與“岑”字音義皆同，且均爲本用職能，兩者之間爲异構本字關係。文中“嶜”與“岑”在本義上相同。蕭該《漢書》音義徵引此訓條的目的在於進行“山高鋭貌”這一詞項的不同用字溝通。

(28)唐：古文𤭛、啺二形。

《大智度論》第一卷:“唐勞,《字詁》:‘古文𤭛、啺二形。’同徒當反。案：舍人曰:‘勞，力極也。’”

謹案:“唐”的本義爲{大話}。《説文》:“唐，大言也。从口，庚聲。啺，古文唐，从口、昜。”引申有{空；虚空}義。段玉裁《説文解字注·口部》:“唐，又爲空也。如梵書云:‘福不唐捐。’”又《廣韻·十一唐下》云:“啺、𤭛并古文。”《集韻》:“唐，古作啺、𤭛。”

可見，在記録“空，白白地”這一詞項時，“唐”與“𤭛”“啺”字音義皆同，且均爲本用職能，三者之間爲异構本字關係。慧琳在《大智度論》徵引此訓條的目的在於進行“空，白白地”這一詞項的不同用字溝通。

(29)宏：吰，今宏字。

《史記·司馬相如列傳》:“循誦習傳，當世取説云爾哉！必將崇論吰議，創業垂統，爲萬世規。”

注：鄧展子曰:“《字詁》云:‘吰，今宏字。’”孟子曰:“君子創業垂統爲可繼。”

謹案:“宏”的本義爲{屋深響也}。《説文·宀部》:“宏，屋深響也。从宀，厷聲。”引申有{宏大}義。《爾雅·釋詁上》:“宏，大也。”《後漢書·馬融傳》:“以臨乎宏池。”李賢注:“宏，大也。”

可見，在記録{宏大}這一詞項時，“宏”與“吰”音義皆同，兩者之間是异構本字關係。李善間接徵引此訓條的目的在於進行“宏大”

這一詞項的不同用字溝通。

（30）翦：劗，古翦字。

《漢書・嚴助傳》："越，方外之地，劗髮文身之民也。"

晋灼曰："《淮南》云'越人劗髮'，張揖以爲古翦字也。"

師古曰："劗與翦同，張説是也。"

謹案："劗"的本義爲{剪斷頭髮}。《廣韻・桓韻》："劗，剃髮。"《淮南子・主術》："是猶以斧劗毛，以刃抵木也。"高誘注："劗，翦也。"

可見，在記録{去掉頭髮}這一詞項時，"劗"與"翦"音義皆同，兩者之間是异構本字的關係。《漢書》顔師古注徵引此訓條的目的在於進行"剪斷頭髮"這一詞項的不同用字溝通。

（31）鍉，即匙。

《後漢書・隗囂傳》："牽馬操刀，奉盤錯鍉，遂割牲而盟。"

李賢注云："蕭該音引《字詁》：'鍉，即題。'音徒啓反。《方言》曰：'宋楚之間謂盎爲題。'據下文云：'鍉不濡血'明非盆盎之類。前書《匈奴傳》云：'漢遣韓昌等與單于及大臣俱登諾水東山，刑白馬，單于以徑路刀、金留犁撓酒。'應劭云：'留犂，飯匕也。撓，攪也。以匕攪血而歃之。'今亦奉盤措匙而歃也。以此而言，（鍉）〔匙〕即匙字。錯，置也。"

謹案："鍉"的本義爲{歃血器}。《廣韻・齊韻》："鍉，歃血器。"但在文獻中的意思當爲{舀食物的器具}，我們比較贊同李賢注的觀點。

"匙"的本義爲{舀食物的器具}。《説文・匕部》："匙，匕也。"宋陸游《初歸雜詠》："齒豁頭童尽耐嘲，即今爛飯用匙抄。"

可見，在記録{舀食物的器具}這一詞項時，"鍉"與"匙"音近相通，兩者爲"异体字—异体字"的關係。李賢間接徵引此訓條的目的在於進行"舀食物的器具"這一詞項的不同用字溝通。

2. 异寫本字

（1）開：闓，古開字。

《匡謬正俗》卷二："闓，《費誓·序》云：'魯侯伯禽宅曲阜，徐夷并興，東郊不闓。'孔安國注云：'徐戎、淮夷并起，爲寇於東，故東郊不闓。'徐仙音'開'。按：許氏《説文解字》及張揖《古今字詁》：'闓，古開字；闢，古闢字。'但'闢'既訓'開'，故孔氏釋云：'東郊不開'爾，不得徑讀'闢'爲'開'，亦猶《蔡仲之命》云：'乃致辟管叔於商。'孔安國注云：'致法，謂誅殺也。'豈得即音'辟'爲'法'乎？此例多矣。"

謹案："開"的本義爲{開門}。《説文》："開，張也。从門，从幵。"《三國志·吴書·吴主傳》："是猶開門而揖盗，未可以爲仁也。"古文作"闓"。楊樹達《積微居小學述林》："古文从一从収。一者，象門關之形……从収者，以兩手取去門關，故爲開也。小篆變古文之形，許君遂誤以爲从幵爾。"

可見，在記録"開門"這一詞項時，"開"與"闓"字音義皆同，且均爲本用職能，兩者之間爲异寫本字關係。本中"開"與"闓"在本義上相同。

（2）闢：闢，古闢字。

謹案："闢"的本義爲{開啓，打開}。《説文》："闢，開也。从門，辟聲。闢，《虞書》曰：'闢四門。'从門，从𢪒。"段玉裁注："此上當依《匡謬正俗》、《玉篇》補古文闢三字。"《易·繫辭上》："夫坤，其静也翕，其動也闢，是以廣生焉。"

可見，在記録"開啓、打開"這一詞項時，"闢"與"闢"字音義皆同，且均爲本用職能，兩者之間爲异寫本字關係。文中"闢"與"闢"在本義上相同。

顔師古《匡謬正俗》徵引以上兩訓條的目的在於證明"闢"與"闓"是義同而音形不同的兩個字。

（3）省：㝵，今省，督也。

《顔氏家訓·書證》篇："或問：'《漢書》注："爲元后父名禁，改禁中爲省中。"何故以"省"代"禁"？'答曰：'案：《周禮·宫正》："掌王宫之戒令糾禁。"鄭注云："糾，猶割也，察也。"李登云："省，察也。"張揖云："㝵，今省，督也。"'"

謹案："省"的本義爲{察看、視察}。《説文》："省，視也。从眉省，从屮。㝵，古文从少，从囧。"《爾雅·釋詁下》："省，察也。"邢昺疏："省爲視察。"《漢書·昭帝紀》"共養省中"句下顔師古注曰："省，察也。言入此中，皆當察視，不可妄也。"

可見，在記録"視察"這一詞項時，"省"與"㝵"字音義皆同，且均爲本用職能，兩者之間爲异寫本字關係。文中"省"與"㝵"在本義上相同。顔之推《顔氏家訓》徵引此訓條的目的在於通過確定"省中"之"省"的對應義項來説明以"省"代"禁"之因由。

（二）被釋字和訓釋字爲"古本字—重造本字"關係

古字由於頻繁用於記録他詞，或本詞派生而需要分化，因此爲古字的本用義重造一個本字。古本字可以不再本用，衹負擔借用或兼用的職能，也有少部分繼續承擔本用的職能。古本字和重造本字都是爲記録同一個詞語而造的，它們本用的職能完全相同，衹是形體不同。

厲：礪，今作厲。

《立世阿毗曇論》第二卷："磨礪。《字詁》：'今作厲。'同力制反。《山海經》：'崦嵫山多砥礪。'郭璞曰：'即磨石也。'《尚書》：'若金用汝作礪。'孔安國曰：'砥細於礪。'皆可以磨刀刃，砥音脂。"

謹案："厲"的本義爲{磨刀石}。《説文·厂部》："厲，旱石也。从厂，蠆省聲。"《史記·高祖功臣侯者年表》："使河如帶，泰山如厲。"後爲了分擔"厲"的記録職能，人們便另造了"礪"字以記録其本義，"厲"則專用來記録引申義和假借義。《説文新附·石部》："礪，𥗽也。从石，厲聲。"《玉篇·石部》："礪，崦嵫礪石，可磨刃。"《荀子·勸學》:"故木受繩則直，金就礪則利。"

可見，在記録"磨刀石"這一詞項時，"厲"與"礪"爲"古本字—重造本字"關係。玄應《立世阿毗曇論》徵引此訓條的目的在於進行"磨刀石"這一詞項的不同用字溝通。

(三)被釋字和訓釋字爲"源本字—分化本字"關係

當古字的引申義派生出新詞時，形式上也往往分化出新的本字。源本字和分化本字先後記録了同一詞項，甚至在使用分化本字的同時仍然用源本字記録同一詞項，所以源本字和分化本字具有同職能的關係。

奸，古文干字。

《漢書·序傳》:"而欲闇奸天位者虖!"

師古曰:"奸音干。"

宋祁曰:"奸,《字詁》:'古文干字。'"

謹案:"干"的本義爲"盾"。《方言》卷九:"盾，自關而東或謂之瞂，或謂之干，關西謂之盾。"《書·牧誓》:"稱爾戈，比爾干，立爾矛，予其誓。"孔傳:"干，楯也。"引申有{觸犯;冒犯}義。《説文》:"干，犯也。从反入，从一。"《左傳·文公四年》:"君辱貺之，其敢干大禮以自取戾。""奸"的本義爲{干犯;冒犯}。《説文·女部》:"奸，犯淫也。"王筠《句讀》:"《集韻》引無淫字，是也。淫義自屬姦字。"《廣雅·釋詁四》:"奸，犯也。"《左傳·襄公十四年》:"君制其國，臣敢奸之。"

可見，在記録"觸犯"這一詞項時，"奸"爲分化本字，"干"爲源本字，兩者是"分化本字—源本字"關係。宋祁《漢書》校本徵引此訓條的目的在於進行"觸犯"這一詞項的不同用字溝通。

二　被釋字和訓釋字爲"本字—借字"關係

記録同一個詞項的訓釋字與被釋字中，被釋字是本字，訓釋字是通假字或假借字，或者相反，因而構成本字與借字的字際關係。

（一）本字—通假字

1. 茄，亦荷字也。

《漢書·揚雄傳》:“衿芰茄之緑衣兮，被夫容之朱裳。”

注:“茄，亦荷字也，見張揖《古今字譜（詁）》。”

宋祁校本云:“注文‘字譜’一作‘字詁’也。”

謹案：清段玉裁《説文解字注·艸部》:“茄之言柯也，古與荷通用。《陳風》:‘有蒲與荷。’鄭箋:‘夫蕖之莖曰荷。’樊光注《爾雅》引《詩》:‘有蒲與茄。’屈原曰:‘製芰荷以爲衣，集芙蓉以爲裳。’揚雄則曰:‘衿芰茄之緑衣，被夫容之朱裳。’”

可見，在記録“芙蕖”這一詞項時，“茄”與“荷”音近通用。兩者爲“通假字—本字”關係。《漢書》顔師古注徵引此訓條的目的在於進行“芙蕖”這一詞項的不同用字溝通。

2. 巡：徇，今巡。

《尚書·泰誓》:“王乃徇師而誓，曰:‘嗚呼！西土有衆，咸聽朕言。’”

音義:“徇，以俊反。《字詁》云:‘徇，今巡。’”

謹案:“巡”的本義爲｛巡視｝。《説文·辵部》:“巡，延行貌。”沈濤古本考:“《玉篇》用作視行也，蓋古本如是。視行謂省視而行。今本延字不可通。”段玉裁注:“視行者，有所省視之行也。”“徇”的本義亦爲｛巡視；巡行｝。《廣雅·釋言》:“徇，巡也。”王念孫《疏證》云:“徇、巡，古同聲而通用。”

可見，在記録“巡視”這一詞項時，“徇”與“巡”字音近通用，兩者爲“通假字—本字”關係。陸德明《經典釋文》徵引此訓條的目的在於進行“巡視”這一詞項的不同用字溝通。

3. 拼：古作絣、拚。

《成就妙法蓮花經王瑜伽觀智儀軌經》:“拼壇，上百萠反，《説文》:‘拼，撣也，从手，并聲。’亦作抨。《字詁》云:‘古作㚘、辨。’撣，音但丹反。”

謹案:“抨”的本義爲{木工彈墨繩打直綫}。《説文解字》:“抨，撣也。从手，平聲。”“拼”的本義也爲{撣}。《玉篇·手部》:“拼，同抨。”

《玉篇·羊部》:“㚘，使也。”與“拼”音相近，可通假。

“辨”在現代漢字系統中雖已成爲死字，但分析其結構，與“㚘”義符相同，聲符相近，可知兩者爲异體字關係，故“拼”與其亦當爲“本字—通假字”關係。

可見，在記録“木工彈墨繩打直綫”這一詞項時，“拼”爲本用，是本字，“㚘”“辨”爲借字，三者之間爲“本字—通假字”關係。慧琳《成就妙法蓮花經王瑜伽觀智儀軌經》徵引此訓條的目的在於進行“撣”這一詞項的不同用字溝通。

4. 閔：古文湣，今作閔。

《道行般若經》第五卷:“湣念，《字詁》:‘古文湣，今作閔。’同。眉殞反。湣，憐。”

謹案:“閔”的本義爲{吊唁}。《説文·門部》:“閔，吊者在門也。”引申有{哀憐}義。《玉篇·門部》:“閔，傷痛爲閔。”《漢書·蘇武傳》:“(蘇)武年老，子前坐事死，上閔之。”

“湣”與“閔”音近，故可以通用。《集韻·真韻》:“湣，謚也。《史記》齊有湣王。”《荀子·王霸》:“及其綦也，索爲匹夫，不可得也，齊湣、宋獻是也。”楊倞注:“湣，與閔同。”

可見，在記録“哀憐”這一詞項時，“湣”與“閔”是“通假字—本字”關係。慧琳《道行般若經》徵引此訓條的目的在於進行“哀憐”這一詞項的不同用字溝通。

5. 識：志，今作識。志，記也。

《善見律》第四卷:“志名，《字詁》:‘今作識。志，記也。’”

謹案："志"的本義爲{意念；心情}。《説文·心部》："志，意也。"《書·舜典》："詩言志，歌永言。""識"的本義爲{標記}。《説文·言部》："識，常也。一曰知也，从言，戠聲。"引申有{記載}義。《周禮·春官·保章氏》："保章氏，掌天星，以志星辰日月之變動。"鄭玄注："志，古文識，記也。"《漢書·匈奴傳》："於是(中行)説教單于左右疏記，以計識其人衆畜牧。"顏師古注："識，亦記。"

可見，在記録"記載"這一詞項時，"志"與"識"音近可通用，兩者是"通假字—本字"關係。慧琳在《善見律》中徵引此訓條的目的在於用進行"記載"這一詞項的不同用字溝通。

6. 義：古文誼，今作義。

《光讚般若經》第一卷："之誼，《字詁》：'古文誼，今作義。'同宜寄反。《禮記》：'誼者，宜也。'制事宜也。誼亦善也，理也。"

謹案："誼"的本義爲{正確的道理，合理的原則}。《説文·言部》："誼，人所宜也。从言，从宜，宜亦聲。"《玉篇·言部》："誼，理也，人所宜也。"《楚辭·九章·惜誦》："吾誼先君而後身兮，羌衆人之所仇。""義"的本義爲{禮節，儀式}。《説文·我部》："義，己之威儀也。"朱駿聲《説文通訓定聲》："經傳多以儀爲之。"《尚書大傳》卷一下："贊曰：'尚考太室之義，唐爲虞賓。'"鄭玄注："義，當爲儀。儀，禮儀也。謂祭太室之禮，堯爲虞賓也。"

可見，在記録{正確的道理，合理的原則}這一詞項時，"誼"與"義"音相近可通用。兩者之間是"本字—通假字"的關係。玄應《光讚般若經》徵引此訓條的目的在於進行"正確的道理，合理的原則"這一詞項的不同用字溝通。

7. 撝：麾，今作撝。

《大威德陀羅尼經》第八卷："指麾，《字詁》：'今作撝。'同。欻皮反。手指曰麾，謂旌旗指麾衆也，因以名焉。"

謹案："麾"的本義爲{用以指揮的旌旗}。《説文·手部》："摩，旌旗，所以指麾也。从手，靡聲。"《廣韻·支韻》："摩，亦作麾。"引申有{指揮}義。《玉篇·麻部》："麾，指揮也。"《書·牧誓》："王左丈黄鉞，右秉白旄以麾。""撝"的本義爲{分裂；剖開}。《説文·手部》："撝，裂也。"《後漢書·馬融列傳》："撝介鮮，散毛族。"

可見，在記録{指揮}這一詞項時，"麾"與"撝"音近通用，兩者爲"本字—通假字"關係。玄應《大威德陀羅尼經》徵引此訓條的目的在於進行"指揮"這一詞項的不同用字溝通。

8. 鸝：黧，今鸝。

《玉燭寶典》卷二《二月仲春》第二："有鳴倉庚。倉庚，商庚也。商庚者，長股。"

今案：《爾雅》："'黄鳥'郭璞注云：'俗名黄離留，亦名博黍。'又曰：'倉庚，商庚。'注：'即黧黄。'又曰：'黧黄，楚雀。'注云：'即倉庚。'又曰'倉庚，黧黄。'注云：'其色黧黑而黄，因名云。'"《字詁》曰："黧，今鸝。"注云："楚雀也。"

謹案："黧"的本義爲{黑中帶黄的顏色}。《説文》無"黧"字，衹有"雞"字。《説文》："雞，雞黄也。从隹，黎聲。一曰楚雀也，其色黎黑而黄。"《廣韻·齊韻》："黧，黑而黄也。"《韓非子·外儲説左上》："手足胼胝，面目黧黑，勞有功者也。"《廣韻·支韻》："鸝，鸝黄。"《篇海類編·鳥獸類·鳥部》："鸝，黄鸝，倉庚也。鳴則蠶生。一名楚雀，一名黄鶯。"

可見，在記録{倉庚}這一詞項時，"黧"與"鸝"音近通用，兩者爲"通假字—本字"關係。杜臺卿《玉燭寶典》徵引此訓條的目的在於進行"倉庚"這一詞項的不同用字溝通。

9. 娱：古文虞，今作娱。

《瑜伽師地論》第十一卷："歡娱，《字詁》：'古文虞，今作娱。'同。疑區反。《説文》：'娱，樂也。'《書》中'虞''樂'皆作'虞'也。"

謹案："娱"的本義爲{歡娱、歡樂}。《説文》："娱，樂也。"

《詩・鄭風・出其東門》:“縞衣茹藘，聊可與娛。”“虞”的本義爲{騶虞}。《説文・虍部》:“虞，騶虞也。”段玉裁注:“此字假借多而本義隱矣。”《詩・召南・騶虞》:“被茁者葭，壹發五豝，于嗟呼騶虞。”

可見，記録“歡娛”這一詞項時，“娛”爲本字，“虞”爲借字，兩者是“本字—通假字”的關係。玄應《瑜伽師地論》徵引此訓條的目的在於進行“歡樂”這一詞項的不同用字溝通。

10. 俯、俛：頫、府，今俯、俛也。

《匡謬正俗》卷六:“趺，或問曰:‘今山東俗謂“伏地”爲“趺”，何也?’答曰:‘趺者，俯也。’按:張揖《古今字詁》云:‘頫、府，今俯、俛也。’許氏《説文解字》曰:‘俯，低頭也。太史卜書“俯仰”字如此。’斯則呼‘俯’音訛，故爲‘趺’耳。”

謹案:“俛”的本義爲{低頭}。《説文》:“頫，低頭也。从頁，逃省。太史卜書‘頫仰’字如此。揚雄曰:‘人面頫。’俛，頫或从人、免。”是知“俛”乃“頫”之或體，“俯”的本義也應爲{低頭}。《玉篇・人部》:“俯，謂下首也。”《字彙・人部》:“俯，俛也，又曲也。”《易・繫辭上》:“仰以觀於天文，俯以察於地理。”“府”的本義爲{儲藏文書的地方}。《説文・广部》:“府，文書藏也。从广，付聲。”因其音與“俯”同，故古書“俯仰”之“俯”亦借“府”字爲之。《荀子・非相》:“與時遷徙，與世偃仰，緩急嬴絀，府然若渠匽檃栝之於己也。”

可見，在記録“低頭”這一詞項時，“府”爲借字，“俯”“俛”爲本字，兩者之間爲“通假字—本字”關係。顏師古《匡謬正俗》徵引此訓條的目的在於進行“低頭”這一詞項的不同用字溝通。

11. 略：古作挈。

《匡謬正俗》卷六:“問曰:‘俗於礪山出刀子，刃謂之“略刃”，有舊義否?’答曰:‘案:《爾雅》云:“剡、略，利也。”張揖《古今字詁》

云："古作䂮。"一本作"畧"，未知孰是。此則礪刃使利，故稱"略刃"耳。'"

謹案："䂮"的本義爲{鋒利}。《爾雅·釋詁下》："䂮，利也。"《釋文》："䂮，力約反。《詩》本作'略'。"《詩·周頌·載芟》："有略其耜。"《傳》："略，利也。"《釋文》："略，如字，利也。《字書》作'䂮'，同。"是"略"與"䂮"古書通用。"略"的本義爲{經略土地}。《說文·田部》："略，經略土地也。从田，各聲。"《書·禹貢》："嵎夷既略，濰、淄其道。"

可見，在{鋒利}這一義項上，"略"爲借字，"䂮"爲本字，兩者之間是"通假字—本字"的關係。顏師古《匡謬正俗》徵引此訓條的目的在於進行"鋒利"這一詞項的不同用字溝通。

12. 接：古文捷，今作接。

《阿毗曇毗婆沙論》第一卷："捷樹，《字詁》：'古文捷，今作接。'同子葉反，相接也。言接樹無根也。"

謹案："接"的本義爲{交接；會合}。《說文·手部》："接，交也。从手，妾聲。"引申有{接續}義。《廣雅·釋詁二》："接，續也。"《儀禮·聘禮》："君揖使者，進之。上介立于其左，接聞命。"鄭玄注："接，猶續也。""捷"的本義爲{獵獲物；戰利品}。《說文·手部》："捷，獵也，軍獲得也。"亦有{接續}義。《爾雅·釋詁一》："接，捷也。"郭璞注："捷，謂相接續也。"郝懿行《爾雅義疏》："捷、接聲同，故古字通。"《文選·司馬相如〈上林賦〉》："捷垂條，掉希間。"

可見，在記録"接續"這一詞項時，"捷"爲借字，"接"爲本字，兩者之間是"通假字—本字"的關係。玄應《阿毗曇毗婆沙論》徵引此訓條的目的在於進行"接續"這一詞項的不同用字溝通。

13. 㨗，作撍。

《周易會通》："九四：由豫，大有得。勿疑，朋盍簪。"

吕祖謙《古易音訓》："'簪'陸氏曰：'徐側林反。'子夏同，疾也。

鄭云：‘速也。’《埤蒼》同。王肅：‘又祖感反，古文作貸，京作撍，馬作臧，荀作宗。蜀才本依京，京義从鄭。’晁氏曰：‘虞作戠，云：“戠，叢合也。”舊讀作撍，作宗陰疌道。’”

今案：張揖《古今字詁》：“疌，作撍。”《埤蒼》云：“撍，疾也。”撍與簪同。陸希聲云：“撍，今捷字。”撍、簪同音一字，王原叔謂“即《詩》‘不寁’字”，祖惑反。

謹案：由吕祖謙《古易音訓》所引王肅語“（簪）又祖感反。古文作貸，京作撍，馬作臧，荀作宗。蜀才本依京，京義从鄭”及《埤蒼》“撍，疾也”可知，在{迅疾}這一義項上，“撍”爲古文“簪”字。段玉裁曰：“古經無簪字，鄭云‘速也’，實寁之假借字。”則“撍”也應爲“寁”之借字。董真卿案語：“王原叔謂（撍）‘即《詩》不寁’字。”“寁”的本義爲{迅速，快捷}。《詩·鄭風·遵大路》：“無我惡兮，不寁故也。”而古宀、广通用，“寁”即“疌”字。

可見，在{迅疾}這一義項上，“疌”爲本字，“撍”爲借字，兩者之間是“本字—通假字”的關係。元董真卿《周易會通》徵引此訓條的目的在於進行“迅疾”這一詞項的不同用字溝通。

14. 稽：古文䭫。

《四分律》第一卷：“稽首，《字詁》：‘古文䭫。’同苦禮反。《白虎通》曰：‘所以稽首何？稽，至也。首，頭也。言頭至地也。’《三蒼》：‘稽首，頓首也。’《説文》：‘下首也。’《周禮·太祝·辯九拜》‘一曰䭫首’是也。”

謹案：“䭫”的本義爲{叩頭至地}。《説文·首部》：“䭫，下首也。从首，旨聲。”“稽”的本義爲{停留；延遲}。《説文·稽部》：稽，留止也。从禾，从尤，旨聲。”《書·酒誥》：“爾克永觀省，作稽中德。”俞樾《平議》：“稽，止也，言爾克永觀省，則所作所止，無不中德也。”{叩頭至地}應是其借義。《書·舜典》：“禹拜稽首，讓于稷、契暨皋陶。”孔傳：“稽首，首至地。”孔穎達疏：“稽首爲敬之極，故爲首至地。”

可見，在記録“扣頭至地”這一詞項時，“稽”爲借字，“䭫”爲本字，兩者之間是“通假字—本字”的關係。慧琳《四分律》徵引此訓條的目的在於進行“扣頭至地”這一詞項的不同用字溝通。

（二）假借字—後補本字

俯俛：頫、府，今俯、俛也。

《匡謬正俗》卷六：“趺，或問曰：‘今山東俗謂“伏地”爲“趺”，何也？’答曰：‘趺者，俯也。’按：張揖《古今字詁》云：‘頫、府，今俯、俛也。’許氏《説文解字》曰：‘俯，低頭也。太史卜書“俯仰”字如此。’斯則呼‘俯’音訛，故爲‘趺’耳。”

謹案：“俛”的本義爲{低頭}。《説文》：“頫，低頭也。从頁，逃省。太史卜書‘頫仰’字如此。揚雄曰：‘人面頫。’俛，頫或从人、免。”是知“俛”乃“頫”之或體，“俯”的本義也應爲{低頭}。《玉篇·人部》：“俯，謂下首也。”《字彙·人部》：“俯，俛也，又曲也。”《易·繫辭上》：“仰以觀於天文，俯以察於地理。”“府”的本義爲{儲藏文書的地方}。《説文·广部》：“府，文書藏也。从广，付聲。”因其音與“俯”同，故古書“俯仰”之“俯”亦借“府”字爲之。《荀子·非相》：“與時遷徙，與世偃仰，緩急嬴絀，府然若渠匽檃栝之於己也。”

可見，在記録“低頭”這一詞項時，“府”爲借字，“俯”爲後補本字，兩者之間爲“假借字—後補本字”關係。顏師古《匡謬正俗》徵引此訓條的目的在於進行“低頭”這一詞項的不同用字溝通。

三 被釋字和訓釋字爲“借字—借字”關係

記録某個詞項的被釋字和訓釋字都不是該詞項的本字，而是用的通假字或假借字，被釋字和訓釋字相對於這個詞項來説就是借字與借字的關係。

1. 伏：宓，今伏羲氏也。

《顔氏家訓·書證》篇："張揖云：'宓，今伏羲氏也。'孟康《漢書》古文注亦云：'宓，今伏。'而皇甫謐云：'伏羲，或謂之宓羲。'按諸經史緯候，遂無'宓羲'之號。'虙'字从'虍'音呼，'宓'字从'宀'音綿，下俱爲'必'，末世傳寫遂誤以'虙'爲'宓'，而《帝王世紀》因誤更立名耳。何以驗之？孔子弟子虙子賤爲單父宰，即虙羲之後，俗字亦爲'宓'，或復加'山'。今兖州永昌郡城，舊單父地也。東門有子賤碑，漢世所立，乃云'濟南伏生'，即子賤之後。是知'虙'之與'伏'，古來通字，誤以爲'宓'較可知矣。"

謹案："伏"有{姓氏}之義。宋邵思《姓解》卷一："伏，平昌伏氏，伏羲之後也。""虙"的本義爲{虎貌}。《説文·虍部》："虙，虎貌。从虍，必聲。"{姓氏}乃其假借義。由於"宓"與"虙"字形相似，古人一直將"虙"訛寫成"宓"字。可知，在記録{姓氏}這一義項時，"宓"行使的亦是借用職能。

可見，在{姓氏}這一義項上，"伏"與"宓"之間是"假借字—假借字"關係。顔之推《顔氏家訓》徵引此訓條的目的在於進行"姓氏"這一詞項的不同用字溝通。

2. 戲：羲，古字；戲，今字。

《尚書·序》："古者伏犧氏之王天下也，始畫八卦，造書契，以代結繩之政，由是文籍生焉。"

音義："本又作羲，亦作戲，許皮反。《説文》云：'賈侍中説，此犧非古字。'張揖《字詁》云：'羲，古字；戲，今字。'"

謹案："羲"的本義爲{氣舒展而出}。《説文·兮部》："羲，氣也。""戲"的本義爲{偏師，中軍的側翼}。《説文·戈部》："戲，三軍之偏也。"

可見，在{姓氏}這一義項上，"羲"與"戲"均爲借字，兩者爲

"假借字—假借字"關係。

3. 炅：炔，今炅，姓也。

《漢書·周堪傳》："號其門人沛唐林子高爲德行，平陵吴章偉君爲言語，重泉王吉少音爲政事，齊炔欽幼卿爲文學。"

師古曰："依孔子目弟子顔回以下爲四科也，炔音桂。"

宋祁曰："炔，《字詁》曰：'今炅，姓也。'韋昭音翁決反，非。"

謹案："炔"的本義爲{烟出貌}。《玉篇·火部》："炔，烟出貌。""炅"的本義亦爲{烟出貌}。《玉篇·火部》："炔，烟出貌。炅，同炔。"

可見，在{姓氏}這一義項上，"炔"與"炅"均爲借字，兩者之間爲"假借字—假借字"關係。

4. 阿：古文㛂、榱二形，今作阿。

5. 那：古文㑯、㮏二形，今作那。

《佛本行集經》第二十八卷："榱㮏，《字詁》：'古文㛂、榱二形，今作阿。'同烏可反。下'古文㮏、㑯二形，今作那'。同。乃可反。《字書》：'㛂㑯，柔弱貌也，亦草木盛也。'"

謹案：許瀚《古今字詁疏證》云：《詩·檜風》："猗儺其枝。"《傳》："倚儺，柔順也。"《釋文》："猗，於可反。儺，乃可反。猗儺，柔也。"《小雅》："隰桑有阿，其葉有難。"《傳》："阿然，美貌。難然，盛貌。"王文簡師《經義述聞》曰："'阿難'與'猗儺'同。"《商頌》'猗與''那與'亦即'猗儺''阿難'之异文。而《傳》訓'猗'爲嘆詞，'那'爲多，故不采。《廣韻·三十三哿》："婀娜，美貌。榱㮏，木盛貌。㛂㿿，衣好貌。"上字并烏可切，下字并奴可切。《集韻》："㛂㿿，衣貌。榱㮏，木盛貌，又云'木茂貌'。㮏，或作難，通作儺。嬰娜，弱態，又云'美貌'，嬰，或省作婀。猗，柔貌。"引《詩》："猗儺其枝。"或作阿。上字并倚可切，下字并乃可切。據此知"阿那"以音相通，并無定字。……當惟《禾部》"倚移"、《㫃部》"旖施"、

《木部》“檹施”蓋其本字。“倚移”“旖施”又作“旖旎”“猗猊”“旑旎”……《楚詞·九辨》:“以旖旎言蕙華。”《七諫》又云:“苦杏旖旎。”《九嘆》又云:“結桂樹之旖旎。”皆以草木言,疑古惟用“旖施”。

可見,在記録“柔弱貌”這一詞項時,“旖旎”爲本用,“哀移”與“榱榱”爲本用,“阿那”爲借用,“哀”“榱”與“阿”、“栘”“榱”與“那”均是“本字—通假字”關係。玄應《佛本行集經》徵引此訓條的目的在於進行“柔弱貌”這一詞項的不同用字溝通。

第三章 《古今字詁》輯佚材料古今异時關係分析

本書以《古今字詁》88 條輯佚材料爲研究對象，其中明確標明“古”“今”的材料共有 49 條，且此 49 條材料的訓釋語與被訓釋項之間的關係均爲古今字關係；未標明“古”“今”的材料共 18 條：用以溝通古今用字關係（即能確定被訓釋項與訓釋語之間時代性）的材料共 6 條，用以訓釋詞義（即不能確定被訓釋項與訓釋語之間時代性）的材料共 12 條。下面就對此 67 條輯佚材料進行古今异時關係分析。

第一節 明確標注“古”“今”的材料

訓詁學中的“古今字”是指歷時文獻中記録同詞同義而先後使用了不同形體的一組字，先使用的叫“古字”，後使用的叫“今字”，合稱“古今字”。張揖《古今字詁》輯佚材料中有 49 條是專用以溝通古今不同用字的。

1.閞，古開字。

《匡謬正俗》卷二：“閞，《費誓·序》云：‘魯侯伯禽宅曲阜，徐夷并興，東郊不𨳡。’孔安國注云：‘徐戎、淮夷并起，爲寇於東，故東郊不𨳡。’徐仙音‘開’。按：許氏《説文解字》及張揖《古今字詁》：‘閞，古開字；𨳡，古闢字。’但‘闢’既訓‘開’，故孔氏釋云：‘東郊不開’爾，不得徑讀‘闢’爲‘開’，亦猶《蔡仲之命》云：‘乃致辟管叔於商。’孔安國注云：‘致法，謂誅殺也。’豈得即音‘辟’爲‘法’乎？此例多矣。”

謹案：根據此訓條表述的一般含義，是説“閞”爲古代的“開”字，即“閞”爲古字，“開”爲今字。“開”的本義爲{開門}。《説文》：“開，張也。从門，从幵。閞，古文。”《三國志·吴書·吴主傳》：“是猶開門而揖盜，未可以爲仁也。”古文作“閞”。楊樹達《積微居小學述林》：“古文从一从収。一者，象門關之形……从収者，以兩手取去門關，故爲開也。小篆變古文之形，許君遂誤以爲从幵爾。”可知，“開”的古文爲形形合體字，篆、隸皆爲形音合體字。

可見，在{開門}這一義項上，“閞”爲古字，“開”爲今字。張説是。

2.𨳡，古闢字。

謹案：根據此訓條表述的一般含義，是説“𨳡”爲古代的“闢”字。即“𨳡”爲古字，“闢”爲今字。“闢”的本義爲{開啓，打開}。《説文》：“闢，開也。从門，辟聲。𨳡，《虞書》曰：‘闢四門。’从門，从𠬞。”段玉裁注：“此上當依《匡謬正俗》、《玉篇》補古文闢三字。”《易·繫辭上》：“夫坤，其静也翕，其動也闢，是以廣生焉。”金文作“□”，古文作“𨳡”，小篆作“□”，隸書作“闢”。“□”象以兩手推開左右門扇之形，爲形形合體字；又段玉裁注：“𠬞者，今之攀字，引也。今俗語以手開門曰攀開。讀如班。古文於此會意。”爲形形合體字；“𨳡”亦爲形形合體字；“闢”則變成了形音合體字。

可見，在{開啓、打開}這一義項上，"𨳨"爲古字，"闢"爲今字。張説是。

3. 省：㓨，今省，簪也。

《顔氏家訓·書證》篇："或問：'《漢書》注："爲元后父名禁，改禁中爲省中。"何故以"省"代"禁"？'答曰：'案：《周禮·宫正》："掌王宫之戒令糾禁。"鄭注云："糾，猶割也，察也。"李登云："省，察也。"張揖云："㓨，今省，簪也。"'"

謹案：根據此訓條表述的一般含義，是説"㓨"爲古代的"省"字，即"㓨"爲古字，"省"爲今字。"省"的本義爲{察看、視察}。《説文》："省，視也。从眉省，从屮。㓨，古文从少，从囧。"《爾雅·釋詁下》："省，察也。"邢昺疏："省爲視察。"《漢書·昭帝紀》"共養省中"句下顔師古注曰："省，察也。言入此中，皆當察視，不可妄也。"甲骨文作"省"，金文作"省"，古文作"㓨"，小篆作"省"。"省"爲形形合體字，"省"也爲形形合體字；"㓨"爲代代合體字；"省"爲形義合體字。

可見，在{察看、視察}這一義項上，"㓨"爲古字，"省"爲今字。張説是。

上述三條中的古字與今字雖然表現爲字體的不同，但實質上是構形的不同，都屬於异體字關係，由於通用的時代不同，當然也屬於古今字關係。衹是當時的文獻書寫保留了古文字體而没有轉换出相應的新體字形，所以注釋家溝通字際關係時也衹能用文獻中保留的字體。

4. 稽：古文䭫。

《四分律》第一卷："稽首，《字詁》：'古文䭫。'同。苦禮反。《白虎通》曰：'所以稽首何？稽，至也。首，頭也。言頭至地也。'《三蒼》：'稽首，頓首也。'《説文》：'下首也。'《周禮·太祝·辯九拜》'一曰䭫首'是也。"

謹案：根據此訓條表述的一般含義，是説"䭫"爲古代的"稽"，即“䭫”爲古字，“稽”爲今字。《切韻·薺韻》：“䭫，首至也。”《説文·稽部》：“稽，留止也。从禾，从尤，旨聲。”《字彙·首部》：“䭫，通用稽。”

在{叩頭至地}這一義項上，先秦時期“稽”與“䭫”并用。

《尚書·召誥》：“召公以幣入，稱成王命錫周公，曰：‘敢拜手稽首，陳王所宜順周公之事。’”

《尚書·舜典》：“禹拜稽首，讓于稷、契暨皋陶。”

《荀子·大略》：“平衡曰拜，下衡曰稽首，至地曰稽顙。”

《穆天子傳》卷三：“天子美之，乃賜奔戎佩玉一隻，奔戎再拜䭫首。”

《周禮·春官·大祝》：“辨九𢷎：一曰䭫首，二曰頓首，三曰空首……九曰肅𢷎。”

漢魏時期衹用“稽”，不用“䭫”。

《史記·周本紀》：“商人皆再拜稽首，武王亦答拜。”

《漢書·高帝紀》：“使陸賈即授璽綬。它稽首稱臣。”

曹植《曹子建集·王仲宣誄》：“是與伊何，嚮我明德。投戈編郚，稽顙漢北。”

可見，在{叩頭至地}這一義項上，先秦時期“䭫”與“稽”并用，漢魏時期通用“稽”，即“䭫”爲古字，“稽”爲今字。張説是。

“稽”與“䭫”在唐代的古今關係是正確的。

5. 惵：怗，今作惵。

《出曜經》第八卷：“怗然，《字詁》：‘今作惵。’同。他頰反。《廣雅》：‘怗，静也。’謂安静也，亦怗服也。”

謹案：根據此訓條表述的一般含義，是説“怗”爲古代的“惵”字，即“怗”爲古字，“惵”爲今字。

在{安静}這一義項上，“怗”最早見於《廣雅》。

《廣雅》：“怗，静也。”

“惵”最早見於《集韻》。

《集韻·帖韻》:“怗、惵，静也，或从枼。”

可見，在{安静}這一義項上,“怗”爲古字,“惵”爲今字。張説是。

6. 略：古作𠜂。

《匡謬正俗》卷六:“問曰:‘俗於礪山出刀子，刃謂之“略刃”，有舊義否?’答曰:‘案《爾雅》云:“剡、略，利也。”張揖《古今字詁》云:“古作𠜂。”一本作“㓉”，未知孰是。此則礪刃使利，故稱“略刃”耳。’”

謹案：根據此訓條表述的一般含義，是説“𠜂”爲古代的“略”字，即“𠜂”爲古字,“略”爲今字。許瀚《古今字詁疏證》:“《爾雅·釋詁下》:‘𠜂，利也。’《釋文》:‘𠜂，力約反,《詩》本作略。’顔師古案《爾雅》:‘剡、略，利也。’是陸德明與顔師古所見《爾雅》异。《詩·載芟》:‘有略其耜。’《傳》:‘略，利也。’《釋文》:‘略，如字，利也。《字書》作𠜂，同。’是‘略’與‘𠜂’古書通用。毛以‘利’訓‘略’，正謂‘略’是刀劍刃之‘𠜂’。張云:‘略，古作𠜂。’明今經典訓‘利’之‘略’爲假借字也。”“略”之本義爲{經略土地}。《説文·田部》:“略，經略土地也。从田，各聲。”許説是。

可見，在{鋒利}這一義項上,“𠜂”爲古字,“略”爲今字。張説是。

7. 踵：歱，今作踵也。

《史記·天官書》:“歲阴在巳，星居戌，以四月與奎、婁(胃昴)晨出，曰跰踵。”

索隱:“《字詁》云:‘歱，今作踵也。’”

謹案：根據此訓條表述的一般含義，是説“歱”爲古代的“踵”字，即“歱”爲古字,“踵”爲今字。“歱”的本義爲{脚後跟}。《説文·止部》:“歱，跟也。从止，重聲。”清周濟《晋略·燕慕容氏傳》:"石虎殘暴，死未瞑目，子孫乖争，民困塗炭，延頸企歱，以待振拔。""踵"的本義亦爲{脚後跟}。《玉篇·足部》:"踵，足後曰跟。"

在{脚後跟}這一義項上，根據《説文解字》收字情况及文獻記載情况可知，先秦時期"踵"與"歱"并用。

《説文·止部》:"歱，跟也。从止，重聲。"

《儀禮·士相見禮》:"執玉者則唯舒武，舉前曳踵。"

《爾雅·釋鳥》:"鳧鴈醜，其足蹼，其踵企。"

根據鄭玄箋注和《史記》可知，兩漢時期通用"踵"。

《詩經·小雅·節南山》:"哆兮侈兮，成是南箕。"鄭玄箋:"箕星哆然，踵狹而舌廣。"

可見，在{脚後跟}這一義項上，"歱"爲古字，"踵"爲今字。張説是。

8. 滯：蹛，今滯字。

《史記·平準書》:"日者，大將軍攻匈奴，斬首虜萬九千級，留蹛無所食。"

索隱:"墆(應爲'蹛'，下統改——作者注)，音迭，謂貯也。韋昭音滯，謂積也。又按《古今字詁》:'蹛，今滯字。'則'蹛'與'滯'同。按：謂富人貯滯積穀，則貧者無所食也。"

謹案：根據此訓條表述的一般含義，是説"蹛"爲古代的"滯"字，即"蹛"爲古字，"滯"爲今字。"滯"的本義爲{凝聚、積壓}。《説文·水部》:"滯，凝也。"《集韻·祭韻》:"滯，積也。""滯"與"蹛"同，本義爲{貯積}。

在{貯積}這一義項上，先秦時期用"滯"。

《周禮·地官·廛人》:"凡珍异之有滯者，斂而入於膳府。"

西漢時期通用"蹛"。

《史記·平準書》:"日者，大將軍攻匈奴，斬首虜萬九千級，留蹛無所食。”

可見，在{貯積}這一義項上，“滯”爲古字，“蹛”爲今字。張説非。

9. 紙：今帋。

《北户録》：“香皮紙，羅州多棧香樹，身如欅柳，其華繁白，其葉似橘，皮堪搗爲紙，土人號爲香皮紙，作灰白色文，如魚子箋，今羅、辨州皆用之。”

《北户録》注：王隱《晋書》曰：“魏太和六年，河間張揖上《古今字詁》，其《巾部》云：‘紙，今帋也。’古以素帛，依書長短，隨事截之，其數重沓，即名幡紙。字从糸，此形聲也。貧者無之，故路温舒截蒲寫書也。和帝元興元年，中常侍蔡倫剉搗故布網，造作帋。字從巾義，是其聲雖同，糸、巾則殊，不得言古帋爲今帋。又山謙之《丹陽記》曰：‘平準署有紙官造帋，古以縑素爲書記，又以竹爲簡牘，其貧諸生，或用蒲爲牒也，瑶山玉彩亦具。’”

謹案：根據此訓條表述的一般含義，是説“紙”爲古代的“帋”字，即“紙”爲古字，“帋”爲今字。“紙”的本義爲{紙張}。《説文·糸部》：“紙，絮一笘也。从糸氏聲。”“帋”的本義亦爲{紙張}。《廣韻·紙韻》：“帋，同紙。”《初學記》卷二十一：“《釋名》曰：紙，砥也。謂平滑如砥石也。古者以縑帛，依書長短，隨事截之，名曰幡紙，故其字從糸。貧者無之，或用蒲寫書，則路温舒截蒲是也。至後漢和帝元興，中常侍蔡倫，剉故布擣抄作紙，又其字从巾。《東觀漢記》云：‘黄門蔡倫典作尚方作帋，所謂蔡侯帋是也。’”《三國志·吴書》：“闞澤，字德潤，會稽山陰人也。家世農夫，至澤好學，居貧無資，常爲人傭書，以供紙筆。”

可見，在{紙張}這一義項上，蔡倫造紙之前用“紙”，蔡倫造紙之後用“帋”，即“紙”爲古字，“帋”爲今字。但“帋”字并没有通行多久，到了西晋，“紙”又開始通行。

10. 炅：炔，今炅，姓也。

《漢書·周堪傳》："號其門人沛唐林子高爲德行，平陵吴章偉君爲言語，重泉王吉少音爲政事，齊炔欽幼卿爲文學。"

師古曰："依孔子目弟子顏回以下爲四科也，炔音桂。"

宋祁曰："炔，《字詁》曰：'今炅，姓也。'韋昭音翁决反，非。"

謹案：根據這個表述的一般含義，"炔"爲古代的"炅"字，即"炔"爲古字，"炅"爲今字。《説文·火部》："炅，見也。从火、日。"段玉裁注："按：此篆義不可知，《廣韻》作'光也'似近之。"桂馥《義證》："見也者，當爲光。"《廣韻·迥韻》："炅，光也。"

許瀚《古今字詁疏證》：《説文》無"炔"字。《廣韻·十二霽》："桂"字注云："後漢《太尉陳球碑》有城陽炅横，漢末被誅，有四子：一守墳墓，姓炅；一子避難居徐州，姓昋；一子居幽州，姓桂；一子居華陽，姓炔。"《集韻》："昋、炅，姓也。《炅氏譜》：'桂貞爲秦博士，始皇坑儒改姓昋。其孫溢避地朱虚，改爲炅。弟四子居齊，改爲炔。'"今江東名桂姓，一曰"漢有城陽炅横"云云，與《廣韻》文同。據此二説或由炅改爲昋、桂、炔，或由桂改昋、炔，要是炔、炅同姓。《説文》雖無炔字，而《女部》"妜"下云："讀若'烟火炔炔'。"《玉篇》："炔，古惠切，烟出貌。""炅，同上，又古迥切。"以炔爲正文，炅爲重文，與張説合其次序。視《説文》雖小顛倒，而亦略同。不在增補字中，豈《説文》本有炔字，而今脱去邪？

又《三國志·魏書》："（襄陵）校尉杜松部民炅母等作亂，與昌豨通。"

可見，在{姓氏}這一義項上，兩漢時期"炔"與"炅"并用，魏晋用"炅"，即"炔"爲古字，"炅"爲今字。張説是。

11. 虺：蜲，古虺字。

《顔氏家訓·勉學》篇："吾初讀《莊子》'蜲二首'。《韓非子》曰：'蟲有蜲者，一身兩口，争食相齕，逐相殺也。'茫然不識此字何音，逢人輒問，了無解者。案《爾雅》諸書，蠶蛹名螝，又非二首兩口貪害之物。後見《古今字詁》，此亦古之虺字。積年凝滯，豁然霧解。”

謹案：根據此訓條表述的一般含義，是説“螝”爲古代的“虺”字，即“螝”爲古字，“虺”爲今字。“螝”的本義爲{蛹}。《説文·虫部》：“螝，蛹也。从虫，鬼聲。”《韓非子》曰：“蟲有螝者，一身兩口，争食相齕，逐相殺也。”《莊子》云：“螝二首。”《説文》：“虺，虺以注鳴。”《山海經》：“即翼之山多蝮虺。”郭璞曰：“色如綬文，鼻上有針，大者百餘斤，一名反鼻也。”《一切經音義》卷第六十五亦云：“虺，古文虫、螝二形，同呼鬼反。毒蟲也。”許瀚《古今字詁疏證》：“郭、莊、韓所稱似别種异物而要足爲虫、螝、虺同字之證。……螝、虺并脂部，《唐韻》：‘鬼，居偉切。’‘虺，許偉切。’音最相近。螝之爲虺，非。虺蜥之虺字，乃即虫字。《説文》：‘虫，一名蝮，博三寸，首大如擘指。象其卧形。’《唐韻》：‘亦許偉切。’《玉篇》云：‘此古文虺字。’蓋古者蝮蛇、虺蜥俱作虫，後又加兀，以明其聲，後又專以虫爲蝮蛇，以虺爲虺蜥，而經傳言蝮蛇皆作虺，則仍不别也。《詩·斯幹》正義引《爾雅》舊注舍人曰：‘江淮以南曰蝮，江淮以北曰虺。’孫炎曰：‘江淮以南謂虺爲蝮，廣三寸，頭如拇指，有牙最毒。’”

可見，在{蝮蛇}這一義項上，“螝”爲古字，“虺”爲今字。張説是。

12. 舐：古文作䑛。

《瑜伽師地論》第一卷：“應舐，《字詁》：‘古文作䑛。’同。食尔反，謂以舌取食也。”

謹案：根據此訓條表述的一般含義，是説“䑛”爲古代的“舐”字，即“䑛”爲古字，“舐”爲今字。《説文·舌部》：“舓，以舌取食也。从舌，易聲。䑛，舓或从也。”《宋書·符瑞志上》：“湯將奉天命放桀，夢及天而舓之，遂有天下。”《玉篇·舌部》：“舐”，同“舓”。

在{以舌舔物}這一義項上，由《説文解字》收字情况及文獻記載情况可知，先秦時期“䑛”與“舐”通用。

《説文·舌部》:“䑛，以舌取食也。从舌，易聲。䑙，䑛或从也。”

《莊子·列禦寇》:“秦王有病召醫，破癰潰痤者得車一乘，舐痔者得車五乘。”

兩漢時期通用“舐”。

《史記·吴王濞列傳》:“里語有之，‘舐糠及米’。”

《漢書·吴王濞傳》:“語有之曰:‘舐糠及米。’”

可見，在{以舌舔物}這一義項上，“䑙”爲古字，“舐”爲今字。張説是。

13. 唐：古文啺、啺二形。

《大智度論》第一卷:“唐勞，《字詁》:‘古文啺、啺二形。’同。徒當反。案：舍人曰:‘勞力極也。’”

謹案：根據此訓條表述的一般含義，是説“啺”“啺”爲古代的“唐”字，即“啺”與“啺”爲古字，“唐”爲今字。“唐”的本義爲{大話}。《説文》:“唐，大言也。从口，庚聲。啺，古文唐，从口、易。”引申有{廣大貌}。段玉裁《説文解字注·口部》:“唐，引伸爲大也。”《論衡·正説》:“唐、虞、夏、殷、周者，功德之名，勝隆之意也。故唐之爲言蕩蕩也。”

我們認爲，在{廣大貌}這一義項上，“啺”古字，“唐”爲今字是可以確定的。由於“啺”字無文獻用例，所以其與“唐”“啺”的古今關係最好存疑。

14. 宏：吰，今宏字。

《史記·司馬相如列傳》:“循誦習傳，當世取説云爾哉！必將崇論吰議，創業垂統，爲萬世規。”

注：鄧展子曰:“《字詁》云:‘吰，今宏字。’”孟子曰:“君子創業垂統爲可繼。”

謹案：根據此訓條表述的一般含義，是説“吰”爲古代的“宏”字。“宏”的本義爲{房屋深廣}。《説文·宀部》：“宏，屋深響也。”引申有{廣博}義。《字彙·宀部》：“宏，廣也。”“吰”不能獨立成詞，衹能與“噌”組構成擬聲詞“噌吰”，表鐘鼓聲、喧囂聲等。《玉篇·口部》：“噌，噌吰，市人聲。”《廣韻·耕韻》：“噌，噌吰，鐘聲。”

在{廣博}這一義項上，漢有用“吰”爲“宏”者。

司馬相如《難屬父老》：“修誦習傳，當世取説云：爾哉！必將崇論吰議，創業垂統，爲萬世規。”

曹魏通用“宏”。

《嵇中散集·卜疑集一首》：“有宏達先生者，恢廓其度，寂寥疏闊。”

可見，在{廣博}這一義項上，“吰”爲古字，“宏”爲今字。張説是。

15. 跱：古文峙，今作跱。

《大方廣佛華嚴經》第二卷：“安跱，《字詁》：‘古文峙，今作跱。’同。直耳反。《廣雅》：‘跱，止也。’謂亭亭然獨止立也。”

謹案：根據此訓條表述的一般含義，是説“峙”爲古代的“跱”字。“峙”爲古字，“跱”爲今字。“峙”的本義爲{停止}。《説文·止部》：“峙，躇也。”段玉裁注：“峙躇爲雙聲字，此以躇釋峙者，雙聲互訓也。”朱駿聲《説文通訓定聲》：“峙躇，雙聲連語也，不前也。亦作踟蹰。”“跱”的本義亦爲{停止}。《廣雅·釋詁三》：“跱，止也。”

在{停止}這一義項上，東漢通用“峙”。

張衡《四愁詩》之三：“路遠莫致倚峙㟪，何爲懷憂心煩紆？”

曹魏時期“跱”與“峙”并用。

曹丕《代劉勳妻王氏雜詩》之二：“遠望未爲遥，峙㟪不得共。”

嵇康《嵇中散集·琴賦一首》：“寬明宏潤，優游躇跱。”

可見，在{停止}這一義項上，“峙”爲古字，“跱”爲今字。張説是。

16. 義：古文誼，今作義。

《光讚般若經》第一卷："之誼，《字詁》：'古文誼，今作義。'同。宜寄反。《禮記》：'誼者，宜也。'制事宜也。誼亦善也，理也。"

謹案：根據此訓條表述的一般含義，是説"誼"爲古代的"義"字，即"誼"爲古字，"義"爲今字。"誼"的本義爲{正確的道理，合理的原則}。《説文·言部》："誼，人所宜也。从言，从宜，宜亦聲。""義"的本義亦爲{正確的道理，合理的原則}。《荀子·大略》："義，理也，故行。"

在{正確的道理，合理的原則}這一義項上，先秦時期"義"與"誼"并用。

《易·繫辭下》："理財、正辭、禁民爲非曰義。"

《荀子·大略》："義，理也，故行。"

《楚辭·九章·惜誦》："吾誼先君而後身兮，羌衆人之所仇。"

《公孫龍子·迹府》："素聞先生高誼，願爲弟子久。"

西漢時期通用"義"。

《淮南子·繆稱訓》："義者比於人心，而合於衆適者也。"

《史記·魏豹彭越列傳》："今天下共畔秦，其義必立魏王後乃可。"

東漢時期通用"誼"。

《漢書·魏豹傳》："其誼必立魏王後乃可。"

曹魏時期通用"義"。

曹植《曹子建集·娱賓賦》："欣公子之高義兮，德芬芳其若蘭。"

可見，在{正確的道理，合理的原則}這一義項上，"誼"爲古字，"義"爲今字。張説是。

17. 救：古文誎、捄二形，今作救。

《大智度論》第八十卷："是捄，《字詁》：'古文誎、捄二形，今作救。'同。居又反。救，助也。"

謹案：根據此訓條表述的一般含義，是説"詸""捄"爲古代的"救"字。"詸""捄"爲古字，"救"爲今字。"救"的本義爲{禁止、阻止}。《説文·攴部》："救，止也。"引申有{援助、救護}義。《玉篇·言部》："詸，《字書》或救字。"《正字通·言部》："詸，俗救字。奇字救作詸。"《集韻·宥韻》："詸，《説文》：'止也。'或从手。"方成珪考證："《説文》無詸字，當以救爲正。"

在{援助、救護}這一義項上，東漢通用"救"。

《漢書·高帝紀》："存亡定危，救敗繼絶，以安萬民，功盛德厚。"

《漢書·蒯通傳》："一日數戰，無尺寸之功，折北不救。"顔師古注："不救，謂無援助也。"

也有用"捄"爲"救"者。

《漢書·董仲舒傳》："將以捄溢扶衰，所遭之變然也。"顔師古注："捄，古救字。"

"詸"既爲俗"救"字，則先秦兩漢時期亦當有用"詸"爲"救"者，衹是文獻没有留存罷了。

曹魏通用"救"。

曹植《曹子建集·周武王贊》："功皆四海，救世濟民。天下宗周，萬國是賓。"

嵇康《嵇中散集·太師箴》："犯機觸害，智不救生。"

可見，在{援助、救護}這一義項上，"捄""詸"爲古字，"救"爲今字。張説是。

18. 戲：羲，古字；戲，今字。

《尚書·序》："古者伏犧氏之王天下也，始畫八卦，造書契，以代結繩之政，由是文籍生焉。"

音義："本又作羲，亦作戲，許皮反。《説文》云：'賈侍中説此犧非古字。'張揖《字詁》云：'羲，古字；戲，今字。'"

謹案：根據此訓條表述的一般含義，是説"羲"爲古代的"戲"

字。“羲”爲古字，“戲”爲今字。《説文·兮部》：“羲，气也。从兮，義聲。”《説文·戈部》：“戲，三軍之偏也。一曰兵也。从戈，䖒聲。”

在{伏羲}這一義項上，“羲”於《周易》已見用。

《易·繫辭下》：“古者庖羲氏之王天下也，仰則觀象於天，俯則觀法於地。”

雖未見到“戲”在先秦的文獻用例，但由《尚書·序》“伏犧氏之王天下也，始畫八卦”陸德明音義“本又作羲，亦作戲，許皮反”可知，“戲”與“羲”并用。

漢魏通用“羲”。

《史記·封禪書》：“虙羲封泰山，禪云云；神農封泰山，禪云云。”

《漢書·郊祀志》：“劉向父子以爲帝出於震，故包羲氏始受木德。”

曹植《曹子建集·漢二祖優劣論》：“高尚純樸，有羲皇之素；謙虚納下，有吐握之勞。”

可見，在{伏羲}這一義項上，古“戲”今“羲”，張説非。

19. 娱：古文虞，今作娱。

《瑜伽師地論》第十一卷：“歡娱，《字詁》：‘古文虞，今作娱。’同。疑區反。《説文》：‘娱，樂也。’《書》中‘虞’‘樂’皆作虞也。’”

謹案：根據此訓條表述的一般含義，是説“虞”爲古代的“娱”字，即“虞”爲古字，“娱”爲今字。《説文》：“娱，樂也。”《説文·虍部》：“虞，騶虞也。”朱駿聲《説文通訓定聲·豫部》：“虞，假借爲娱。”

在{歡樂}這一義項上，先秦時期“虞”與“娱”并用。

《詩·鄭風·出其東門》：“縞衣茹藘，聊可與娱。”毛傳：“娱，樂也。”

《國語·周語下》：“虞於湛樂。”

《吕氏春秋·忠廉》：“利不足以虞其意矣。”

《吕氏春秋·重己》：“其爲聲色音樂也，足以安性自娱而已矣。”

漢魏時期，通用“娱”。

《史記·廉頗藺相如列傳》：“藺相如前曰：‘趙王竊聞秦王善爲秦聲，請奏盆缻秦王，以相娱樂。’”

《漢書·東方朔傳》：“得獻觴上壽，娱樂左右，如是而死，何恨之有。”

曹植《曹子建集·游觀賦》：“静閑居而無事，將游目以自娱。”

可見，在{歡樂}這一義項上，“虞”爲古字，“娱”爲今字。張説是。

20. 阿：古文裒、榱二形，今作阿。

21. 那：古文栘、樣二形，今作那。

《佛本行集經》第二十八卷：“榱樣，《字詁》：‘古文裒、榱二形，今作阿。’同。烏可反。下‘古文樣、栘二形，今作那’。同。乃可反。《字書》：‘裒栘，柔弱貌也，亦草木盛也。’”

謹案：許瀚《古今字詁疏證》云：《詩·檜風》：“猗儺其枝。”《傳》：“猗儺，柔順也。”《釋文》：“猗，於可反。儺，乃可反。猗儺，柔也。”《小雅》：“隰桑有阿，其葉有難。”《傳》：“阿然，美貌。難然，盛貌。”王文簡師《經義述聞》曰：“‘阿難’與‘猗儺’同。”《商頌》‘猗與’‘那與’亦即‘猗儺’‘阿難’之异文。而《傳》訓‘猗’爲嘆詞，‘那’爲多，故不采。《廣韻·三十三哿》：“婀娜，美貌。榱樣，木盛貌。裒袲，衣好貌。”上字并烏可切，下字并奴可切。《集韻》：“裒袲，衣貌。榱樣，木盛貌，又云‘木茂貌’。樣，或作難，通作儺。婐娜，弱態，又云‘美貌’，婐，或省作婀。猗，柔貌。”引《詩》：“猗儺其枝。”或作阿。上字并倚可切，下字并乃可切。據此知“阿那”以音相通，并無定字。……當惟《禾部》“倚移”、《㫃部》“旖施”、《木部》“檹施”蓋其本字。“倚移”“旖施”又作“旖旎”“猗狔”“旖旎”……《楚詞·九辨》：“以旖旎言蕙華。”《七諫》又云：“苦杏旖旎。”《九嘆》又云：“結桂樹之旖旎。”皆以草木言，疑古惟用“旖施”，而旖字當如賈侍中說。又其後被之於人，則爲“婴娜”，被之於衣，則爲“裛袲”。“榱㰐”二字當又在“裛袲”後，又或爲“猗儺”，爲“阿難”，爲“阿那”，因義變形，依音假字，展轉滋多矣。

可見，在{柔弱貌}這一義項上，先用“旖旎”，後又用“婴娜”“裛袲”“榱㰐”“猗儺”“阿那”，張説是。

22. 尰：瘇（𤸷），今作尰。

《觀佛三昧海經》第五卷：“瘻瘇，《字詁》：‘今作尰。’同。時勇反。《通俗文》：‘腫足曰瘇。’瘇，脚病也。經文从足作踵，非也。”

《正法念經》第八卷：“脚𤸷，《字詁》：‘今作尰。’同。時腫反。《通俗文》：‘腫足曰𤸷。”𤸷，脚病也。經文作𡍂，非字體也。”

謹案：根據此訓條表述的一般含義，是説“瘇（𤸷）”爲古代的“尰”字。“瘇（𤸷）”爲古字，“尰”爲今字。《説文·疒部》：“𤸷，脛气足腫。从疒，童聲。《詩》曰：‘既微且𤸷。’”《集韻·腫韻》：“𤸷，《説文》：‘脛气足腫。’或作瘇。”

在{脚腫}這一義項上，先秦時期“𤸷”與“尰”并用。

《説文·疒部》“𤸷”字引《詩》：“既微且𤸷。”

《詩經·小雅·巧言》：“既微且尰，爾勇伊何？”

《吕氏春秋·盡數》：“重水所多尰與躄人。”高誘注：“腫足曰尰。躄不能行也。”

隸多變童作重，東漢時期通用“瘇”。

《漢書·賈誼傳》：“天下之勢，方病大瘇。”

可見，在{足腫病}這一義項上，“尰”“𤸷”爲古字，“瘇”爲今字。張説非。

23. 撝：麾，今作撝。

《大威德陀羅尼經》第八卷：“指麾，《字詁》：‘今作撝。’同。欻皮反。手指曰麾，謂旌旗指麾衆也，因以名焉。”

謹案：根據此訓條表述的一般含義，是説“麾”爲古代的“撝”

字。“麾”爲古字，“撝”爲今字。“麾”的本義爲{用以指揮的旌旗}。《說文·手部》：“摩，旌旗，所以指麾也。从手，靡聲。”《廣韻·支韻》曰：“摩，《說文》曰：‘旌旗所以指麾也。’亦作麾。”引申有{指揮}義。《玉篇·麻部》：“麾，指揮也。”“撝”亦有{指揮}之義。《說文·手部》：“撝，裂也。从手，爲聲。一曰手指也。”徐鍇《繫傳》：“一曰手指撝。”段玉裁《說文解字注·手部》：“撝，手指撝也。凡指撝當作此字。”

在{指揮}這一義項上，先秦時期“麾”與“撝”并用。

《書·牧誓》：“王左杖黄鉞，右秉白旄以麾。”

《公羊傳·宣公十二年》：“(楚)莊王親自手旌，左右撝軍，退舍七里。”

兩漢通用“麾”。

《史記·吕太后本紀》：“乃與太僕汝陰侯滕公入宮，前謂少帝曰：‘足下非劉氏，不當立。’乃顧麾左右執戟者掊兵罷去。”

《漢書·揚雄傳》：“提劍而叱之，所麾城摲邑，下將降旗。”

魏晋時期通用“撝”。

《三國志·吴書》：“又前任温董督三郡，指撝吏客及殘餘兵，時恐有事，欲令速歸，故授棨戟，獎以威柄。”

可知，在{指揮}這一義項上，“麾”爲古字，“撝”爲今字。張說是。

24. 俯、俛：頫、府，今俯、俛也。

《匡謬正俗》卷六：“趺，或問曰：‘今山東俗謂“伏地”爲“趺”，何也？’答曰：‘趺者，俯也。’按：張揖《古今字詁》云：‘頫、府，今俯、俛也。’許氏《說文解字》曰：‘俯，低頭也。太史卜書“俯仰”字如此。’斯則呼‘俯’音訛，故爲‘趺’耳。”

謹案：根據此訓條表述的一般含義，是說“頫”“府”爲古代的“俯”“俛”字。“頫”“府”爲古字，“俯”“俛”爲今字。“頫”的本義爲{低頭}。《説文》:"頫，低頭也。从頁，逃省。太史卜書'頫仰'字如此。揚雄曰:'人面頫。'俛，頫或从人、免。"是知"俛"乃"頫"之或體，其本義亦爲{低頭};"俯"的本義也爲{低頭}。《玉篇·人部》:"俯，謂下首也。""府"的本義爲{儲藏文書的地方}。《説文·广部》:"府，文書藏也。从广，付聲。"因其音與"頫"同，故古書"頫仰"之"頫"亦借"府"字爲之。

在{低頭}這一義項上，先秦時期"府""俯""俛"并用。

《荀子·非相》:"與時遷徙，與世偃仰，緩急嬴絀，府然若渠匽檃栝之於己也。"

《易·繫辭上》:"仰以觀於天文，俯以察於地理。"

《周禮·考工記·矢人》:"前弱則俛，後弱則翔。"

東漢時期"頫""俯""俛"并用。

《漢書·項籍傳》:"百粵之君，頫首係頸，委命下吏。"

《漢書·萬石衛直周張傳》:"上時賜食於家，必稽首俯伏而食，如在上前。"

《漢書·爰盎晁錯傳》:"以大爲小，以强爲弱，在俛昂之間耳。"

曹魏時期通用"俯""俛"。

曹植《曹子建集·洛神賦》:"俯則未察，仰以殊觀。"

嵇康《嵇中散集·答難養生論一首》:"俛仰之間，已再撫宇宙之外者。"

可見，在{低頭}這一義項，"頫""府"爲古字，"俛""俯"爲今字。張説是。

25. 勤：廑，今勤字也。

《文選·長楊賦》:"其廑至矣。"

李善注:"《古今字詁》曰:'廑，今勤字也。'"

謹案：根據這個表述的一般含義，是説"廑"爲古代的"勤"字。"廑"爲古字，"勤"爲今字。"勤"的本義爲{辛勞}。《説文》:

“勤，勞也。从力，堇聲。”《篇海類編·广部》：“廑，古勤字。”《正字通·厂部》：“厪，俗廑字。”則“厪”的本義亦應爲{辛勞}。

在{辛勞}這一義項上，先秦時期通用“勤”。

《詩·周頌·賚》：“文王既勤止，我應受之。”

《周易》卷五：“五爲王位，體中履和，勤賢之主，尊道之君也。”

兩漢時期“勤”與“厪”并用。

《文選·長楊賦》：“其厪至矣。”

《漢書·高帝紀》：“魏相國建城侯彭越勤勞魏民，卑下士卒。”

曹魏時期通用“勤”。

曹植《曹子建集·感節賦》：“嗟征夫之長勤，雖處逸而懷愁。”

可知，在{辛勞}這一義項上，“厪”爲古字，“勤”爲今字。張説是。

26. 厲：礪，今作厲。

《立世阿毗曇論》第二卷：“磨礪，《字詁》：‘今作厲。’同。力制反。《山海經》：‘崦嵫山多砥礪。’郭璞曰：‘即磨石也。’《尚書》：‘若金用汝作礪。’孔安國曰：‘砥細於礪。’皆可以磨刀刃。砥，音脂。”

謹案：根據此訓條表述的一般含義，是説“礪”爲古代的“厲”字。“礪”爲古字，“厲”爲今字。“厲”的本義爲{磨刀石}。《説文·厂部》：“厲，旱石也。”“礪”的本義亦爲{磨刀石}。《説文新附·石部》：“礪，礲也。”

在{磨刀石}這一義項上，先秦時期“厲”與“礪”并用。

《詩·大雅·公劉》：“篤公劉，于豳斯館。涉渭爲亂，取厲取鍛。”

《書·禹貢》：“砥礪砮丹。”孔傳：“砥細於礪，皆磨石也。”

《荀子·勸學》：“木受繩則直，金就礪則利。”

西漢時期亦“礪”與“厲”并行。

《山海經·西山經》：“崦嵫之山……苕水出焉，而西流注於海，其中多砥礪。”郭璞注：“（礪），磨石也。”

《史記·高祖功臣侯者年表》:“使河如帶，泰山若厲。”裴駰集解引應劭曰:“厲，砥石也。”

曹魏時期通用“礪”。

曹植《曹子建集·寶刀銘》:“造兹寶刀，既礱既礪。”

可見，在{磨刀石}這一義項上,“厲”爲古字,“礪”爲今字。張説非。

27.1 燅：古文錴、鬵二形，今作燅。

《大集日藏分經》第十卷:“燂身,《聲類》作燂、焨二形。《字詁》:‘古文錴、鬵二形，今作燅。’同詳廉反。《通俗文》:‘以湯去毛曰燅。’”

謹案：根據這個表述的一般含義，是説“錴”“鬵”爲古代的“燅”字，即“錴”“鬵”爲古字,“燅”爲今字。《説文·炎部》:“燅，於湯中瀹肉。从炎，从熱省。錴，或从炙。”《龍龕手鑒·鬲部》:“鬵，鼎鬵，上大下小釜也。”

在{煮肉}這一義項上，根據《説文》收字情况及文獻用例可知，先秦時期“錴”與“燅”并用。

《儀禮·有司》:“乃燅尸俎。”

東漢時期通用“燅”。

《一切經音義》第十卷引《通俗文》:“以湯去毛曰燅。”

可見，在{煮肉}這一義項上,“錴”爲古字,“燅”爲今字是可以確定的。由於“鬵”無文獻用例，所以其與“錴”“燅”之間的古今關係暫且存疑。

27.2 燅：古文錟，今作燅。

《觀佛三昧海經》第五卷:“生燅,《聲類》作燂、焨二形。《字詁》:‘古文錟，今作燅。’同。詳廉反。《説文》:‘熱湯爚肉也。’”

謹案：根據這個表述的一般含義，是説“錟”爲古代的“燅”字，即“錟”爲古字,“燅”爲今字。《説文·炎部》:“燅，於湯中爚肉。

从炎，从熱省。"《儀禮・有司》："乃錟尸俎。"《字彙補》："錟，湯爚肉也。"

由於在{煮肉}這一義項上，"錟"無文獻用例，故兩者之間的古今關係暫且存疑。

28. 爓：古文作燄，今作爓。

《正法華經》第一卷："焰明，《字詁》：'古文作燄，今作爓。'《三蒼》作'焰'，同。餘瞻反。《說文》：'火行微燄燄'，然也。"

謹案：根據此訓條表述的一般含義，是說"燄"爲古代的"爓"字，即"燄"爲古字，"爓"爲今字。"爓"的本義爲{火光}。《說文・火部》："爓，火爓也。从火，閻聲。""燄"的本義亦爲{火光}。《說文・炎部》："燄，火行微燄燄也。从炎，臽聲。"

在{火光}這一義項上，先秦時期通用"燄"。

《書・洛誥》："無若火始燄燄。"孔傳："無令若火始然，燄燄尚微。"

東漢時期通用"爓"。

班固《兩都賦》："發五色之渥采，光爓朗以景彰。"

可見，在{火光}這一義項上，"燄"爲古字，"爓"爲今字。張說是。

29. 濱：瀕，今濱。

《詩・大雅・召旻》："池之竭矣，不云自頻？"

傳："頻，厓也。"

箋："頻，當作濱。厓，猶外也。"

音義："頻，舊云毛如字。鄭作濱，音賓，俱云厓也。案張揖《字詁》云：'瀕，今濱。'則瀕是古濱字。"

謹案：根據此訓條表述的一般含義，是說"瀕"爲古代的"濱"字，即"瀕"爲古字，"濱"爲今字。《說文・頻部》："瀕，水厓，人所賓附，頻蹙不前而止。从頁，从涉。"《說文・林部》："瀕，水厓也。”徐鉉等注：“今俗字别作水賓，非是。”沈濤《説文古本考》：“頻，即瀕之省。”《廣雅・釋邱》：“濱，厓也。”

在｛水邊｝這一義項上，先秦時期“瀕”與“濱”并用。

《墨子・尚賢下》：“是故昔者舜耕於歷山，陶於河瀕。”

《詩・召南・采蘋》：“于以采蘋？南澗之濱。”

《書・禹貢》：“（青州）厥土白墳，海濱廣斥。”孔傳：“濱，涯也。”

根據鄭玄的注和文獻記載情況可知，漢魏時期通用“濱”。

《詩經・大雅・召旻》：“池之竭矣，不云自頻？”鄭箋：“頻，當作濱。”

嵇康《嵇中散集・秀才答四首》：“仰瞻青禽翔，俯察緑水濱。”

可見，在｛水邊｝這一義項上，“瀕”爲古字，“濱”爲今字。張説是。

30. 接：古文捷，今作接。

《阿毗曇毗婆沙論》第一卷：“捷樹，《字詁》：‘古文捷，今作接。’同子葉反，相接也。言接樹無根也。”

謹案：根據此訓條表述的一般含義，是説“捷”爲古代的“接”字，即“捷”爲古字，“接”爲今字。“捷”的本義爲｛戰利品｝。《説文・手部》：“捷，獵也，軍獲得也。从手，疌聲。”引申有｛接續｝義。《爾雅・釋詁》：“接，捷也。”郭璞注：“捷，謂相接續也。”郝懿行《爾雅義疏》：“捷、接聲同，故古字通。”“接”亦有｛接續｝義。《説文・手部》：“接，交也。从手，妾聲。”引申有｛接續｝義。《廣雅・釋詁二》：“接，續也。”

在｛接續｝這一義項上，先秦時期通用“接”。

《儀禮・聘禮》：“君揖使者，進之。上介立於其左，接聞命。”鄭玄注：“接，猶續也。”

兩漢時期“捷”與“接”并用。

司馬相如《上林賦》：“捷垂條，掉希間。”

《史記·平準書》:“漢興，接秦之弊。”

曹魏時通行用“接”。

嵇康《嵇中散集·琴賦》:“情舒放而遠覽，接軒轅之遺音。”

可見，在{接續}這一義項上，“捷”爲古字，“接”爲今字。張説是。

31. 針：鍼，从金，咸聲，今作針。

《阿毗曇毗婆沙論》第四十三卷:“如鍼,《字詁》:‘从金，咸聲，今作針。’同支淫反。《廣雅》:‘針，刺也。’《説文》:‘鍼，所以縫衣裳者也。’”

謹案：根據此訓條表述的一般含義，是説“鍼”爲古代的“針”字，即“鍼”爲古字，“針”爲今字。《説文·金部》:“鍼，所以縫也。从金，咸聲。”“針”的本義亦爲{縫衣物的工具}。《篇海類編·金部》:“針，縫器。”

在{縫衣物的工具}這一義項上，先秦時期通用“鍼”。

《左傳·成公二年》:“楚侵及陽橋，孟孫請往賂之，以執斫、執鍼、織紝，皆百人，公衡爲質，以請盟。”杜預注:“執鍼，女工。”

《莊子·人間世》:“挫鍼治繲，足以餬口。”成玄英疏:“挫鍼，縫衣也。”

東漢時期通用“針”。

漢繁欽《定情詩》:“何以結中心，素縷連雙針。”

可知，在{縫衣物的工具}這一義項上，“鍼”爲古字，“針”爲今字。張説是。

32.1 穳：古文鏦、穳二形，今作穳。

《阿毗曇毗婆沙論》第四十三卷:“執穳,《字詁》:‘古文錄、穳二形，今作穳。’同千亂反。《廣雅》：穳，謂之鋋。小矛也。鋋，音市延反。”

謹案：根據此訓條表述的一般含義，是説“錄”“穳”爲古代的“穳”字，即“錄”“穳”爲古字，“穳”爲今字。“穳”的本義爲{小矛}。《廣雅・釋器》："䂎，謂之鋋。"王念孫《疏證》："《説文》：'鋋，小矛也。'"《周書・王思政傳》："思政亦作火䂎，因迅風便投之土山。""䂓""錄"的本義亦爲{小矛}。《説文・金部》："鏦，矛也。从金，從聲。錄，鏦或从彔。"朱駿聲《説文通訓定聲・豐部》："鏦，矛也。从金，從聲。錄，鏦或从彔。按：彔、從聲隔，無法通轉。段氏訂即䂎、䂓字，是也。"《玉篇・矛部》："䂓，同䂎。"

在{小矛}這一義項上，因"錄"與"䂓"均無文獻用例，故其古今關係暫且存疑。

32.2 䂓：古文釪、䂎二形，今作䂓。

《正法念經》第一卷："䂎矛，《字詁》：'古文釪、䂎二形，今作䂓。'同麁亂反。䂎，小䂎矛也。矛，或作鉾，同莫侯反。"

謹案：根據此訓條表述的一般含義，是説"釪""䂎"爲古代的"䂓"字，即"釪""䂎"爲古字，"䂓"爲今字。"釪"的本義爲{矛}。《玉篇・矛部》："釪，古矛字。""䂎"的本義爲{小矛}。《廣雅・釋器》："䂎，謂之鋋。"王念孫《疏證》："《説文》：'鋋，小矛也。'《衆經音義》卷十一云：'䂎，小矛也。'"《周書・王思政傳》："思政亦作火䂎，因迅風便投之土山。"又《玉篇・矛部》："䂓，同䂎。"

在{小矛}這一義項上，因"釪"與"䂓"均無文獻用例，故其古今關係暫且存疑。

33. 花：蘤，古花字。

《後漢書・張衡列傳》："百卉含蘤。"

注："張揖《字詁》曰：'蘤，古花字也。'"

謹案：根據此訓條表述的一般含義，是説"蘤"爲古代的"花"字，即"蘤"爲古字，"花"爲今字。《廣雅・釋草》："蘤，華也。"《廣韻・麻韻》："花，（華）俗，今通用。"又《説文・華部》："華，榮也。"

在{花朵}這一義項上，東漢"華"與"蘤"并用。

蔡邕《釋誨》："夫華離蔕而萎，條去幹而枯。"

張衡《二京賦》："歌曰：'天地烟熅，百卉含蘤。'"

曹魏時期通行"花"。

曹植《曹子建集·宜男花頌》："其曄伊何，緑葉丹花。"

可見，在{花朵}這一義項上，"蘤"爲古字，"花"爲今字，張説是。

34. 臻：臸，从二至，古文臻字。

《新譯仁王經序》："共臻，櫛詵反。《爾雅》：'臻，至也。'《考聲》云：'聚也。'《集訓》：'到也。'張揖《字詁》作'臸'，从二至，以爲古文'臻'字也，象形字也。"

謹案：根據此訓條表述的一般含義，是説"臸"爲古代的"臻"字，即"臸"爲古字，"臻"爲今字。《説文·至部》："臻，至也。从至，秦聲。"《説文·至部》："臸，到也。从二至。"

在{到達}這一義項上，先秦時期"臻"與"臸"并用。

《詩·邶風·泉水》："遄臻於衛，不瑕有害。"

《周禮·考工記·㮚氏》："時文思索，允臻其極。"

《師湯父鼎》中"臸"作"[illegible]"。

从毛傳和鄭注來看，兩漢時期，指稱{到達}義的"臻"對當時的普通讀者來説已經很陌生了，所以需要用當時通用的"至"字來溝通。

《詩·邶風·泉水》："遄臻於魏，不瑕有害。"毛傳："臻，至也。"

《周禮·考工記·㮚氏》："時文思索，允臻其極。"鄭玄注："臻，至也。"

但也有用"臻"者。

《鹽鐵論·世務》："舟車所臻，足迹所及，莫不被澤。"

曹魏時期通用"臻"。

曹植《曹子建集·卞太后誄》："遂臻魏都，遊魂舊邑。"

可見，在{到達}這一義項上，"臸"爲古字，"臻"爲今字。張説是。

35. 拼：古作抨、洴。

《成就妙法蓮花經王瑜伽觀智儀軌經》："拼壇，上百萠反，《説文》：'拼，撣也。从手并聲。'亦作抨。《字詁》云：'古作抨、洴。'撣，音但丹反。"

謹案：根據這個表述的一般含義，是説"抨""洴"爲古代的"拼"字，即"抨""洴"爲古字，"拼"爲今字。"抨"的本義爲{拍、拂過}。《説文》："抨，撣也。从手平聲。"《梁書·沈約傳》："翅抨流而起沫，翼鼓浪而成珠。"《玉篇·手部》："拼，同抨。"又《廣雅·釋言》："彈，拼也。"顧野王云："凡鼓動物曰彈。"張揖用"拼"爲"彈"作訓，説明"拼"在當時通用。由於"手"與"羊"形體相似，人們在書寫過程中極易將"手"訛寫成"羊"，這樣便出現了"抨"的异寫字"抨"，"拼"的异寫字"洴"。

可見，在{木工彈墨繩打直綫}這一義項上，"抨""洴"爲古字，"拼"爲今字。張説是。

36. 彌：或作弥，古作瓕。

《集韻·上平聲·五支》："彌，民卑切。《説文》：'弛弓也。'一曰益也，終也，亦姓。或作弥，古作瓕。張揖。"

謹案：根據這個表述的一般含義，是説"瓕"爲古代的"彌""弥"字，即"瓕"爲古字，"彌""弥"爲今字。"彌"的本義爲{放鬆弓弦}。《集韻·支韻》："彌，《説文》：'弛弓也。'""瓕""弥"的本義亦爲{放鬆弓弦}。《字彙·弓部》："瓕，同彌。"《玉篇·弓部》："弥，亦同彌。"

在{放鬆弓弦}這一義項上，由於"彌"與"弥""瓕"均無文獻用例，故三者的古今關係暫且存疑。

37. 岑：䅾，古文岑字。

《漢書·揚雄傳》："玉石嶜崟，眩耀青熒。"

師古曰："玉石，石之似玉者也。嶜崟，高鋭貌。青熒，言其色青而有光熒也。嶜，音仕金反。崟，音牛林反。"

音義："嶜，案《字詁》：'古文岑字。'"

謹案：根據此訓條表述的一般含義，是説"嶜"爲古代的"岑"字，即"嶜"爲古字，"岑"爲今字。"岑"有{高}之義。《方言》卷十二："岑，高也。""嶜"亦有{高}之義。《玉篇·山部》："嶜，高大貌。"

在{高}這一義項上，西漢通用"岑"。

《史記·司馬相如列傳》："其山則盤紆岪鬱，隆崇嵂崒，岑巖參差，日月蔽虧。"

東漢時期"岑"與"嶜"并用。

《漢書·揚雄傳》："玉石嶜崟，眩耀青熒。"顔師古注："嶜崟，高鋭貌。"

《漢書·司馬相如傳》："岑崟參差，日月蔽虧。交錯糾紛，上干青云。"

曹魏時期通用"岑"。

曹植《曹子建集·九愁賦》："踐蹊隧之危阻，登岧嶢之高岑。"

可見，在{高}這一義項上，"嶜"爲古字，"岑"爲今字。張説是。

38. 奸：古文干字。

《漢書·叙傳》："而欲闇奸天位者虖！"

師古曰："奸，音干。"

宋祁曰："奸，《字詁》：'古文干字。'"

謹案：根據此訓條表述的一般含義，是説"奸"爲古代的"干"字。"奸"爲古字，"干"爲今字。《説文·干部》："干，犯也。从反入，从一。"《説文·女部》："奸，犯淫也。"王筠《句讀》："《集韻》引無淫字，是也。淫義自屬姦字。"

在{冒犯}這一義項上，先秦時期“奸”與“干”并用。

《左傳・文公四年》:“君辱貺之，其敢干大禮以自取戾。”

《國語・晋語四》:“若干二命，以求殺余。”韋昭注:“干，犯也。”

《左傳・襄公十四年》:“君制其國，臣敢奸之。”杜預注:“奸，猶犯也。”

西漢通用“奸”。

《史記・龜策列傳》:“寒暑不和，賊气相奸。”

東漢通用“干”。

《漢書・司馬相如傳》:“岑崟参差，日月蔽虧。交錯糾紛，上干青云。”

可見，在{冒犯}這一義項上，“奸”爲古字，“干”爲今字。張説是。

39. 識：志，今作識。志，記也。

《善見律》第四卷:“志名,《字詁》:‘今作識。志，記也。’”

謹案：根據此訓條表述的一般含義，是説“志”爲古代的“識”字。“志”爲古字，“識”爲今字。“志”的本義爲{意念}。《説文・心部》:“志，意也。”

引申有{記載}義。《廣雅・釋詁二》:“志，識也。”“識”的本義爲{旗幟}。《説文・言部》:“識，常也。一曰知也。从言，戠聲。”亦引申有{記載}義。

在{記載}這一義項上，先秦時期通用“志”。

《莊子・逍遥游》:“《齊諧》者，志怪者也。”

漢魏時期通用“識”。

《漢書・匈奴傳》:“於是説教單于左右疏記，以計識其人衆畜牧。”顔師古注:“識，亦記，音式志反。”

嵇康《嵇中散集・答難養生論》:“積善履信，世屢聞之。慎言語，節飲食，學者識之。”

可見，在｛記録｝這一義項上，“志”爲古字，“識”爲今字。張説是。

40. 耨：頭長六寸，柄長一尺。鎒，古字也，今作耨，同。

《詩經·周頌·臣工》：“命我衆人，庤乃錢鎛，奄觀銍艾。”

傳：“庤，具。錢，銚。鎛，鎒。銍，穫也。”

箋：“奄，久。觀，多也。教我庶民，具女田器，終久必多銍艾。勸之也。”

音義：“《字詁》云：耨，頭長六寸，柄長一尺。鎒，古字也，今作耨，同。”

謹案：根據此訓條表述的一般含義，是説“鎒”爲古代的“耨”字。“鎒”爲古字，“耨”爲今字。《説文·木部》：“槈，薅器也。鎒，或从金。”

在｛除草的農具｝這一義項上，先秦時期“鎒”與“耨”并用。

《管子·輕重乙》：“一農之事，必有一耜、一銚、一鐮、一鎒、一椎、一銍，然後成爲農。”

《國語·齊語》：“時雨既至，挾其槍、刈、耨、鎛，以旦暮从事於田野。”

兩漢時期通用“耨”。

賈誼《旱雲賦》：“農夫垂拱而無聊兮，釋其鋤耨而下泪。”

《漢書·食貨志》：“今農事棄捐而采銅者日蕃。釋其耒耨，冶鎔炊炭。”

可見，在｛除草的農具｝這一義項上，“鎒”爲古字，“耨”爲今字。張説是。

41. 閔：古文湣，今作閔。

《道行般若經》第五卷：“湣念，《字詁》：‘古文湣，今作閔。’同。眉殞反。湣，憐。”

謹案：根據此訓條表述的一般含義，是説“湣”爲古代的“閔”

字。“湣”爲古字，“閔”爲今字。“湣”當爲“愍”的通假字。“湣”的本義爲{悲痛，憂傷}。《説文·心部》：“愍，痛也。从心，敃聲。”引申有{憐恤，哀憐}義。《廣韻·軫韻》：“湣，憐也。”《字彙·心部》：“湣，恤也。”“閔”的本義爲{吊唁}。《説文·門部》：“閔，吊者在門也。”亦引申有{哀憐}義。《玉篇·門部》：“閔，傷痛爲閔。”

在{哀憐}這一義項上，先秦時期通用“閔”。

《詩·周頌·閔予小子》：“閔予小子，遭家不造。”鄭玄箋：“閔，悼傷之言也。”

東漢時期“閔”與“愍（湣）”并用。

《漢書·武帝紀》：“朕嘉孝弟力田，哀夫老眊孤寡鰥獨或匱於衣食，甚憐愍焉。”

《漢書·李廣蘇建傳》：“武年老，子前坐事死，上閔之。”

曹魏時期通用“愍（湣）”。

曹植《曹子建集·初封安鄉侯表》：“陛下哀愍臣身，不聽有司所執，待之過厚。”

可見，在{哀憐}這一義項上，“閔”爲古字，“愍（湣）”爲今字。張説非。

42. 綫：古文作線，今作綫。

《中陰經》下卷：“擲線，《字詁》：‘古文作線，今作綫。’同。私賤反，所以縫紩者也。”

謹案：根據此訓條表述的一般含義，是説“線”爲古代的“綫”字。“線”爲古字，“綫”爲今字。《説文·糸部》：“綫，縷也。从糸，戔聲。線，古文綫。”

在{布綫、絲綫}這一義項上，先秦時期“線”與“綫”并用。

《周禮·天官·縫人》：“縫人掌王宫之縫線之事。”鄭玄注引鄭司農曰：“線，縷也。”陸德明釋文：“本又作綫。”

《公羊傳·僖公四年》：“中國不絶若線。”何休注：“線，縫帛縷，以喻微也。”

東漢時期通用“綫”。

《漢書·高惠高后文功臣表》:“降及孝成，復加恤問。稍益衰微，不絶如綫。”

《漢書·五行志》:“董仲舒以爲，宿在心，心爲明堂，文武之道廢，中國不絶若綫之象也。”

可見，在{布綫、絲綫}這一義項上，“線”爲古字，“綫”爲今字。張説是。

43. 伏：宓，今伏羲氏也。

《顔氏家訓·書證》篇:“張揖云:‘宓，今伏羲氏也。’孟康《漢書》古文注亦云:‘宓，今伏。’而皇甫謐云:‘伏羲，或謂之宓羲。’按諸經史緯候，遂無‘宓羲’之號。‘虙’字从‘虍’音呼，‘宓’字从‘宀’音綿，下俱爲‘必’，末世傳寫遂誤以‘虙’爲‘宓’，而《帝王世紀》因誤更立名耳。何以驗之？孔子弟子虙子賤爲單父宰，即虙羲之後，俗字亦爲‘宓’，或復加‘山’。今兖州永昌郡城，舊單父地也。東門有子賤碑，漢世所立，乃云‘濟南伏生’，即子賤之後，是知‘虙’之與‘伏’，古來通字，誤以爲‘宓’較可知矣。”

謹案：根據此訓條表述的一般含義，是説“宓”爲古代的“伏”字，即“宓”爲古字，“伏”爲今字。

在{姓氏}這一義項上，先秦時期通用“伏”。

《尚書·序》:“古者伏犧氏之王天下也，始畫八卦。”

兩漢時期“伏”與“宓”并用。

《史記·日者列傳》:“自伏羲作八卦，周文王演三百八十四爻而天下治。越王句踐放文王八卦以破敵國，霸天下。”

《漢書·古今人表》:“太昊帝宓羲氏。”顔師古注:“宓音伏，字本作虙，其音同。”

曹魏時期通用“宓”。

曹植《曹子建集·洛神賦》:“黄初三年，余朝京師，還濟洛川。古人有言：斯水之神，名曰宓妃。”

可見，在{姓氏}這一義項上，“伏”爲古字，“宓”爲今字。張説非。

44. 遲：迡，今遲，徐也。

《漢書·揚雄傳》:“徘徊招摇，靈屖迡兮。”

宋祁曰:“吕向云:‘招摇，神名。’李善云:‘招摇，猶彷徨也。’屖，淳化本作遲，刊誤，據《説文》改作屖。張揖《字詁》云:‘迡，今遲，徐也。’”

謹案：根據此訓條表述的一般含義，是説“迡”爲古代的“遲”字。“迡”爲古字，“遲”爲今字。《説文·辵部》:“遲，徐行也。从辵，犀聲。《詩》曰:‘行道遲遲。’迡，遲或从𡰥。遅，籒文遲从屖。”段玉裁注:“此字疑後人因《揚雄傳》而增也。”

在{徐行}這一義項上，先秦時期通用“遲”。

《詩經·邶風·谷風》:“行道遲遲，中心有違。”毛傳:“遲遲，舒行貌。”

東漢時期“遲”與“迡”并用。

《漢書·揚雄傳》:“昔仲尼之去魯兮，斐斐遲遲而周邁。”

《漢書·揚雄傳》:“徘徊招摇，靈屖迡兮。”

曹魏時期通用“遲”。

曹植《曹子建集·妾薄命行》:“召延親好宴私，但歌杯來何遲。”

可見，在{徐行}這一義項上，“迡”爲古字，“遲”爲今字。張説是。

45. 巡：徇，今巡。

《尚書·泰誓》:“王乃徇師而誓，曰:‘嗚呼！西土有衆，咸聽朕言。’”

音義:“徇，以俊反。《字詁》云:‘徇，今巡。’”

謹案：根據此訓條表述的一般含義，是説“徇”爲古代的“巡”字。“徇”爲古字，“巡”爲今字。“巡”的本義爲{巡視}。《説文·辵部》：“巡，延行貌。”沈濤《古本考》：“《玉篇》用作視行也，蓋古本如是。視行謂省視而行。今本延字不可通。”段玉裁注：“視行者，有所省視之行也。”“徇”的本義亦爲{巡視}。《廣雅·釋言》：“徇，巡也。”王念孫《疏證》云：“徇、巡古同聲而通用。”

在{巡視}這一義項上，先秦時期“巡”與“徇”并用。

《書·泰誓》：“王乃徇師而誓。”

《書·舜典》：“歲二月，東巡守，至於岱宗。”

《左傳·昭公二十一年》：“乃徇曰：‘揚徽者，公徒也。’衆從之。公自揚門見之，下而巡之，曰：‘國亡君死，二三子之耻也，豈專孤之罪也?’”

兩漢時期“巡”與“徇”亦并用。

《史記·項羽本紀》：“廣陵人召平，於是爲陳王徇廣陵。”

《漢書·食貨志》：“行人振木鐸徇於路，以采詩。”顔師古注：“徇，巡也。”

《史記·周本紀》：“昭王之時，王道微缺。昭王南巡狩不返，卒於江上。”

《漢書·禮樂志》：“其餘巡狩福應之事，不序郊廟，故弗論。”

曹魏時期通用“巡”。

曹植《曹子建集·冬至獻襪頌》：“西巡王城，翱翔萬域，聖體浮輕。”

可見，在{巡視}這一義項上，“徇”爲古字，“巡”爲今字。張説是。

46. 鸝：黧，今鸝。

《玉燭寶典》卷二《二月仲春》第二：“有鳴倉庚。倉庚，商庚也。商庚者，長股。”

今案:“《爾雅》:‘黄鳥。’郭璞注云:‘俗名黄離留,亦名博黍。’又曰:‘倉庚,商庚。’注云:‘即鵹黄。’又曰:‘鵹黄,楚雀。’注云:‘即倉庚。’又曰:‘倉庚,鵹黄。’注云:‘其色鵹黑而黄,因名云。’《字詁》曰:‘鵹,今鸝。’注云:‘楚雀也。’”

謹案:根據此訓條表述的一般含義,是説“鵹”爲古代的“鸝”字。“鵹”爲古字,“鸝”爲今字。

在{黄鸝}這一義項上,先秦時期“鵹”與“鸝”并用。

《爾雅》:“倉庚,鵹黄也。”郭璞注云:“其色鵹黑而黄,因以名云。”

宋玉《高堂賦》:“王雎鸝黄,正冥楚鳩。”

由《方言》及戴震《疏證》可推知,東漢時期當通用“鸝”。

《方言》卷二:“驪黄,自關而東謂之鶬鶊。自關而西謂之驪黄,或謂之黄鳥,或謂之楚雀。”戴震《疏證》:“驪、鸝,字异音義同。”

可見,在{黄鸝}這一義項上,“鵹”爲古字,“鸝”爲今字。張説是。

47. 鴾:䳇,今鴾。

《玉燭寶典》卷三《三月季春》第三:“頒水,頒者,分水以授大夫,妾子始蠶。先妾而後子何?曰:‘事有漸也,言卑事者始執養宫事。’執,操也。養,長也。越有小旱。越,於也。記是時,恒有小旱,田鼠化爲駕、鴾(古鴾字)也。”

今案:“《爾雅》:‘駕,牟母。’郭璞注云:‘鴾也,青州呼牟母。’劉氏曰:‘牟、駕,鴾也。’《倉頡篇》曰:‘鴾,鶉屬也。’馬融《上林頌》曰‘鶉鴾如烟’,乃作鴾字。高誘《淮南子》注又在鳥旁‘音’。《字詁》云:‘䳇,今鴾。’注:‘駕也。’然則鴾、鴾、䳇三字同音一鳥,唯字有今古耳也。”

謹案:根據此訓條表述的一般含義,是説“䳇”爲古代的“鴾”字。“䳇”爲古字,“鴾”爲今字。《爾雅》:“駕,鴾母。”郭璞注云:“鴾也,青州呼鴾母。”劉氏曰:“鴾、駕,鴾也。”

在{鶴鶉}這一義項上，根據《倉頡篇》和《説文解字》可推知，先秦時期通用“鶕”。

《倉頡篇》:“鶕，鶉屬也。”

《説文·隹部》:“雒，雗屬。……鶕，籀文雒从鳥。”

東漢初期通用“鶕”。

王逸《九思·悼亂》:“鸖鵠兮軒軒，鶉鶕兮甄甄。”

根據杜臺卿《玉燭寶典》所引《淮南子》高誘注可知，東漢末期出現了“鶕”字。

今案:“……高誘《淮南子》注又在鳥旁加‘音’字。”

蓋因“鶕”字祇曇花一現，故後代字書未見有收録此字者。魏晋時期當亦通用“鶕”字。

可見，在{鶴鶉}這一義項上，“鶕”爲古字，“鶕”爲今字，張説非。

48. 蛙：鼃，今蛙。

《玉燭寶典》卷六《六月季夏》第六:“《月令》本皆作腐草爲螢，即今之螢火。《吕氏春秋·淮南子》:‘時則并云“腐草爲蛢”。’高誘注云:‘蛢，馬蚿也。幽冀謂之秦渠。’《爾雅》:‘發皇，蛢。’音瓶，郭注云:‘甲蟲也，如虎豆，緑色，今江東呼黄蛢。’又非蚿矣，誘云‘馬蚿’者，當别有所據。《周書·時訓》及蔡邕《章句》乃作‘腐草爲蛙’。蔡云:‘蛙蟲名世，謂之馬蛙。’盛暑所蒸，陰气所化，故朽腐之物變而成蟲，即上所稱蜋蚿也。其水蟲者，正體應爲鼃字，俗呼‘青蛙’或與此同字。故《字詁》云:‘鼃，今蛙。’注:‘蟈也。’然理不相關，當是‘鼃’與‘螢’‘蚿’‘蜋’等言聲相近，亦可古字假借爲蛙。”

謹案：根據此訓條表述的一般含義，是説“鼃”爲古代的“蛙”字。“鼃”爲古字，“蛙”爲今字。《説文·黽部》:“鼃，蝦蟆也。从黽，圭聲。”段玉裁注:“鼃，蝦蟆屬。‘屬’各本作‘也’。鼃者，今南人所謂水鶏，亦曰田鷄。”《廣韻・麻韻》：“蛙，蝦蟆屬也。”

在{青蛙}這一義項上，先秦時期通用“鼃”。

《莊子・秋水》：“子獨不聞夫埳井之鼃乎?”

東漢時期“鼃”與“蛙”并用。

《漢書・武帝紀》：“秋，鼃蝦蟆鬭。”

《漢書・五行志》：“武帝元鼎五年秋，蛙與蝦蟆群鬭。”

曹魏時期通用“蛙”。

曹植《曹子建集・矯志詩》：“螳螂見嘆，齊士輕戰。越王軾蛙，國以死獻。”

可見，在{青蛙}這一義項上，“鼃”爲古字，“蛙”爲今字。張説是。

49. 劗，古翦字。

《漢書・嚴助傳》：“越，方外之地，劗髮文身之民也。”

晋灼曰：“《淮南》云‘越人劗髮’，張揖以爲古翦字也。”

師古曰：“劗與翦同，張説是也。”

謹案：根據此訓條表述的一般含義，是説“劗”爲古代的“翦”字。“劗”爲古字，“翦”爲今字。

在{剪除}這一義項上，兩漢時期通用“劗”。

《淮南子・主術訓》：“是猶以斧劗毛，以刃抵木也。”

《漢書・嚴助傳》：“越，方外之地，劗髮文身之民也。”

漢末，據《淮南子》高誘注可知，指稱{剪除}義的“劗”對普通百姓來説已經很陌生，所以高誘作注時需要用當時通用的“翦”字來溝通。

《淮南子・主術訓》：“是猶以斧劗毛，以刃抵木也。”高誘注：“劗，翦也。”

可知，在{剪除}這一義項上，“劗”爲古字，“翦”爲今字。張説是。

第二節　未標"古""今"材料的時代性

一　能考明古今關係的訓條

1. 㡇：作揝。

《周易會通》："九四：由豫，大有得。勿疑，朋盍簪。"

吕祖謙《古易音訓》："簪"陸氏曰："徐側林反。"子夏同，疾也。鄭云："速也。"《埤蒼》同。王肅："又祖感反，古文作貸，京作揝，馬作臧，荀作宗。蜀才本依京，京義从鄭。"晁氏曰："虞作戠，云：'戠，叢合也。'舊讀作揝，作宗陰㡇道。"

今案："張揖《古今字詁》：'㡇，作揝。'《埤蒼》云：'揝，疾也。'揝與簪同。陸希聲云：'揝，今捷字。'揝、簪同音一字，王原叔謂'即《詩》"不寁"字'，祖惑反。"

謹案：由吕祖謙《古易音訓》所引王肅語及《埤蒼》可知，在{迅疾}這一義項上，"揝"爲古文"簪"字。又董真卿案語："王原叔謂'即《詩》"不寁"字'。"段玉裁曰："古經無簪字，鄭云'速也'，實寁之假借字。""寁"的本義爲{迅速，快捷}。《説文·宀部》："寁，居之速也。从宀，疌聲。"《詩·鄭風·遵大路》："無我惡兮，不寁故也。"而古宀、广通用，"寁"即"㡇"字，則寁、㡇、揝同字。

在{迅疾}這一義項上，通假字"揝"出現的時間要晚於本字"㡇"，即"㡇"爲古字，"揝"爲今字。

2. 瑇：瑇瑁，亦作蝳蝐。

《北户録·通犀》："今廣州有善理犀者，能補白犀。補了以鐵夾夾定，藥水煮而拍之，膠爲一體。製梳掌，多作禽魚隨意匠物；論其妙，至於鑄玉者，方之蔑如也。又有裁龜甲或觜蠵，陷黑玳瑁爲斑點者，亦以鐵夾煮而用之，爲腰帶襯栙子之類，其焙净，真者不及也。玳瑁，《切韻》字从玉，《文選》字从虫，歐陽詢《飛白》从甲，愚以甲爲是。”

注："《字詁》亦從甲也。”

謹案："瑇”不能獨立成詞，僅能與“瑁”組合成“瑇瑁”這一詞項，表示{形似龜的爬行動物}。《廣韻·代韻》:"瑇，俗又作玳。”《玉篇·玉部》:"玳，俗以瑇瑁作玳。”漢司馬相如《子虛賦》:"其中則有神龜蛟鼉，瑇瑁鼈黿。”又《集韻·隊韻》:"瑁，瑇瑁，龜屬。或从甲。”

在{形似龜的爬行動物}這一義項上，兩漢時期通用“瑇瑁”。

《史記·春申君列傳》:"趙使欲夸楚，爲瑇瑁簪，刀劍室以珠玉飾之。”

司馬相如《子虛賦》:"其中則有神龜蛟鼉，瑇瑁鼈黿。”

《漢書·揚雄傳》:"於是後宫賤瑇瑁而疏珠璣。”

先秦兩漢文獻未見有用“蝳蝐”者，又唐玄應《一切經音義》卷十一:"瑇瑁，古文作蝳蝐，二形同。”可知，“蝳蝐”的出現當在兩漢以後、唐代以前。

可見，在{形似龜的爬行動物}這一義項上，“蝳蝐”的出現要晚於“瑇瑁”。

3.穳：通作矜。

《史記·匈奴列傳》:"其長兵則弓矢，短兵則刀鋋。”

索隱:"音蟬。《埤蒼》云:‘鋋，小矛鐵矜。’《古今字詁》云:‘穳，通作矜。’”

謹案："矜”的本義爲{矛柄}。《説文》:"矜，矛柄也。从矛，今聲。”漢賈誼《過秦論》:"鉏耰棘矜，非銛於鈎戟長鎩也。”“穳”的本義亦爲{矛柄}。《集韻·諄韻》:"矜，《説文》:‘矛柄也。’或作穳。”

在{矛柄}這一義項上，兩漢時期通用“矜”。

漢賈誼《過秦論》:“鉏櫌棘矜，非銛於鈎戟長鎩也。”

《漢書·徐樂傳》:“然起窮巷，奮棘矜。”顔師古注:“矜者，戟之把也。時秦銷兵器，故但有戟之把耳。”

根據郭璞的《方言》注可知，“穫”字的出現當在東漢以後。

《方言》卷九:“矛，其柄謂之矜。”晋郭璞注:“矜，今字作穫。”

可見，在{矛柄}這一義項上，“穫”的出現要晚於“矜”，即“矜”爲古字，“穫”爲今字。

4. 㓟：亦是剞字。

《顔氏家訓·書證》篇:“有人訪吾曰:‘《魏志》蔣濟上書云:“弊攰之民”，何字也?’余應之曰:‘意爲“攰”即是“皺倦”之“皺”耳。張揖、吕忱并云:“支傍作刀劍之刀，亦是剞字”，不知蔣氏自造支傍作筋力之力，或借剞字，終當音九僞反。’”

謹案:“剞”的本義爲{古代刻鏤工具}。《説文》:“剞，剞㔜，曲刀也。从刀，奇聲。”“㓟”的本義亦爲{古代刻鏤工具}。《集韻·紙韻》:“剞，《説文》:‘剞㔜，曲刀也。’或作㓟。”

在{古代刻鏤工具}這一義項上，先秦兩漢時期通用“剞”。

《楚辭·嚴忌〈哀時命〉》:“握剞劂而不用兮，操規矩而無所施。”王逸注:“剞劂，刻鏤刀也。”

《漢書·揚雄傳》:“般倕棄其剞劂兮，王爾投其鈎繩。”

先秦兩漢文獻未見有用“㓟”者，由《顔氏家訓》“張揖、吕忱并云:‘支傍作刀劍之刀，亦是剞字’”可推知，“㓟”的出現當在魏晋時期。

可見，在{古代刻鏤工具}這一義項上，“㓟”的出現要晚於“剞”，即“剞”爲古字，“㓟”爲今字。

5. 茄：亦荷字也。

《漢書·揚雄傳》:“衿芰茄之緑衣兮，被夫容之朱裳。”

注:“茄，亦荷字也，是張揖《古今字譜(詁)》。”

宋祁校本云:“注文‘字譜’一作‘字詁’也。”

謹案:在{芙蕖}這一義項上,先秦時期“荷”與“茄”并用。

清段玉裁《説文解字注·艸部》:“茄之言柯也,古與荷通用。《陳風》:‘有蒲與荷。’鄭箋:‘夫蕖之莖曰荷。’樊光注《爾雅》引《詩》:‘有蒲與茄。’屈原曰:‘製芰荷以爲衣,集芙蓉以爲裳。’”

西漢時期通用“茄”。

《漢書·揚雄傳》:“衿芰茄之緑衣兮,被夫容之朱裳。”

可見,在{芙蕖}這一義項上,“荷”爲古字,“茄”爲今字。

6. 鍉:即匙。

《後漢書·隗囂傳》:“牽馬操刀,奉盤錯鍉,遂割牲而盟。”

李賢注云:“蕭該音引《字詁》:‘鍉,即題。’音徒啓反。《方言》曰:‘宋楚之間謂盎爲題。’據下文云‘鍉不濡血’,明非盆盎之類。前書《匈奴傳》云:‘漢遣韓昌等與單于及大臣俱登諾水東山,刑白馬,單于以徑路刀、金留犂撓酒。’應劭云:‘留犂,飯匕也。撓,攪也。以匕攪血而歃之。’今亦奉盤措匙而歃也,以此而言,鍉即匙字。錯,置也。”

謹案:“匙”的本義爲{舀取物體的小勺}。《説文·匕部》:“匙,匕也。”宋陸游《初歸雜咏》:“齒豁頭童尽耐嘲,即今爛飯用匙抄。”“鍉”的本義亦爲{舀取物體的小勺}。宋楊侃《兩漢博聞·隗囂傳·槃鍉》:“鍉即匙字。……其盟云:‘鍉不濡血,歃不入口,是欺神明也。’”

在{舀取物體的小勺}這一義項上,先秦時期通用“匕”。

《説文解字·匕部》:“匕,亦所以用比取飯。一名柶。”段玉裁注:“匕即今之飯匙也。”

《詩經·小雅·大東》:“有饛簋飧,有捄棘匕。”朱熹注:“棘匕,以棘爲匕,所以載鼎肉而升之於俎也。”

《管子·弟子職》:“左執虚豆,右執挾匕。”

西漢時期通用“匙”。

揚雄《方言》卷十三:“匕，謂之匙。”

東漢時期通用“匕”。

《説文解字・匕部》:“匙，匕也。”

《漢書・匈奴傳》:“昌、猛等與單于及大臣俱登匈奴諸水東山，刑白馬，單于以徑路刀金留犂撓酒。”應劭云:“留犂，飯匕也。撓，攪也。”

許慎和應劭均用“匕”作訓，説明“匕”爲當時百姓通用的稱呼。

“鍉”的出現當在東漢以後。

《後漢書・隗囂傳》:“牽馬操刀，奉盤錯鍉，遂割牲而盟。”

蓋因歃血而盟所用之“匕”爲金屬製品，故换“匙”之義符“匕”爲“金”，另造“鍉”字用以專門記録盟誓所用之“匕”。

可見，在{舀取物體的小勺}這一義項上，“匙”爲古字，“鍉”爲今字。

二　不能考明古今關係的訓條

這類訓條屬於單純的詞義訓釋。我們認爲，這類訓條的出現有兩種可能：一是《古今字詁》并非專門收集古今字的，原本就包括部分解釋詞項的訓條，也就是説收字編纂的體例不單純；二是《古今字詁》本爲專門收集古今字的，出現没有溝通古今字關係的訓條可能是徵引的删節或輯佚的漏失。比較來説，我們傾向於後一種猜想，因爲《古今字詁》確實有一部分訓條是在溝通古今字關係的基礎上進一步解釋詞義的，如“遲：迡，今遲，徐也”，後世引用衹取其義，就可能把溝通古今用字關係的部分省略或漏掉，从而出現“遲，徐也”這樣衹保留解釋詞義部分的訓條。

1. 訂，平也。

《詩經・周頌・天作》:“彼徂矣，岐有夷之行。”

傳:“夷，易也。”

箋:“彼，彼萬民也。徂，往。行，道也。彼萬民居岐邦者，皆築作宫室，以爲常居，文王則能安之。後之往者，又以岐邦之君有佼易之道故也。《易》曰:‘乾以易知，坤以簡能。易則易知，簡則易從。易知則有親，易從則有功。有親則可久，有功則可大。可久則賢人之德，可大則賢人之業。’以此訂大王、文王之道，卓爾與天地合其德。”

音義:“訂，待頂反，沈又直丁反。《説文》云:‘評（平）議也。’《譜》云:‘参訂時驗，謂平比之也。’《字詁》云:‘訂，平也。’”

2. 幟，標也。

《史記·高祖本紀》:“祠黄帝，祭蚩尤於沛庭，而釁鼓旗，幟皆赤。”

索隱:“墨翟云:‘幟，帛長丈五，廣半幅。’《字詁》云:‘幟，標也。’《字林》云:‘熊旗五斿，謂與士卒爲期於其下，故曰旗也。’幟，或作識，或作志。嵇康音試，蕭該音熾。”

3. 忠，直也。

《孝經·事君章》:“子曰:‘君子之事上也，進思盡忠，退思補過，將順其美。匡救其惡，故上下能相親也。’”

邢昺疏:“正義曰:‘此依韋注也。《説文》云:“忠，敬也，盡心曰忠。”《字詁》曰:“忠，直也。”《論語》曰:“臣事君以忠。”則忠者，善事君之名也，節操也。言事君者敬其職事，直其操行，盡其忠誠也。’”

4. 黜，貶也。

《大乘大集地藏十輪經》第四卷:“擯黜，下椿律反，《廣雅》:‘黜，去也。’《古今字詁》:‘貶也。’杜注《左傳》云:‘故也。’范寧《集解》云:‘黜，退也。’《説文》:‘貶下也，从黑，出聲。’或作絀，椿音，敕倫反。”

5. 抗，張也。

《釋迦譜序》第十卷:“排抗，下康浪反，《韻詮》云:‘以手拒也。’杜注《左傳》云:‘抗，禦也。’賈注《國語》云:‘抗，救也。’《字詁》：‘張也。’《廣雅》：‘遮也，强也，商也。’《方言》：‘懸也。’《周易》：‘知進而不知退也。’《説文》‘拒扞也，从手亢聲也。’《譜》中从黨作‘攩’，非也。”

6. 舌，刃也。

《後漢書·戴就傳》：“又燒鋘斧，使就挾於肘腋。”

注：“鋘从吳。《毛詩》云：‘不吳不敖。’何承天《纂文》曰：‘舌，今之鋘也。’張揖《字詁》云：‘舌，刃也。’鋘，音華。”

7. 櫨，合樺之木。

《史記·司馬相如列傳》：“沙棠櫟櫧，華楓枰櫨。”

索隱：“張籍曰：‘華皮可以爲索。《古今字林（詁）》云：“櫨，合樺之木。”楓，木，厚葉弱支，善搖。’郭璞云：‘似白楊，葉圓而岐，有脂而香。’犍爲舍人曰：‘楓爲樹厚葉弱莖，大風則鳴，故曰“楓”。’《爾雅》云：‘一名欇。’枰枰即平仲木也。櫨，今黄櫨木也。一云‘玉精’，食其子得仙也。”

8. 訥，遲於言也。

《春秋穀梁傳集解序》：“廢興由於好惡，盛衰繼之辯訥。”

音義：“《字書》云：‘訥，或作吶，乃骨反。’《字詁》云：‘訥，遲於言也。’包咸《論語》注云：‘遲，鈍也。’”

9. 歊，氣上出貌。

《文選·張茂先〈勵志詩〉》：“水積成淵，載瀾載清，土積成山，歊蒸鬱冥。”

注：“張揖《字詁》曰：‘歊，氣上出貌。’”

10. 闒：闒茸，獰劣也。

《報任少卿書》：“不以此時引綱維盡思慮，今已虧形爲掃除之隸，在闒茸之中。”

李善注：“闒茸，猥賤也。茸，細毛也。張揖《字詁》以爲獰劣也。吕忱《字林》曰：‘闒茸，不肖也。’”

11. 慭，笑貌也。

《後漢書·張衡列傳》:“戴勝慭其既歡兮，又誚余之行遲。”

注:《山海經》曰:“昆侖之丘，有人戴勝，虎齒，有尾，穴處，名曰西王母。”慭，相傳音宜覲反。杜預注《左傳》:“慭，發語之音也。”臣賢案：張揖《字詁》:“慭，笑貌也。”聽之別體，音許近反，與此義合也。

12. 坌，土污盆也。

《釋迦譜序》第七卷:“坌者，上盆悶反，《字詁》云:‘土污盆也。’”

第四章 《古今字詁》的外部比較

北魏江式《上〈古今文字〉表》云:"魏初博士，清河張揖著《埤倉》《廣雅》《古今字詁》。究諸《埤》《廣》，綴拾遺漏，增長事類，抑亦於文爲益者。然其《字詁》，方之許慎篇，古今體用，或得或失矣。"①《古今字詁》既在編纂上"方之許慎篇"，又在説解上較《説文》"古今體用，或得或失"，證明其與《説文》之間有很强的關聯性。唐陸德明撰寫《經典釋文》時，就曾將《古今字詁》與許慎《説文》相提并論:"然亦兼采《説文》《字詁》，以示同异者也。"②

本章將對《説文解字》《古今字詁》《玉篇》三者之間的關係進行初步探討，以期更全面、更深入地了解《古今字詁》。

第一節 《古今字詁》與《説文解字》《玉篇》的比較

《玉篇》是《説文》之後保存下來的最古老的字書，也是可見的漢語文字學史上第一部楷書字典，亦是《古今字詁》之後第一部關注

① （北齊）魏收:《魏書・江式傳》，中華書局，1974，第 1963 頁。

② （唐）陸德明:《經典釋文》，上海古籍出版社，1984，第 8 頁。

“古今字”現象的專著，三者之間的密切關係顯而易見。

一 説解體例的比較

《説文》以篆文作爲字頭。正篆之後是該字的説解，包括説解字義、字形、字音三個部分。首先采用“某，某也”“某，某”的格式訓釋字義，然後分析字形，大致有“象某某之形”“象某”“象形”“指事”“从某从某”“从某某”“从某某聲”“从某从某，某亦聲”“从某省，某聲”“从某，某省聲”等析形的術語。分析字形之後，有時也注明該字的讀音，通常采用直音法，言“讀某”，或比擬其音，言“讀若某”，“讀若某”這一術語主要用以注音，有時亦兼明通用假借。大徐本於每字下所附音切，乃徐鉉所加。《説文》之説解有時引用經傳、通人之説以明字義字音等，采用“某説”“某曰”等明之。兹舉例如下：

鳴：鳥聲也。从鳥从口。

舒：伸也。从舍从予，予亦聲。一曰舒緩也。

炊：爨也。从火，吹省聲。

向：北出牖也。从宀从口。《詩》曰：“塞向墐户。”

《古今字詁》中的字頭和對字頭的説解均用隸書。有的訓條衹溝通古今不同用字：以“今字”作爲字頭，以“某，古文某字”“某，古文某”“某，古某字”“某，古作某”“某，今某”“某，今某字”“某，今作某”“古文某，今作某”“某，古字；某，今字”等術語注明字頭與他字之間的古今關係；需要析形釋義的，再析形釋義，抑或先析形釋義，再注明古今，有的還在訓條最末以“同”字注明“古字”與“今字”之間的同用關係；有需要溝通古今不同字體的，則以“今體字”爲字頭，再以“某，古某字”“某，今某也”的術語標明字頭與其古體字之間的關係；有或體的，則以“某，或作某”“某，作某”“某，亦某”“某，亦作某”等術語標注出字頭的或體。若上述兩種情况兼而有之，則先標明今字的或體，再溝通古今不同用字。兹舉例如下：

歊：氣上出貌。

奸：古文干字。

唐：古文鍚、啺二形。

花：蘤，古花字。

略：古作䂮。

蛙：鼃，今蛙。

宏：吰，今宏字。

𡾊，今作踵也。

綫：古文作線，今作綫。

戲：羲，古字；戲，今字。

識：志，今作識。志，記也。

耨：頭長六寸，柄長一尺。鎒，古字也，今作耨，同。

開：闓，古開字。

庢：作㨖。

荷：苛，亦荷字也。

《玉篇》中的每一字頭和對字頭的説解均采用楷書字。每字之下先注明反切，再解釋字義；有的還引據書證，若書證中包含了對字頭的解釋，顧野王便不另作解釋；有需要溝通字際關係的，也均在説解中予以體現。值得强調的是，有需要溝通古今不同用字的，顧野王也同張揖一樣，會以“某，今作某”“某，古文某”等術語進行表述；有的説解中還含有顧野王案語，且不再仿照《説文》分析每個字的結構。兹舉例如下：

虧：去爲反。《毛詩》：“不虧不崩。”箋云：“虧，猶毁壞也。”《楚辭》：“芳菲菲而難虧。”王逸曰：“虧，歇也。”又曰：“八柱何當，東南何虧。”王逸曰："虧，缺也。”《爾雅》："虧，毁也。”《説文》："虧，气損也。”《廣雅》："虧，去也。虧，以也。”或爲“虧”字，在兮部。

託：他各反。《公羊傳》："託不得已。”何休曰："因託以也。”《論語》："可以託六尺之孤。”野王案:《方言》："託，寄也。凡寄爲託。”《廣雅》："託，依也。託，累也。”或爲“侂”字，在人部。

赧：奴版切。慚而面赤，今作赧。按《方言》："秦晋之間，凡愧而上見謂之赧。”

下面具體從三個方面對三者的説解體例進行比較。

（一）説形

《説文》的最大特點就是以析形爲主，通過字形結構的分析，揭示形、音、義之間的内在關係和文字構造條例。段玉裁説："《説文》，形書也。凡篆一字，先訓其義，若‘始’也、‘顛’也是；次釋其形，若‘从某某聲’是；次釋其音，若‘某聲’及‘讀若某’是。合三者以完一篆，故曰形書也。”[①]“形書”概括了《説文》析形釋義的特點，如“果，木實也。从木，象果形在木之上”，“祥，福也。从示，羊聲”，“及，逮也。从又从人”等。

《古今字詁》衹分析部分字例的形體。所采用的析形方式與《説文》相似，如："鍼，从金，咸聲，今作針。”

《玉篇》釋字以音義爲主，不分析字形，這體現了實用原則。

可見，衹有《説文》在釋字時以分析字形爲主，并兼顧漢字的音義；《古今字詁》和《玉篇》更注重其他方面的説解。

（二）説義

《説文》偏重揭示漢字的造意。因此，《説文》的釋義不衹是先秦以來詞項訓釋的簡單彙集，更凝聚着許慎字義研究的心血。在釋義的體例和方法上，《説文》也集中反映了兩漢訓詁學的成果。《説文》的

① （清）段玉裁:《説文解字注》“一”部“元”字下、“一”字下，上海古籍出版社，1988。

釋義方法主要有兩種：

其一，詞訓：用意義相當、相關或所指類同的單詞（包括複音詞）作訓。

用同義詞訓釋：目的在於確定被釋詞的對應義項。如“禄，福也”“祥，福也”“禎，祥也”等。

用同源詞訓釋：目的在於揭示被釋詞的音義來源或意義特徵（特徵義素）。如“天，顛也”，“門，聞也”，“户，護也”等。

其二，句訓：用短語、句子或語段説明詞項的意義或内容。

定義式：界定詞義的類屬和特點（義差+義類）。如“吏，治人者也。从一从史，史亦聲”等。

描述式：描寫事物形制、述説事物緣由或相關屬性等。如“熏，火烟上出也。从中，从黑。中黑，熏黑也”等。

《古今字詁》的釋義方法與《説文》同。

其一，詞訓。如“徇，巡也”“訂，平也”“幟，標也”等。

其二，句訓。

定義式：如“訥，遲於言也”等。

描述式：如“歊，氣上出貌”等。

《玉篇》釋義不滿足於僅以詞訓和句訓兩種方式進行簡單訓釋，還具有如下特點。

首先，引證豐富，每種義訓均給出書證。書證出自衆多的經史著作，有《尚書》、《論語》、《左傳》、三《禮》、《國語》、《世本》、《史記》、《漢書》、《楚辭》等。

其次，廣收漢魏以來各家訓解，對各種字辭書的義訓，如《爾雅》《説文》《廣雅》等，也一并收入。

再次，義項分列細密，有的還附加顧野王案語。

這些特點顯示出了字書編纂的發展和進步。遺憾的是，經唐宋孫强、陳彭年等人修訂，原本的書證、義項、案語大都被删除，原書的特色蕩然無存，這無疑是一重大損失。兹舉原本《玉篇》一例，以管窺其釋義特點。

講：古項反。《論語》："學之不講，聞義不能從也。" 野王案：講，謂談論以解説訓誥也。《左氏傳》"講事不令"，杜預曰："講，謀也。"《國語》"一時講武"，賈逵曰："講，習也。" 又曰："仁者講功。" 賈逵曰："講猶論也。"《史記》："沛公之有天下，業以講解。" 蘇林曰："講，和也。"《説文》："和，解也。"《廣雅》："講，讀也。"

可見，《古今字詁》沿襲了《説文》的釋義方法，《玉篇》則在《説文》的基礎上有所發展和創新，實現了辭書編纂在釋義方法和體例上的飛躍。

（三）注音

《説文》時代尚未有先進的注音方法。許慎采用的方法有兩種：一是分析形聲字，指明"某聲"；二是采用"讀若"注音法，如"蝎，讀若桑蟲之蠍"，"䀣，讀若《詩》云'泌彼泉水'"等。

从所輯佚的《古今字詁》材料來看，張揖衹對部分字頭進行注音，如"針：鍼，从金，咸聲，今作針"，但也不排除後人出於徵引的需要而删去張揖原有注音的可能。《玉篇》則以反切之法注音（原本爲某某反，增删本爲某某切）。

可見，《古今字詁》與《玉篇》《説文》在注音方面是有差异的。從《説文》到《玉篇》反映了注音方法的進步，而《字詁》中大多數訓條都没有注音，大概因爲存在古今字同音這樣一個大前提。溝通今字，其音自明。

總之，三者説解的側重點是有很大不同的：許慎形、音、義完全兼顧，既説義，又析形，亦注音；張揖重在溝通古今不同用字；顧野王重在釋義，如有必要，亦溝通古今不同用字。《字詁》訓條重在溝通古今不同用字的特點，是其與《説文解字》最重要的區別。

二 編纂體例的比較

(一) 編排

作爲一部實用性字書，如何將衆多單字編排起來，以便檢索，這是一個既簡單而又複雜的問題。許慎確立的原則是“分別部居，不相雜厠”。《説文解字》:“其建首也，立一爲端，方以類聚，物以群分，同牽條屬，共理相貫，雜而不越，據形系聯，引而申之，以究萬原，畢終於亥。”“始一終亥”的編排，是受當時流行的陰陽五行學説的影響。《説文》共收字頭 9353 個，重文 1163 個，各字的編排充分體現了许慎的原則。

《説文》將漢字歸納爲 540 部，每部各建一首，同首者統攝其下。

部首與部首之間的編次，許慎采取“據形系聯”“共理相貫”的辦法。

如《説文》第一篇共 14 部，部首先後的順序是：一、二(上)、示、三、王、王(玉)、玨、气、士、丨、屮、艸、蓐、茻。“一”爲一畫，《説文》之始；“上”古文作兩畫，故列“一”之後；“示”从“二(上)”，故次“上”部之後；“三”三畫，承“上”兩畫而次於“示”之後；“王”三畫而連其中，故列“三”後；“玉”篆文也是三畫(象三玉之連)，以“丨”貫之，與“王”形近，故次於“王”後；“玨”爲二玉之重，故次於“玉”後；“气”與“三”形近，“士”，許慎以爲“从一十”，會意字，因从一，故列於此。从“一”部到“士”部，均由“一畫”“據形系聯”，可作爲一個小系統。“丨”部爲竪畫，爲“一”畫之竪，所以次於“一”部爲首小系統之後；“屮”，許慎説“草木初生也，象丨出形”，故次於“丨”後；“艸”爲“屮”之重，“蓐”从“艸”，“茻”又爲“艸”之重，由“丨”而下，又構成一“據形系聯”小系統。

至於每部字的編次，黄侃曾總結如下：

> 大氐（抵）先名後事，如“玉”部，自“璙”以下皆玉名也；自“璧”以下，皆玉器也；自“瑳”以下，皆玉事也；自“瑀”以下，皆附於玉者也；殿之以“靈”，用玉者也。其中又或以聲音爲次，如“示”部：“禛、禎、祗、禔”相近；“祉、福、祐、祺”相近；“祭、祀、祡”相近；“祝、福”相近。又或以義同异爲次，如“祈、禱”同訓“求”，則最相近；“禍”訓“害”，“祟”訓“禍”，訓相聯則最相近。大氐（抵）次字之法，不外此三者矣[①]。

北魏江式謂《古今字詁》“方之許慎篇”，可知其在編排上亦以部首爲綱統攝全書。崔龜圖在爲《北户録》作注時所徵引的《古今字詁》訓條也透露了這一信息。

《北户録》：“香皮紙。羅州多棧香樹，身如櫃柳，其華繁白，其葉似橘，皮堪搗爲紙，土人號爲香皮紙，作灰白色文，如魚子箋，今羅、辨州皆用之。”

《北户録》注：王隱《晋書》曰：“魏太和六年，河間張揖上《古今字詁》，其《巾部》云：‘紙，今帋也。’古以素帛，依書長短，隨事截之，其數重沓，即名幡紙。字從糸，此形聲也。貧者無之，故路温舒截蒲寫書也。和帝元興元年，中常侍蔡倫剉搗故布網，造作帋。字從巾義，是其聲雖同，糸、巾則殊，不得言古帋爲今帋。又山謙之《丹陽記》曰：‘平準署有紙官造帋，古以縑素爲書記，又以竹爲簡牘，其貧諸生，或用蒲爲牒也，瑶山玉彩亦具。’”

《字詁》中的大部分訓條已無從鈎沉，其部首與部首之間、字與字之間的編次原則也就無從考證。

《玉篇》亦依《説文》體例，分部排列。與《説文》所不同的是，《玉篇》共分 542 部，并對《説文》部首、次序進行了重新調整，

① 黄侃：《黄侃論學雜著・論字書編制遞變二》，上海古籍出版社，1980，第 12 頁。

如删去《説文》所立之“哭”“延”“教”“眉”“飲”等十部，新增“父”“云”“處”等十二部，又改《説文》的“畫”部爲“書”部等。

部首與部首之間的編次，《玉篇》采用的是“據義系聯”的原則。這種改動是從“實用”的角度考慮的，但《玉篇》的這一編排原則不是貫穿始終的，如“九”部、“十”部之間夾一“丸”部，這又是據形系聯起來的。

可見，三者都以部首爲綱統攝全書。但在部首與部首之間、字與字之間的編次上却有所不同:《玉篇》采用的是“據義系聯”的原則;《字詁》中的大部分訓條已無从鈎沉，其部首與部首之間、字與字之間的編次原則也就無從考證（有可能以《説文》爲宗，有可能有自己的編纂原則，亦有可能隨意編次，無規律可循）。

（二）字體

《説文》所收字體，以“小篆”爲正，兼收“古文”“籀文”“奇字”“或體”“俗體”等。《説文·叙》:“今叙篆文，合以古籀。”段玉裁注:“篆文，謂小篆也。古籀，謂古文、籀文也。許重復古，而其體例不先古文、籀文者，欲人由近古以考古也。小篆因古籀而不變者多，故先篆文正所以説古籀也。隸書則去古籀遠，難以推尋，故必先小篆也。其有小篆已改古籀、古籀异於小篆者，則以古籀附小篆之後，曰:‘古文作某’‘籀文作某’，此全書之通例也。其變例則先古籀後小篆……皆由部首之故也。”

《説文》中的“小篆”，指秦始皇時代整理的標準字體;“古文”當指戰國時期的六國文字;“籀文”，當指戰國時期的秦國文字;“奇字”爲“古文”的特异寫法，蓋出於古文逸經，應屬古文一類，也爲戰國文字;“或體”即同一字之异寫异構;“俗體”即時俗所用之异體文字。

《字詁》所收字體，當以“隸書”爲正，字頭所列均爲隸書。小篆并非秦王朝的通用字體，這從睡虎地秦簡不用小篆，而且存在許多與小篆不同的字形就可以判斷出來。小篆實際上就是在秦統一後由個別專家在當時通用文字基礎上根據古文字整理改寫而成的，具有正字法性質。但由於秦王朝的短命，小篆并没有得到真正推行，逐漸被自然的、實用的演變體隸書所取代。曹魏時期隸書早已成爲通用字體。

專門用來溝通古今不同用字的訓條，張揖則以“今字”的隸體爲字頭。如“紙，今帋也”，這一訓條被列於《古今字詁·巾部》，説明字頭應爲“帋”字，由此可以推測，其他同類訓條的字頭亦當爲隸體的今字。

《古今字詁》亦收有“古文”。其所收“古文”，也指戰國時期的六國文字，如“闓，古開字”。“闓”同《説文》古文。又收有或體，或體爲正體的异寫或异構字，亦爲隸書，如“瑇：瑇瑁，亦作蝳蝐”。就現有的《古今字詁》輯佚材料看，雖未見到收録有篆文、籀文等，但也不能完全排除這種可能，衹是我們無緣見到而已。

《玉篇》所收之字，以當時通行之楷體爲主，也收録若干古文、籀文、篆文等，不少流行於民間的俗字也被收録。

可見，三者雖均不同程度地收有古文、籀文等，但《古今字詁》收録的古文體現在説解中，而《説文》與《玉篇》所收録的古籀文等則列於説解之後；三者字頭所列字體也不同：《説文》用小篆，《古今字詁》用隸書，《玉篇》用楷書。从《古今字詁》的編纂到《玉篇》的編纂，恰好體現了字體發展演變的不同階段。

綜上所述，《古今字詁》雖“方之許慎篇”，《玉篇》又爲《説文》系字書，但兩者都具有自身的鮮明特色。《古今字詁》是《説文》之後較早的有重要影響的著書，收集的主要是古今不同用字，開了著書在對字頭進行説解的過程中溝通古今不同用字的先河，《玉篇》就承襲了《古今字詁》的這一首創。但《古今字詁》本身并不完整和系統，既不像《説文》那樣以所有字爲對象，也不像《玉篇》那樣以字頭的所有意義爲對象。

第二節 《古今字詁》“古今字”與鄭衆、鄭玄“古今字”的比較

一　鄭玄與鄭衆的“古今字”

訓詁學中的“古今字”是指歷時文獻中記録同詞同義而先後使用了不同形體的一組字，先使用的叫古字，後使用的叫今字，合稱古今字。李運富認爲，“古今字”這一現象，是鄭衆最先發現的。鄭衆在對古今字的注釋溝通中，已有典型的表述用語和明確的内涵界定。例子如下：

《周禮注疏》卷五：“辨四飲之物：一曰清，二曰醫，三曰漿，四曰酏。”鄭玄注：“鄭司農説以《内則》曰：‘飲重醴，稻醴清湆，黍醴清湆，粱醴清湆。或以酏爲醴，漿、水、臆。’‘后致飲於賓客之禮’有‘醫、酏、糟’。糟音聲與湆相似，醫與臆亦相似，文字不同，記之者各异耳，此皆一物。”

《周禮注疏》卷十九：“凡師不功，則助牽主車。”鄭玄注：“故書‘功’爲‘工’。鄭司農‘工’讀爲‘功’，古者‘工’與‘功’同字。”

《周禮注疏》卷二十六：“史以書叙昭穆之俎簋。”鄭玄注：“故書‘簋’或爲‘几’。鄭司農云：‘几’讀爲‘軌’。書亦或爲‘簋’，古文也。”

《周禮注疏》卷三十二：“諸侯之繅斿九就，瑉玉三采，其餘如王之事，繅斿皆就，玉瑱玉笄。”鄭玄注：“繅斿皆就，皆三采也。每繅九成，則九旒也。公之冕用玉百六十二。玉瑱，塞耳者。故書‘瑉’作‘璑’。鄭司農云：‘繅’當爲‘藻’。‘繅’，古字也，‘藻’，今字也，同物同音。‘璑’，惡玉也。”

在對上述材料進行分析後，李運富進一步認爲，鄭衆所謂的“古

今字”應該具備五個條件：同義（“同物”“一物”）；同音（“同音”“音聲相似”）；不同字（“文字不同”）；使用時代有先後（“記之者各异”）；屬於通行的文字現象。概括起來可以説，古今字是指不同時代記録同一詞項所常用的不同字。

比鄭衆晚的鄭玄，對“書中文字的古今异用現象”的説明除了使用過一次“古今字”（“余”“予”古今字）外，大多是繼承了鄭衆古字、今字對舉或分言的表達方式，當然也還使用過一些别的表述方式，其實并無固定的“術語”。例子如下：

《周禮注疏》卷二十五：“乃舍萌於四方。”鄭玄注：“玄謂‘舍’讀爲‘釋’，‘舍萌’猶‘釋菜’也。古書‘釋菜’‘釋奠’多作‘舍’字。”

《周禮注疏》卷四十：“終日馳騁，左不楗。”鄭玄注：“杜子春云：‘楗讀爲蹇。……書楗或作券。’玄謂：‘券’，今‘倦’字也。”

《詩·小雅·鹿鳴》：“視民不恌，君子是則是效。”鄭玄箋：“‘視’，古‘示’字也。”

《禮記·曲禮上》：“幼子常視毋誑。”鄭玄注：“‘視’，今之‘示’字。”

《禮記·禮運》：“故聖人耐以天下爲一家。”鄭玄注：“耐，古‘能’字，傳書世异，古字時有存者，則亦有今誤矣。”

而鄭玄最常用的表述方式是“某，古文某”，例子如下：

《周禮注疏》卷二十六：“以志星辰日月之變動。”鄭玄注：“志，古文識。識，記也。”

《周禮注疏》卷四十一：“衡四寸。”鄭玄注：“衡，古文横，假借字也。”

李運富在對上述鄭玄所確認的古今字材料進行分析後得出結論。鄭玄具有自覺的古今字觀念是無可懷疑的，但他的思想來源於鄭衆，有關古今字的内涵和範圍的界定是鄭衆界定的，鄭玄在理論上没有超出鄭衆的地方。比較來説，鄭玄的貢獻有兩點：

第一，在引述鄭衆的古今字材料之外，新發現了一些古今字材料，如“余—予”“券—倦”“視—示”“志—識”等。

第二，在繼承鄭衆表述古今字關係用語的同時，改造和創設了一些表述方式。如鄭衆説“某，古字也”“某，今字也”，鄭玄改爲“某，古某字”“某，今某字”；鄭衆説“某，某古文也”，鄭玄改爲“某，古文某”。將古字和今字合起來稱爲“古今字”則是鄭玄的發明，儘管他本人衹用過一次，却一直爲後人所沿用。①

二　張揖與鄭玄“古今字”的比較

借助李運富的研究方法和研究成果，我們亦可以把張揖的古今字觀念與鄭玄的古今字觀念進行比較，看兩者之間是否具有歷史傳承性。

張揖對古今字的表述主要有如下幾種方式：

1. 某，古文某形。如：“唐，古文啺、暘二形。”

謂漢魏文獻中的“唐”在古書中有用“啺”或“暘”字的。

2. 某，古作某。如：“略，古作䂮。”

謂“略”字在漢魏文獻中有時相當於古書中的“䂮”字。

上述兩種表述方式所表達内容是一致的，即前面的“某”指“今字”，後面的“某”指“古字”。

3. 某，古文某字。如：“奸，古文干字。”

謂“奸”字是古書中相當於漢魏文獻中今字“干”的用字。

4. 某，古某字。如：“蘤，古花字。”

謂“蘤”字爲古書中表達漢魏文獻中“花”義的字。

5. 某，今某。如：“鼃，今蛙。”

謂古書中的“鼃”字相當於漢魏文獻中的“蛙”字。

① 李運富《早期有關“古今字”的表述用語及材料辨析》，《勵耘學刊·語言卷》第2輯，學苑出版社，2007，第77～79頁。

6. 某，今某字。如："呟，今宏字。"

謂古書中的"呟"字有時相當於漢魏文獻中的"宏"字。

7. 某，今作某。如："志，今作識。"

謂古書中的"志"有時相當於漢魏文獻中的"識"字。

8. 古文某，今作某。如："古文作線，今作綫。"

謂古書中的"線"相當於漢魏文獻中的"綫"字。

9. 某，古字；某，今字。如："羲，古字；戲，今字。"

謂古書中的"羲"有時相當於漢魏文獻中的"戲"字。

10. 某，古字。今作某。如："鎒，古字也；今作槈，同。"

謂古書中的"鎒"相當於漢魏時期的"槈"字。

上述幾種表述方式所表達的內容是一致的，即前面的"某"爲古字，後面的"某"爲今字。

張揖對古今字的認識基本上没有超越鄭玄的地方。比較來説，張揖的古今字有如下特點：

1. 古今字關係的表述方式更爲靈活多樣。

"某，古某字""某，今某字"是對鄭玄的繼承；"某，古文某"是對鄭玄的改造；"某，今某""某，今作某""某，古作某""某，古文某字""古文某，今作某""某，古字，今作某"是對鄭玄的發展。

从這一點也可以看出，《古今字詁》屬於文獻訓詁材料的收集，并未做術語統一整理的工作，因而比較雜亂。

2. 張揖發現了一些鄭玄未發現的古今字材料。此類材料至少有40條，詳見前面分析。

从這一點也可以看出，張揖的貢獻是彙集了包括鄭衆、鄭玄在内的漢魏時期文獻訓詁中的大量古今字材料。

綜上，張揖并没有自己獨立的古今字思想，《古今字詁》衹是收集了漢魏時期訓詁家們注釋過的古今字材料，反映的是漢魏時期古今字研究的成果，張揖自己或許略有補充而已。

總　結

綜合上述分析，我們不難發現:《古今字詁》的每個訓條都是針對某個具體文獻用例的（大都可以根據輯佚引用的材料落實針對的對象），後人注釋中引用《古今字詁》似乎并不都是用彼證此，反而大多數情况是《古今字詁》本來就是針對此的，有的甚至是針對具體語境的文意訓釋（如“臿，刃也”）;《古今字詁》訓釋材料的性質與《爾雅》近似，也是從文獻訓詁中逐條收集起來而稍加整理的，衹不過《爾雅》收集的主要是詞義訓釋,《古今字詁》收集的則主要是古今不同的用字現象;《古今字詁》訓條中雖有溝通古今字體的字例，但其真正的目的并非溝通字體，而是用字體反映字形，本質上仍是對古今不同用字的溝通。《古今字詁》中的“今”不一定是張揖自己所處的曹魏時期，而應該是原注者所處的時代。“古今”的時代性是相對的。

值得注意的是，輯佚所得的88條材料中，有12條没有相對應的古今字關係，屬於單純的詞義訓釋。這有兩種可能：一是《古今字詁》并非專門收集古今字的，原本就包括部分解釋詞項的訓條，也就是説收字編纂的體例不單純；二是《古今字詁》本爲專門收集古今字的，出現没有溝通古今字關係的訓條可能是徵引的删節或輯佚的漏失。比較來説，我們傾向於後一種猜想。因爲《古今字詁》確實有一部分訓條是在溝通古今字關係的基礎上進一步解釋詞義的，如“省：呇，今省，督也”，後世引用衹取其義，就可能把溝通古今用字關係的部分省略或漏掉（陸德明《經典釋文》徵引《字詁》訓條時，就有完全引用“徇，今巡”與省改引用“徇，巡也”兩種情況），从而出現“省，察也”這樣衹保留解釋詞義部分的訓條。而且這種猜想也更容易解釋《古今字詁》這個書名以及現有材料古今字溝通占絶大多數的事實。

因此，我們初步認爲，《古今字詁》是在漢代古今字研究基礎上，專門收集漢魏文獻訓詁中涉及古今不同用字的材料，并以今字爲字頭進行分部編排的訓詁工具書，書名的含義應該是“具有古今對應關係的字的訓釋”。

參考文獻

古籍、專著類

（漢）班固:《漢書》，中華書局，1962。

（漢）許慎:《説文解字》，中華書局，1963。

（北齊）杜臺卿:《玉燭寶典》，中華書局，1985。

（北齊）顔之推:《顔氏家訓》，中華書局，2008。

（北齊）魏收:《魏書》，中華書局，1974。

（南朝宋）范曄:《後漢書》，中華書局，2005。

（唐）李吉甫:《元和郡縣圖志》，中華書局，1983。

（唐）陸德明:《經典釋文》，上海古籍出版社，1984。

（唐）釋慧琳、（遼）釋希麟:《正續一切經音義》，上海古籍出版社，1986。

（唐）顔師古:《漢書注》，《影印文淵閣四庫全書》，臺灣商務印書館，1983。

（唐）顔師古:《匡謬正俗》，中華書局，1985。

（宋）丁度:《集韻》，上海古籍出版社，1985。

（宋）鄭樵:《通志》，浙江古籍出版社，2000。

（元）董真卿:《周易會通》，《景印文淵閣四庫全書》，臺灣商務印書館，1983。

（清）段玉裁:《説文解字注》，上海古籍出版社，1988。

（清）王念孫:《廣雅疏證》，中華書局，2004。

（清）王筠:《説文釋例》，中華書局，1987。

（清）王筠:《説文句讀》，北京市中國書店，1983。

（清）徐灝:《説文解字注箋》，《續修四庫全書》二三五・經部小學類，上海古籍出版社，1996。

（清）詐瀚:《古今字詁疏證》，瑞安陳氏褎殷堂鉛印本，1933。

戴均良等:《中國古今地名大詞典》，上海辭書出版社，2005。

耿云志、聞黎明:《現代學術史上的胡適》，生活・讀書・新知三聯書店，1993。

顧廷龍、傅璇琮主編:《續修四庫全書》，上海古籍出版社，2002。

郭錫良:《漢字古音手册》，北京大學出版社，1986。

洪成玉:《古今字》，語文出版社，1995。

胡樸安:《中國文字學史》，商務印書館，1998。

黄德寬、陳秉新:《漢字學史》（增訂本），安徽教育出版社，2006。

黄侃:《黄侃論學雜著》，上海古籍出版社，1980。

蔣志遠:《王筠“古今字”研究》，社會科學文獻出版社，2021。

陸宗達、王寧:《訓詁與訓詁學》，山西教育出版社，1994。

濮之珍:《中國語言學史》，上海古籍出版社，1987。

裘錫圭:《文字學概要》，商務印書館，1988。

孫啓治、陳建華:《古佚書輯本目録》，中華書局，1997。

徐剛:《古文源流考》，北京大學出版社，2008。

王寧、林銀生、周之郎、秦永龍、謝紀鋒:《古代漢語通論》，北京師範大學出版社，1996。

王寧:《訓詁學原理》，中國國際廣播出版社，1996。

王力:《同源字典》，商務印書館，1982。

王力:《古代漢語》，中華書局，1981。

王力:《中國語言學史》，山西人民出版社，1981。

王利器:《顔氏家訓集解》，上海古籍出版社，1980。

王國維:《王國維遺書》，上海書店出版社，1983。

徐剛:《古文源流考》，北京大學出版社，2008。

朱振家:《古代漢語》，高等教育出版社，1988。

論文類

崔棠華:《也談古今字》，《遼寧大學學報》(哲學社會科學版)1983年第6期。

龔嘉鎮:《古今字説》，《文字學論叢》(第一輯)，吉林文史出版社，2001。

洪成玉:《古今字概述》，《北京師範學院學報》(社會科學版)1992年第3期。

李運富:《論漢字職能的變化》，《古漢語研究》2001年第4期。

李運富:《論漢字的字際關係》，《語言》(第三輯)，首都師範大學出版社，2002。

李運富:《論漢字的記録職能》(上)，《徐州師範大學學報》(哲學社會科學版)2003年第1期。

李運富:《論漢字的記録職能》(下)，《徐州師範大學學報》(哲學社會科學版)2003年第2期。

李運富:《早期有關"古今字"的表述用語及材料辨析》，《勵耘學刊·語言卷》第2輯，2007。

李運富:《訓詁材料的分析與漢語學術史的研究——〈《周禮》複音詞鄭元注研究〉序》，《長春師範學院學報》2007年第3期。

劉新春:《古今字再論》，《語言研究》2003年第4期。

劉葉秋:《魏晋南北朝的幾部辭書》，《辭書研究》1982年第4期。

陸錫興:《談古今字》,《中國語文》1981 年第 5 期。

鋭聲:《張揖及其著述考略》,《天津師範大學學報》1988 年第 5 期。

孫菊芬:《張揖的辭書編纂思想》,《南通大學學報》(社會科學版)2005 年第 4 期。

孫雍長:《"古今字"研究評議——兼談字典詞書中對"古今字"的處理》,《五邑大學學報》(自然科學版)1994 年第 5 期。

孫雍長:《論"古今字"暨辭書對古今字的處理》,《辭書研究》2006 年第 2 期。

楊潤陸:《論古今字的定稱與定義》,《古漢語研究》1999 年第 1 期。

楊潤陸:《論古今字》,《訓詁研究》(第一輯),北京師範大學出版社,1981。

趙海燕:《段玉裁對古今字的開創性研究》,《廣西社會科學》2005 年第 9 期。

碩博士學位論文

關玲:《顏師古古今字研究》,北京師範大學碩士學位論文,2009。

劉琳:《〈説文段注〉古今字研究》,北京師範大學博士學位論文,2004。

劉伊超:《〈説文解字注箋〉古今字研究》,北京師範大學碩士學位論文,2003。

潘志剛:《古今字研究》,廣西師範大學碩士學位論文,2004。

鄭玲:《〈漢書〉顏注古字考——兼與〈説文解字〉古文比較》,蘭州大學碩士學位論文,2007。

圖書在版編目（CIP）數據

張揖《古今字詁》輯佚與研究 / 蘇天運著 . -- 北京：社會科學文獻出版社，2022.8（2024.9 重印）
（"古今字"學術史叢書）
ISBN 978-7-5228-0958-8

Ⅰ. ①張… Ⅱ. ①蘇… Ⅲ. ①漢字 – 古文字學 – 研究
Ⅳ. ① H121

中國版本圖書館 CIP 數據核字（2022）第 195871 號

"古今字"學術史叢書
張揖《古今字詁》輯佚與研究

著　　者 / 蘇天運

出 版 人 / 冀祥德
責任編輯 / 李建廷
責任印製 / 王京美

出　　版 / 社會科學文獻出版社
地址：北京市北三環中路甲 29 號院華龍大廈　郵編：100029
網址：www.ssap.com.cn
發　　行 / 社會科學文獻出版社（010）59367028
印　　裝 / 三河市東方印刷有限公司

規　　格 / 開 本：787mm × 1092mm　1/16
印 張：14.75　字 數：200 千字
版　　次 / 2022 年 8 月第 1 版　2024 年 9 月第 2 次印刷
書　　號 / ISBN 978-7-5228-0958-8
定　　價 / 128.00 圓

讀者服務電話：4008918866

版權所有 翻印必究